Qualitätsmanagement in der geodätischen Messtechnik

Beiträge zum 54. DVW-Seminar am 19. und 20. November 2001 in Fulda

D1933828

Schriftenreihe des DVW

Band 42

Qualitätsmanagement in der geodätischen Messtechnik

Beiträge zum 54. DVW-Seminar am
19. und 20. November 2001 in Fulda

Redaktion

Hans Heister und Rudolf Staiger

2001

Schriftenreihe des DVW
im
Verlag Konrad Wittwer

ISBN 3-87919-278-2

ISSN 0940-4260

Schriftenreihe des DVW Band 42
im Verlag Konrad Wittwer

Alle Rechte vorbehalten. Nachdruck und Vervielfältigung in
irgendeinem technischen Medium, Speicherung in elektronischen
Datenverarbeitungsanlagen sind ohne vorherige schriftliche
Genehmigung des Verlages untersagt.
© Verlag Konrad Wittwer GmbH, Stuttgart 2001
Herstellung: Gulde-Druck GmbH, Tübingen
Printed in Germany

Vorwort

Der unaufhaltsame Trend zu automatisierten, Mikroprozessor gesteuerten Messgeräten bis hin zur vollautomatischen „black-box" und ihr vermehrter Einsatz in der Praxis verlangen nach neuen strukturierten Methoden zum Überprüfen, Testen und Kalibrieren dieser Messsysteme, um weiterhin den traditionellen Zielen nach zuverlässigen und genauen Messergebnissen gerecht zu werden. Dies gewinnt deshalb an Bedeutung, da zunehmend zur Durchführung der eigentlichen Messung vor Ort auch weniger qualifiziertes – zuweilen fachfremdes - Personal eingesetzt wird. Bewährte Prüfmethoden erfüllen in den meisten Fällen kaum noch die Anforderungen, modernes Instrumentarium auf Funktionstüchtigkeit, Zuverlässigkeit und Richtigkeit durchgreifend zu kontrollieren. Zusätzlich verlangt ein Qualitätsmanagementsystem (QMS) nach DIN ISO EN 9000 ff. Verfahrensanweisungen zur Überprüfung der Messmittel. Mit dem QM-Element 11, beschrieben in der ISO 9001, wird die Messmittelüberwachung einschließlich der Überwachungsverfahren eindeutig festgelegt.
Diese Umstände erfordern neue bzw. angepasste Prüfmethoden, wobei der Wirtschaftlichkeit dieser Verfahren – besonders im Hinblick auf die praktische Akzeptanz – große Bedeutung zukommt.
Vor diesem Hintergrund veranstaltet der AK 5 des DVW „Vermessungsinstrumente und -methoden" am 19. und 20. November 2001 in Fulda das 54. Fortbildungsseminar

Qualitätsmanagement in der Geodätischen Messtechnik

Ziel des Seminars ist, aktuelle Fragestellungen zur Zertifizierung, sowie konkrete Prüfmöglichkeiten geodätischer Instrumente und Angaben zu ihrer Messunsicherheit mit den Teilnehmern aus Praxis, Entwicklung und Forschung kompetent zu diskutieren.
Allen Teilnehmern sei für ihr großes Interesse an diesem speziellen Thema gedankt, denn dadurch wurde erst die Durchführung dieser Fortbildungsveranstaltung möglich. Aber auch allen Referenten und Autoren ist sowohl für ihre engagierte Mitwirkung als auch die vorzeitige Bereitstellung der Beiträge in druckreifer Form im Namen des DVW besonderer Dank auszusprechen. Schließlich ist an dieser Stelle dem Verlag Konrad Wittwer für die Übernahme der Veröffentlichung zu danken; durch die schnelle, vorzeitige Fertigstellung dieses Bandes stehen jedem Teilnehmer bereits bei Seminarbeginn alle aktuellen Beiträge in gedruckter Form zur Verfügung.

Neubiberg und Essen, im Oktober 2001

Hansbert Heister | Rudolf Staiger

Inhaltsverzeichnis

Akkreditierung, Zertifizierung und Rückführung auf nationale Standards

Motivation und Strategie zur Prüfung Geodätischer Instrumente

Rudolf Staiger
Fachbereich Vermessungswesen
Universität Gesamthochschule Essen
Henri-Dunant-Straße 65
D - 45 131 Essen
Email: rudolf.staiger@uni-essen.de

1 Einleitung

Eine der Hauptaufgaben des Vermessungsingenieurs ist die Punktbestimmung in einem ein-, zwei- oder dreidimensionalen Bezugssystem. Das Digitalnivellier dient der Höhenmessung, die Lage wird durch eine kombinierte Winkel- und Streckenmessung mit dem elektronischen Tachymeter bestimmt und GPS-Empfangssysteme gestatten räumliche Positionierungen.

Beim Einsatz dieser modernen Technologien wird der Vermessungsfachmann zum Nutzer eines komplexen Messsystems, bestehend aus optischen, mechanischen und elektronischen Bauteilen. Charakteristisch dabei ist:

- Die Produktivität der geodätischen Messsysteme hat in den vergangenen 20 Jahren signifikant zugenommen.
- Die „Kunst des Messens" ist – mit zunehmender Automatisierung – immer weniger gefragt. Im Gegenzug gewinnen Messkonzepte und das Datenmanagement immer mehr an Bedeutung.
- Originäre Messwerte stehen dem Nutzer nicht mehr zur Verfügung. Bevor diese zur Anzeige gelangen, werden noch eine ganze Reihe geräteinterner Korrektionen berücksichtigt. Die Korrektionswerte stammen aus werksseitigen Kalibrierungen bzw. Vorgaben des Bedieners.
- Aufgrund der schnellen Messung, einer hohen Auflösung und der guten Reproduzierbarkeit der heutigen Instrumente geht der Bediener davon aus, daß seine Ergebnisse „richtig" sind.
- Es existieren keine Prüfroutinen, welche im Feld eine schnelle und aussagekräftige Überprüfung der Messausrüstung und der Messergebnisse bieten.

Diese Gründe führen in der Praxis oft zu einem „Black-Box"-Denken. Der Bediener löst die Messung per Knopfdruck aus; das Ergebnis erscheint auf der Anzeige bzw. wird abgespeichert, während die geräteinternen Vorgänge dem Benutzer völlig verborgen bleiben.

Die regelmäßige und sorgfältige Messmittelprüfung gehört nicht erst seit der Einführung von sog. Qualitätssicherungssystemen - das bekannteste davon gehört zur Normen-Familie DIN/ISO 9000 - zum täglichen Handwerkszeug des Vermessungsfachmanns. Qualitätssicherungssysteme beschränken sich jedoch auf die Dokumentation und Nachvollziehbarkeit in einem Fertigungs- bzw. Dienstleistungsprozess, so dass für die fachliche Konzeption und Durchführung der Prüfmaßnahme der ausführende Vermessungsingenieur verantwortlich ist.

2 Begriffsbestimmung

Die Grundlagen der Messtechnik sind in den DIN-Normen 1319-1 bis 1319-4 erläutert. Die wichtigsten Begriffe davon sind nachfolgend zusammengefasst.

2.1 Allgemeine Messtechnik

Messen heißt vergleichen, d.h. einer *Messgröße* wird in einer praktischen (experimentellen) Tätigkeit das Vielfache einer definierten Einheit zugeordnet. Die Messung umfasst auch die Auswertung der gewonnenen *Messwerte* und anderer zu berücksichtigender Daten. Das *Messprinzip* nennt die physikalischen Grundlagen der Messung und die *Messmethode* beschreibt die vom Messprinzip unabhängige Vorgehensweise bei der Messung. Das *Messverfahren* schließlich besteht in der praktischen Anwendung eines Messprinzips und eines Messmethode. Zur Verdeutlichung ein Beispiel: Das Messprinzip der elektromagnetischen Streckenmessung beruht auf der bekannten Ausbreitungsgeschwindigkeit des Lichts in der Atmosphäre und die bekannten Messmethoden sind das Phasenvergleichs- bzw. das Impulslaufzeitverfahren. Das Messsystem umfasst alle möglichen *Einflussgrößen* (Abb. 1).

Wegen der bei der Messung wirkenden Einflüsse treten unvermeidlich *Messabweichungen* auf. Diese sind der Grund warum es nicht möglich ist, den *wahren* Wert exakt zu finden. Lediglich das Messergebnis als *Schätzwert* für den wahren Wert einer Messgröße sowie die *Messunsicherheiten* lassen sich aus den Messwerten und anderen Daten gewinnen und angeben.

Die Messunsicherheit kann auch als Maß für die Unkenntnis der Messgröße aufgefasst werden. Vollständig ist ein *Messergebnis* nur, wenn neben der Messgröße auch quantitative Angaben zur Messunsicherheit gemacht werden.

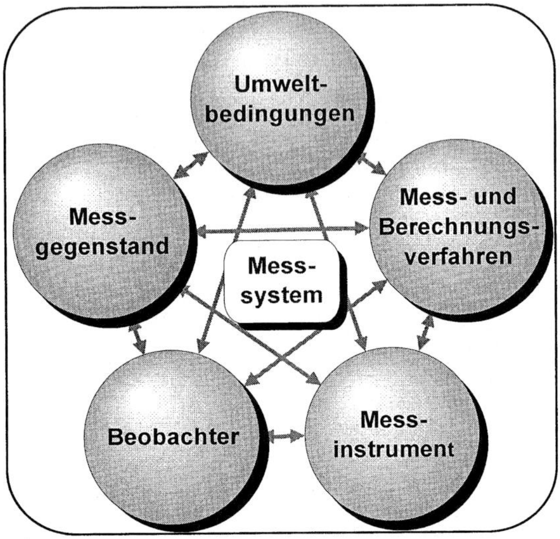

Abb. 1: Komponenten eines Messsystems

2.2 Überprüfung der Messmittel

Der Begriff *Überprüfung* wird hier als Oberbegriff für alle Arten der Überprüfung geodätischer Messausrüstungen verstanden. Im Rahmen einer *Prüfung* wird festgestellt, inwieweit ein Prüfobjekt eine Forderung erfüllt. Das Prüfobjekt kann dabei ein Produkt (Bauteil oder Dienstleistung), aber auch die Messausrüstung selbst sein. Mit dem Prüfen ist immer der Vergleich mit einer Forderung verbunden, die festgelegt oder vereinbart sein kann. Bei der Prüfung eines Messgerätes werden hauptsächlich die Messabweichungen des Instrumentes ermittelt. Sie sollten die Herstellerangaben nicht überschreiten.

Kalibrierung bedeutet einen Zusammenhang zwischen dem angezeigten und tatsächlichen Messwert herzustellen. Die Kalibrierung dient der Bestimmung von Messabweichungen. Liegen eindeutig systematische Messabweichungen vor, können diese auch zur Verbesserung der Messgenauigkeit genutzt werden. Eine *Justierung* ist verbunden mit einem dauerhaften mechanischen oder datentechnischen Eingriff in das Messgerät, indem die festgestellten systematischen Abweichungen im Instrument eingestellt oder abgeglichen werden. Die Justierung erfolgt heute hauptsächlich durch das Abspeichern ermittelter Korrekturwerte.

Die *Eichung* eines Messgerätes umfasst die nach den Eichvorschriften (z.B. Eichgesetz, Eichverordnung) vorzunehmenden Qualitätsprüfungen und Kennzeichnungen.

2.3 Angaben zur Messunsicherheit

Die *Auflösung* eines Messgerätes beschreibt, inwieweit ein Instrument in der Lage ist, zwei eng benachbarte Messwerte getrennt zu erfassen und darzustellen. Bei einem digital anzeigenden Instrument entspricht die Auflösung einer Einzelmessung der kleinsten Stelleneinheit.

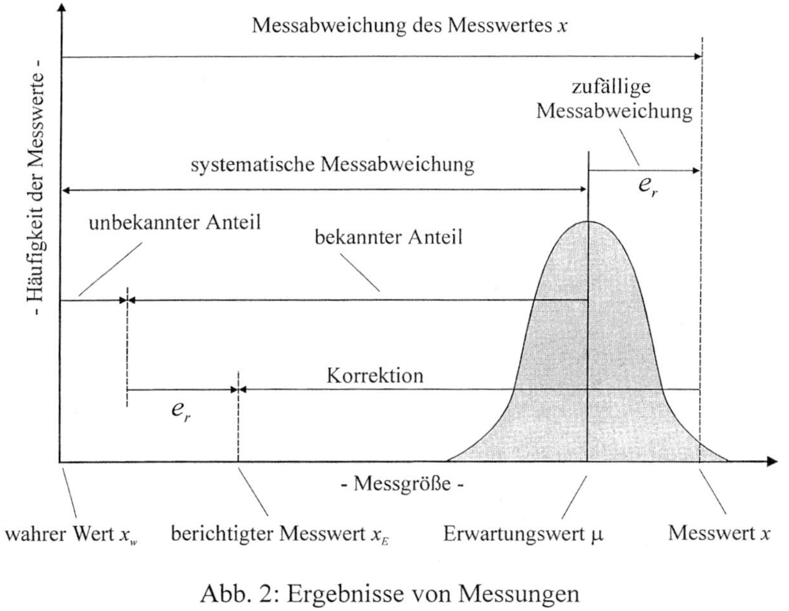

Abb. 2: Ergebnisse von Messungen

Der *wahre* Wert einer Messgröße ist i. d. R. nicht bekannt. Unter *richtigem* Wert versteht man hier einen bekannten Wert für die gesuchte Größe, wobei die Abweichung zum *wahren* Wert für diesen Vergleichszweck vernachlässigbar klein ist. Die *Genauigkeit* ist als Abweichung des Messwertes x vom richtigen Wert definiert. Sie setzt sich aus systematisch und zufällig wirkenden Anteilen zusammen.

Werden Messungen wiederholt ausgeführt, streuen die einzelnen Messwerte zufällig um den unbekannten *Erwartungswert* μ. Mit zunehmender Beobachtungszahl nähert sich das arithmetische Mittel aller Messungen dem Erwartungswert immer mehr an. Somit kann der Einfluss zufällig wirkender Abweichungen minimiert werden. Als Kenngröße für die Streuung der Messwerte wird meist die *Standardabweichung* in der Einheit der Messgröße angegeben.

Zu unterscheiden ist zwischen Messungen unter *Wiederhol-* bzw. *Vergleichsbedingungen.* Liegen Wiederholbedingungen vor, bleiben möglichst alle beherrschbaren Einflussgrößen unverändert. Dazu zählen: der Beobachter, das Messverfahren, die Messungsanordnung, die Messausrüstung und weitere äußere Einflussfaktoren (z.B. die Aufstellung, die atmosphärischen Einflüsse, usw.). Werden dagegen möglichst viele Einflussgrößen variiert, lassen sich aus den unterschiedlichen und unabhängigen Ergebnissen auch systematische Messabweichungen ableiten. Die Streuung der Messwerte unter Vergleichsbedingungen ist i.A. größer als unter Wiederholbedingungen.

Die während der Messung herrschenden systematischen Abweichungen sind nur unvollständig bekannt. Sie führen nach Korrektion zum *berichtigten* Messwert (Abb. 2). Bei vielen geodätischen Messverfahren werden die erreichbaren Genauigkeiten durch die unbekannten systematischen Abweichungen begrenzt.

2.4 Ziele von Überprüfungen

Im Rahmen einer *Prüfung* wird festgestellt, ob die Messausrüstung die Angaben des Herstellers erfüllt. Dies betrifft zwar primär die angegebenen Messabweichungen, andere Größen wie Reichweite (reflektorlose Streckenmessung), max. Anzahl der Streckenmessungen pro Batterieladung, usw. sind jedoch ebenfalls von Bedeutung. Idealerweise kann der Bediener im Feld seine Ausrüstung ohne spezielle Hilfsmittel oder übergeordnete Sollmaße prüfen. GOTTWALD (2001) nennt dies *Feldprüfverfahren,* BECKER (2000) spricht in diesem Zusammenhang von *simplified methods* oder *vereinfachten Prüfverfahren.*

Das Ziel einer *Kalibrierung* ist zumindest ein Genauigkeitsnachweis. Sind die systematischen Messabweichungen signifikant, lassen sich die Korrektionen auch zur Genauigkeitssteigerung nutzen. Es gibt zwei grundlegend unterschiedliche Ansätze: Bei der sog. *Systemkalibrierung* (BRUNNER u. WOSCHITZ 2001) wird das gesamte Messsystem unter möglichst realen Messbedingungen betrachtet und das gewünschte Endergebnis wird direkt mit bekannten Sollgrößen verglichen. Dagegen werden bei der *Komponentenkalibrierung* ganz gezielt einzelne Einflussfaktoren isoliert betrachtet, z.B. der Einfluss eines Magnetfeldes auf den Kompensator eines Nivellierinstrumentes (SCHWARZ 2001). Die Systemkalibrierung ist der theoretisch richtige Ansatz. Allerdings ist sie sehr komplex und bedingt stets Sollwerte. Dagegen stellt heute die Kalibrierung einzelner Komponenten schon für viele Einflussgrößen ein Standardverfahren dar (z.B. elektronische Streckenmessung).

Die *Justierung* ist stets mit einer vorgeschalteten Kalibrierung verknüpft. Dabei werden die Ergebnisse der Kalibrierung in der Messausrüstung dauerhaft abgespeichert oder durch eine mechanische Justierung berücksichtigt.

Kommt eine neue Messtechnologie auf den Markt, z.B. Digitalnivellier, GPS-Systeme, reflektorlose Streckenmessung, usw. gilt es im Rahmen einer *Untersuchung* die Stärken und Schwächen dieses Typs von Messausrüstung detailliert zu untersuchen. Daraus leiten sich wichtige Hinweise für Hersteller und Anwender ab (Abb. 3).

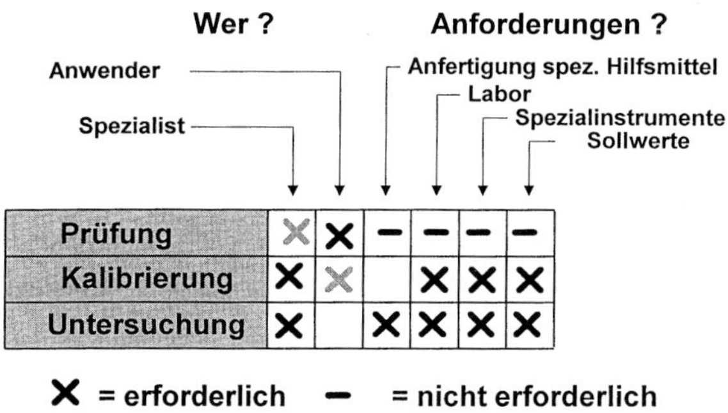

Abb. 3: Anforderungen an die unterschiedlichen Prüfziele

3 Motivation zur Überprüfung

Qualitätssicherung beinhaltet alle Maßnahmen die notwendig sind, um angestrebte bzw. geforderte Produktqualitäten auch tatsächlich zu erhalten. Bei praktischen Vermessungsaufgaben ist die Qualität des Produktes (die Gesamtheit der Messergebnisse) primär mit dem Einhalten vorgegebener Toleranzen bzw. Messabweichungen verknüpft. Das klingt selbstverständlich, jedoch vertrauen viele Anwender (nach der Erfahrung des Autors) mehr oder weniger blindlings den angezeigten bzw. abgespeicherten Messergebnissen. Selbst einfache Prüfungen (GOTTWALD 2001) oder regelmäßige Kalibrierungen finden nur in großen zeitlichen Abständen statt. Ist die Kalibrierung durch den Auftraggeber oder die aufsichtsführende Behörde vorgeschrieben, wird dies oft als lästig und überflüssig empfunden.

Die Fachliteratur behandelt detailliert die Untersuchungsmethoden und -verfahren bzw. die verschiedenen Einflussgrößen, die es zu beachten gilt. Dagegen gibt es nur wenige Beiträge und Hinweise, die Rückschlüsse auf die in der Praxis tatsächlich angewandten „Prüfverfahren" zulassen. GERKE (1892) berichtet über die Kosten von Nivellements am Beispiel des Nivellements I. Ordnung von Rudolstadt nach Weimar (1884-1885). Er schreibt: „Für die Ausführung des Nivellements ward kein besonderes Nivellirinstrument angeschafft, sondern man begnügte sich mit dem Theodolit, der zu den Winkelmessungen des trigonometrischen und polygonometrischen Netzes benutzt wurde und welcher von dem Mechaniker Heyde in Dresden angefertigt war…Das Fadennetz des Fernrohres besteht aus einem verticalen und drei horizontalen Fäden, von denen ersterer bei dem Nivellement nicht in Betracht kommt. Eine Untersuchung und event. Justirung des Instruments ward mehrmals täglich, mindestens aber bei Beginn und am Schluss der Arbeit vorgenommen." Bei diesem Nivellement bestand jede Visur aus 6 Einzelablesungen (3 Fadenablesungen an jeweils 2 Teilungen) mit sofortiger Standpunktprobe. Dies war damals notwendig um überhaupt die gewünschte Genauigkeit zu erreichen. Dieses Beispiel ist sicher nicht repräsentativ, aus dem Bericht jedoch wird ersichtlich, dass sowohl das Instrument als auch die Beobachtungen laufend und durchgreifend kontrolliert wurden.

Im starken Kontrast dazu stellt sich die aktuelle Situation dar: Neue <u>Messtechnologien</u> (EDM mit / ohne Reflektor, GPS), die weitgehende <u>Automatisierung</u> (elektronischer Datenfluss, automatische Zielerfassung bzw. Zielverfolgung), eine einfache <u>Bedienung</u> (Knopfdruck) sowie die hohe <u>Messgenauigkeit</u> einer

Einzelmessung führen dazu, dass in 80% der Messungen eine Punktbestimmung heute durch Einzelmessungen erfolgt und die Bestimmung der Neupunkte keine Überbestimmung (zur Kontrolle oder Genauigkeitssteigerung) erfährt. Mit wenig Wissen (Kunst des Messens?) ist es in kürzester Zeit möglich, einen Höhenunterschied, einen Winkel oder eine Strecke zu beobachten bzw. abzustecken.

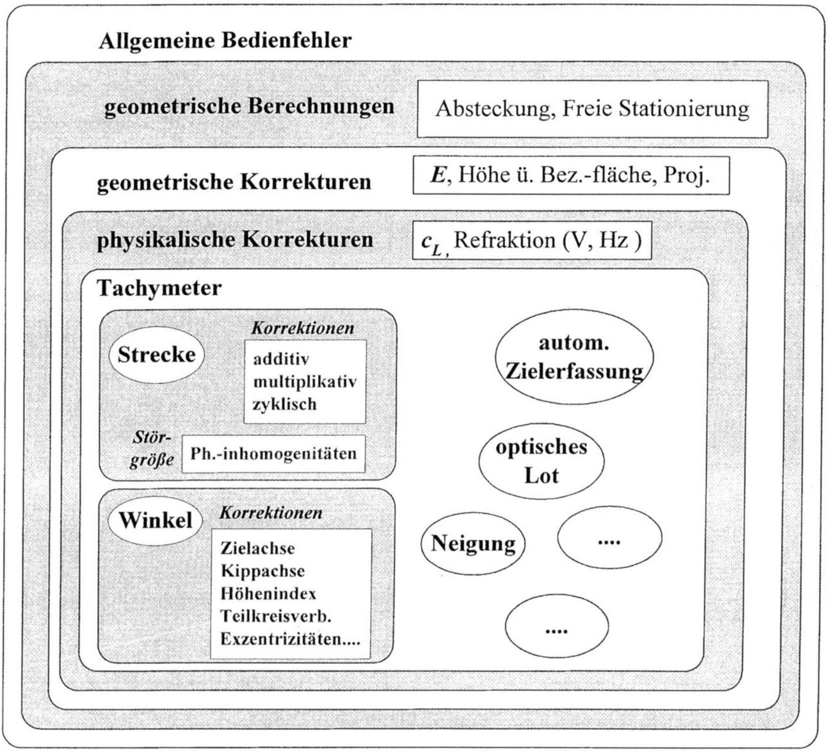

Abb. 4: Schalenmodell der möglichen Einflussgrößen (Tachymeter)

Dabei unterliegt gerade im Zeitalter komplexer und hochautomatisierter Messsysteme das Messergebnis einer Vielzahl unterschiedlichster Einflussgrößen (Abb. 4), die nicht nur zum Ergebnis beitragen, sondern auch eine Verfälschung des Ergebnisses bewirken können.

3.1 Mögliche Einflussgrößen bei geodätischen Messungen

Die möglichen Einflussgrößen lassen sich grob kategorisieren in: instrumentelle Einflüsse, Einflüsse durch den Bediener sowie sonstige physikalische Einflussgrößen.

3.1.1 Instrumentelle Einflüsse

Alle Instrumente sind heute sog. Multi-Sensor-Systeme, d.h. der angezeigte Messwert wird aus den Ergebnissen einzelner Sensoren (Hz- und V-Kreisabtastung, Neigungssensor, Ablage, Streckenmessung, Zeit, Temperatur, usw.) gewonnen. Die systematischen und zufälligen Abweichungen der Teilergebnisse wirken sich auf das geodätische Endergebnis (Horizontalrichtung *Hz*, Vertikalwinkel *V* und Schrägstrecke *s'*) aus. Viele Benutzer arbeiten heute direkt in „Koordinaten". Für diesen Fall können mögliche Fehler (*bugs*) in der umfangreichen geodätischen Software (Freie Stationierung, Absteckung, Koordinatentransformation, Flächenberechnung, usw.) die direkt im Feld genutzt wird, auch als Instrumentenfehler aufgefasst werden.

3.1.2 Einflüsse durch den Bediener

Die Zentrierung und Horizontierung des Messinstruments ist für einen Standpunkt ein einmaliger Vorgang. Deshalb üben die eigentlich zufällig entstehenden Abweichungen einen systematischen Einfluss auf alle Beobachtungen dieses Standpunktes aus.

Ausbaustufe des Instruments	Aufstellung	Anzielung	Ablesung	Feldbuch-führung
Optisch-mechanisches Tachymeter (Theodolit)	•	•	•	•
Elektronische Tachymeter (T) ohne Registrierung	•	•	•[1]	•
Elektronische Tachymeter (T) mit Registrierung				
- Manuelle Anzielung	•	•		
- Automatische Anzielung	•			

[1] nur im Sinne eines groben Fehlers

Tab. 1: Einflüsse des Beobachters auf die Messergebnisse

Mit zunehmender Automation nimmt die Bedeutung des Beobachters - als mögliche Ursache für Messabweichungen - ab. In Tab. 1 sind die Einflussmöglichkeiten des Bedieners, in Abhängigkeit des Automationsgrades der Messausrüstung, am Beispiel des elektronischen Tachymeters (Theodoliten) aufgeführt (DEUMLICH u. STAIGER 2001).

Selbst bei vollautomatischen Systemen verbleibt allgemein die Möglichkeit der *Fehlbedienung*. Eine fehlerhafte Bedienung des Messsystems kann insbesondere durch eine:

- fehlerhafte Eingabe von Punktbezeichnungen oder Koordinaten
- fehlerhafte Eingabe oder Auswahl von Korrektionswerten (Maßstabsfaktor, Additionskorrektion, Zielachskorrektion, usw.)
- allgemeine Fehlbedienung

auftreten. Eine Fehlbedienung ist generell der Gruppe der *groben Fehler* zuzuordnen. Diese wiederum sind durch eine geeignete Messanordnung aufzudecken bzw. grundsätzlich zu vermeiden. Wenn jedoch ohne Überbestimmung und Kontrolle gemessen wird, fallen Bedienungsfehler nur auf, wenn sie verhältnismäßig große Abweichungen (z.B. grob falsche Koordinaten) hervorrufen. Relativ kleine Abweichungen, z.B. eine um 35 mm falsch eingegebene oder angenommene Additionskorrektion, fällt ohne gezielte Prüfung nicht auf.

Die Gefahr der allgemeinen Fehlbedienung wird begünstigt durch:

- eine komplexe Anwendungssoftware, deren Bedienungsanleitung oft nur unzureichend Auskunft über die verwendeten Algorithmen, Modelle und Korrektionen gibt.

- eine Bedienoberfläche, die durch die intuitive Bedienung suggeriert, dass die Bedienungsanleitung nur bei der Erstbenutzung einmal kurz zu „überfliegen“ ist.

- regelmäßige Software-Updates und schnelle Modellwechsel auf Seiten der Hersteller. Dies ist von Bedeutung, da sich dabei die grundsätzliche Bedienung nicht ändert. Dies gilt jedoch nicht immer für Detaileinstellungen.

Natürlich ist es einfach und nur logisch, die fehlerfreie Bedienung vom Benutzer zu erwarten bzw. zu fordern. Aus der langjährigen Erfahrung (des Autors) im Zusammenhang mit der Kalibrierung elektronischer Tachymeter ist (leider) jedoch festzustellen, dass die zu prüfenden Instrumente oft mit falschen Korrektionswerten angeliefert werden.

3.1.3 Weitere Einflussgrößen

Als weitere Einflussgrößen sind vor allem die während der Messung herrschenden Umweltbedingungen zu nennen. Dies sei am Beispiel der elektronischen Streckenmessung verdeutlicht.

Alle geodätischen Verfahren der elektronischen Streckenmessung beruhen auf einer Laufzeitmessung des Lichtes in der Atmosphäre. Dabei wird die Ausbreitungsgeschwindigkeit des Lichtes in der Messatmosphäre aus den zu erfassenden meteorologischen Parametern Temperatur, Druck und Feuchtigkeit der Luft abgeleitet. Eine fehlerhaft erfasste Lufttemperatur verfälscht eine gemessene Strecke mit 1 ppm/°C. Dies bedeutet: wird z.B. die Lufttemperatur (die repräsentativ für die gesamte Messstrecke gelten soll) um 2°C falsch erfasst, wird eine 500 m lange Strecke um 1 mm verfälscht. Soll bei der elektronischen Streckenmessung das Genauigkeitspotential eines modernen Tachymeters von ca. 1 mm voll ausgeschöpft werden, dürfen die meteorologischen Parameter auf keinen Fall vernachlässigt werden.

Bei der Kalibrierung kinematischer Messaufgaben gilt es weitere Größen, insbesondere die zeitliche Synchronisation zwischen den Messelementen, zu berücksichtigen (STEMPFHUBER u. MAURER 2001).

3.2 Veränderungen der Messausrüstung

Die geodätische Messausrüstung besteht, neben Mikroprozessoren und Software, aus mechanischen, optischen und elektronischen Bauteilen, die sich durch äußere Einflüsse – selbst bei fachgerechtem Gebrauch - dauerhaft verändern können. Dies gilt nicht nur für das Messinstrument, sondern auch für Zubehör wie Dreifüße, Reflektoren usw. Aus diesem Grund ist eine Überprüfung der gesamten Messausrüstung in regelmäßigen Abständen unabdingbar.

4 Strategien zur Überprüfung

Es gibt verschiedene Möglichkeiten die Messausrüstung zu überprüfen (vgl. Kap. 2.4). In diesem Kapitel sollen weniger fertige Lösungen präsentiert, sondern vielmehr beispielhaft die unterschiedlichen Ansätze und Ergebnisse gegenübergestellt werden.

Unabhängig davon wie und mit welcher Intensität geprüft wird, empfiehlt es sich für jedes Instrument ein Logbuch anzulegen, in dem alle wichtigen Ereignisse wie Prüfungen, Kalibrierungen, Reparaturen, außergewöhnliche Einsätze usw. festgehalten werden. Dies erleichtert auch die Einhaltung selbst vorgegebener Kontrollintervalle.

4.1 Zeitpunkt der Prüfung

Vor dem erstmaligen Gebrauch einer Messausrüstung ist zunächst eine *Produktabnahme* (Erstabnahme) der Messausrüstung angebracht. Dies gilt sowohl für komplette Systeme, als auch für einzelne Teile der Messausrüstung (z.B. Nivellierlatten, Dreifüße, Reflektoren). Ebenso sollte zwischen einer neu erworbenen oder gebraucht übernommenen Ausrüstung nicht unterschieden werden. Alle im Gebrauch befindlichen Messinstrumente sind nach der Produktabnahme regelmäßig zu überprüfen. Die Zeitintervalle sollten individuell festgelegt werden. Für folgende Ereignisse bzw. Zeitabstände erscheinen Überprüfungen sinnvoll:

- regelmäßige Prüfintervalle von max. 6 Monaten
- vor und nach einer Präzisionsmessung
- nach einem längeren Nichtgebrauch der Ausrüstung (z.B. Winterpause)
- nach einem harten Transport

Es versteht sich von selbst, dass bei Unregelmäßigkeiten in den Messergebnissen, äußerlichen Schäden, Funktionsstörungen usw. auch Prüfmaßnahmen außerhalb der vorgegebenen Intervalle einzuleiten sind.

4.2 Wie wird überprüft?

Der Zeitpunkt und der Umfang der Überprüfung ist über einen längeren Zeitraum festzulegen. Ein mehrstufiges Vorgehen bietet Vorteile: Der Benutzer der Messausrüstung kann die häufigen Routineprüfungen selbständig ausführen und dokumentieren, während die seltener vorkommenden Kalibrierungen von dafür speziell eingerichteten Institutionen (Hochschulinstitute, Landesvermessungsämter, usw.) ausgeführt werden.

Der Umfang der Prüfungen sollte nicht starr beibehalten werden, sondern in Abhängigkeit der Prüfergebnisse kann und soll der Prüfplan erweitert werden: Ergeben sich z.B. während einer Feldprüfung zu große Abweichungen, gilt es diese, im Rahmen einer Kalibrierung, genauer zu untersuchen.

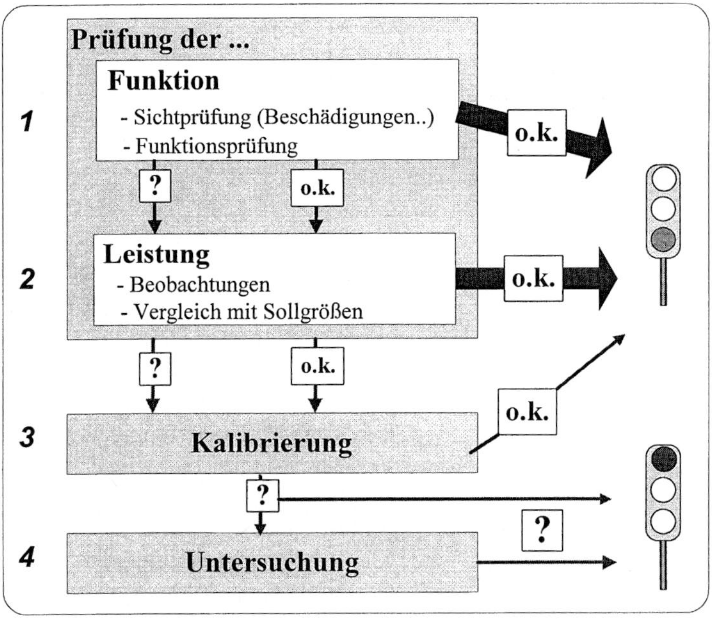

Abb. 4: Das 4-Phasen-Modell (angelehnt an die Empfehlung FIG 5.1, 1994)

In der FIG-Kommission 5 wurden zwischen 1990 und 1994 Empfehlungen zur Routine-Überprüfung von EDM-Instrumenten erarbeitet (FIG WG 5.1 1994). Die Empfehlungen basieren auf einer mehrstufigen Prüfstrategie, die vor allem auch auf einen geringen Prüfaufwand abzielt. Die Empfehlungen, die von GOTTWALD (1998) im Detail dokumentiert wurden, bilden eine solide Grundlage für individuelle Prüfpläne.

4.3 Auswirkung unterschiedlicher Prüfansätze

Je nachdem wie die Prüfung ausgelegt ist, resultieren unterschiedliche Ergebnisse, die auch verschieden zu interpretieren sind. Am vereinfachten Beispiel der Überprüfung eines EDM-Instruments (Streckenmessteil eines Tachymeters) seien die Unterschiede aufgezeigt (Tab. 2).

Strecke bekannt?	Vermarkung	Messergebnis	Aussage hinsichtlich...möglich
Nein	Keine	Erwartungswert Streuung	Reproduzierbarkeit unter Wiederholbedingungen
Nein	Bodenpunkte	Erwartungswert Streuung	Reproduzierbarkeit unter Vergleichsbedingungen
Ja	Bodenpunkte	Erwartungswert Streuung	Reproduzierbarkeit und Genauigkeit inkl. Zentrierung und atmosphärischer Einflüsse
Ja	Pfeiler mit Zwangszentrierung	Erwartungswert Streuung	Reproduzierbarkeit und Genauigkeit inkl. atmosphärischer Einflüsse

Tab. 2: Vergleichsmessungen mit einem elektronischen Streckenmessgerät

<u>Ansatz 1:</u> Mit dem EDM-Instrument (Prüfling) wird eine unbekannte Strecke in einer Aufstellung mehrfach beobachtet. Aus der resultierenden Streuung der Messwerte kann nur auf die Reproduzierbarkeit unter Wiederholbedingungen geschlossen werden, jedoch nicht auf die Genauigkeit des Messgerätes.

Ansatz 2: Mit dem Prüfling wird eine unbekannte, durch Bodenpunkte vermarkte Strecke in regelmäßigen zeitlichen Abständen beobachtet. Die resultierende Streuung der Messwerte gibt Auskunft über die Reproduzierbarkeit unter Vergleichsbedingungen.

Ansatz 3: Mit dem Prüfling wird eine bekannte, durch Bodenpunkte vermarkte Strecke beobachtet. Die Abweichung des Mittelwertes der Messungen (Erwartungswert) von der tatsächlichen Streckenlänge gibt Auskunft über die Messgenauigkeit (einschl. der Zentrierung und atmosphärischer Einflüsse).

Ansatz 4: Mit dem Prüfling wird eine bekannte, durch Beobachtungspfeiler zwangszentrierte Strecke beobachtet. Die Abweichung des Mittelwertes der Messungen (Erwartungswert) von der tatsächlichen Streckenlänge gibt Auskunft über die Messgenauigkeit (einschl. der atmosphärischen Einflüsse).

5 Literatur

BECKER, J.M. (2000): The International Technical Developments and their Implications for the Land Surveyor. FIG-Seminar "Mediterranean Surveyors in the new Millennium" Malta, 2000.

BRUNNER, F.K. u. WOSCHITZ, H. (2001): Kalibrierung von Messsystemen: Grundlagen und Beispiele. Beiträge zum 54. DVW-Seminar „Qualitätsmanagement in der Geodätischen Messtechnik", Konrad Wittwer-Verlag, Stuttgart.

DEUMLICH, F. u. STAIGER, R. (2001): Instrumentenkunde der Vermessungstechnik. 9. Auflage, Wichmann-Verlag, Heidelberg.

GERKE, R. (1892): Das Nivellement I. Ordnung der Strecke Rudolstadt nach Weimar. Zeitschrift für Vermessungswesen (ZfV) S. 433- 440.

GOTTWALD, R. (1998): Prüfung und Kalibrierung von Vermessungsinstrumenten- Grundsätzliche Überlegungen und Konzepte. Vermessung, Photogrammetrie Kulturtechnik (VPK), S. 409-413.

GOTTWALD, R. (2001): Routine-Feldprüfverfahren für geodätische Sensoren - Grundsätzliche Überlegungen und Strategien. Beiträge zum 54. DVW-Seminar „Qualitätsmanagement in der Geodätischen Messtechnik", Konrad Wittwer-Verlag, Stuttgart.

SCHWARZ, W. (2001): Geodätische Laborkalibrierung – Stand der Technik. Beiträge zum 54. DVW-Seminar „Qualitätsmanagement in der Geodätischen Messtechnik“, Konrad Wittwer-Verlag, Stuttgart.

STAIGER, R. u. HUEP: W. (1998): Measuring Device Checks and advanced Surveying equipment: A Contribution to Quality Control. FIG Commission 5, Proceedings, Brighton, 1998.

STAIGER, R. (2000): Calibration Methods for Modern Survey Equipment: A Contribution to Quality Control. FIG-Seminar "Mediterranean Surveyors in the new Millennium" Malta, 2000.

STEMPFHUBER, u. MAURER, W. (2001): Leistungsmerkmale von zielverfolgenden Tachymetern bei dynamischen Applikationen, Beiträge zum 54. DVW-Seminar „Qualitätsmanagement in der Geodätischen Messtechnik“, Konrad Wittwer-Verlag, Stuttgart.

Akkreditierung von Kalibrierlaboratorien

Eberhard Fay
Deutscher Kalibrierdienst (DKD)
bei der Physikalisch-Technischen Bundesanstalt (PTB)
Bundesallee 100
D-38116 Braunschweig
E-Mail: eberhard.fay@ptb.de

1. Einleitung: Warum „Qualitätsmanagement in der Messtechnik"?

Die geodätische Messtechnik ist eines der ältesten Gebiete des Messwesens, von dem wesentliche Impulse zur Schaffung des metrischen Maßystems ausgegangen sind und auf dem das Streben nach Präzision, d. h. nach möglichst kleiner Messunsicherheit, in seiner Methodik sehr augenfällig zum Ausdruck kommt – man denke an die Darstellung auf dem z. Zt. gültigen10-DM-Schein. Die generelle Entwicklung neuer Technologien im Messwesen mit dem Ziel einer ständigen Verringerung der Messunsicherheiten – gekennzeichnet durch Digitalisierung und Automatisierung sowie Verknüpfung mit elektronischen Datenerfassungs- und Auswertmethoden – führt auch in der geodätischen Messtechnik zu Verfahren, die zu kompliziert sind, um von dem Anwender der Messgeräte bezüglich ihrer Funktion und Leistungsfähigkeit eingeschätzt werden zu können. Dennoch ist der Anwender eines Messgerätes für die „Richtigkeit" der von ihm erzielten Messergebnisse verantwortlich. „Qualitätsmanagement in der Messtechnik" bedeutet daher, Methoden einzuführen, die richtige und verlässliche Messergebnisse sichern.

2. Forderungen der Qualitätsmanagement-Normen

Für Qualitätsmanagement-Systeme gibt es die geläufigen Normen der Serie ISO 9000, jetzt in der Fassung der Norm DIN EN ISO 9001:2000. Die Bedeutung genauer und verlässlicher Messungen, z. B. für die industrielle Produktion, findet dort Ausdruck in dem Element „Lenkung von Messmitteln" (Abb. 1), das nicht nur die Kalibrierung von Messmitteln fordert, sondern zur Sicherung der Vergleichbarkeit der Messergebnisse auch die Rückführung auf „nationale oder internationale Normale".

In der geodätischen Messtechnik dienen die Messungen jedoch nicht zur Sicherung der Qualität irgendeines Produktes, sondern die Messergebnisse selbst sind das „Produkt“. Insofern unterscheiden sich Stellen, die geodätische Messungen ausführen, nicht von Kalibrierlaboratorien. Auch Kalibrierungen sind eine spezielle Art von Messungen. Für Kalibrierlaboratorien gilt die Norm DIN EN ISO/IEC 17025, die bezüglich des Qualitätsmanagements weitgehend die gleichen Anforderungen stellt wie die DIN EN ISO 9001. Zur Einführung eines Qualitätsmanagementsystems in einer Stelle, die Messungen ausführt, ist die DIN EN ISO/IEC 17025 eine geeignete Basis. Die Anforderungen an das „Produkt“ Messergebnis sind in Abb. 2 zusammengefasst. Zu ihrer Erfüllung dient die Kalibrierung der eingesetzten Messgeräte unter Rückführung auf die Einheiten des Internationalen Einheitensystems (SI).

3. Kalibrierung und Rückführung auf SI-Einheiten

Bei jedem Messgerät treten systematische Unterschiede zwischen der Anzeige und dem wahren Wert der Messgröße auf, deren sich der Anwender häufig nicht bewusst ist. Bei digital anzeigenden Messgeräten täuscht die hohe Stellenzahl eine oft nicht vorhandene Genauigkeit vor. Aufgabe der Kalibrierung ist es, die Differenz zwischen der Anzeige eines Messgerätes (bzw. dem Nenn- oder Aufschriftwert einer Maßverkörperung) und dem richtigen Wert der Messgröße festzustellen und zu dokumentieren, sei es, um sie bei Messungen als Korrektion rechnerisch berücksichtigen zu können - dies wäre der bestmögliche Gebrauch von der Kalibrierung -, oder sei es nur, um sicher zu sein, dass sie innerhalb vorgegebener Toleranzen liegt.

Definitionsgemäß versteht man unter Kalibrierung im weitesten Sinne Tätigkeiten zur Ermittlung des Zusammenhangs zwischen den ausgegebenen Werten eines Messgerätes oder einer Messeinrichtung oder den von einer Maßverkörperung oder von einem Referenzmaterial dargestellten Werten und den zugehörigen, durch Normale festgelegten Werten einer Messgröße unter vorgegebenen Bedingungen [1, 2]. Diese Definition schließt den Fall ein, dass die zu messende Größe in eine Größe anderer Größenart umgewandelt wird, z. B. beim elektrischen Messen nichtelektrischer Größen. Die Kalibrierung besteht dann in der Ermittlung des Zusammenhangs in Form einer Formel, Tabelle oder eines Graphen.

Für die Zuverlässigkeit der Messungen ist es unerlässlich, ein Messgerät nicht nur vor der ersten Inbetriebnahme zu kalibrieren, sondern dies nach einem festgelegten Programm zu wiederholen.
Der „richtige" Wert der Messgröße wird beim Kalibrieren durch ein Normal gegeben, mit dem das zu kalibrierende Gerät verglichen wird. In der Regel ist dies zunächst ein Gebrauchsnormal, das seinerseits kalibriert werden muss. Dies erfolgt durch Vergleich mit einem Bezugsnormal, also einem Normal, das an einem Ort (Labor, Werkstatt, Fabrik) die genaueste verfügbare Realisierung der jeweiligen Messgröße darstellt. Zur Gewährleistung der Einheitlichkeit und Vergleichbarkeit muss das Bezugsnormal wiederum direkt oder über Zwischenstufen an ein Primärnormal angeschlossen sein. Darunter versteht man ein Messgerät oder eine Messeinrichtung, mit der die jeweilige Maßeinheit gemäß der Definition im Internationalen Einheitensystem (SI) mit der kleinstmöglichen Messunsicherheit realisiert ist (Abb. 3).

Die sogenannten „nationalen oder internationalen Normale", z. B. in der Norm DIN EN ISO 9001, sind solche Primärnormale, von denen aufgrund nationaler oder internationaler Vereinbarungen alle Messungen der gleichen Größenart abgeleitet werden.

Wie viel Zwischenstufen in der Hierarchie der Normale möglich sind, hängt von der Messunsicherheit ab, die von dem zu kalibrierenden Gerät eingehalten werden muss. Jede zusätzliche Stufe vergrößert diese Messunsicherheit. Auf einigen Gebieten ist die Bezeichnung „Kontrollnormal" für die Hierarchiestufe oberhalb der Gebrauchsnormale üblich.

Der dargestellte Vorgang wird als „Rückführung" bezeichnet (engl. „traceability", genauer „measurement traceability" im Unterschied zu „Rückverfolgbarkeit"). In der Definition [1] wird die „ununterbrochene Kette der Vergleiche" betont, die vom Messgerät zur SI-Einheit führt. Daneben gehören nach allgemeinem Verständnis noch weitere Elemente zur Rückführung, nämlich Angabe der Messunsicherheit, Kompetenz des ausführenden Kalibrierlaboratoriums, Verwendung dokumentierter und anerkannter Messverfahren für jede Stufe der Rückführung sowie die Möglichkeit, jeden Einzelschritt einer Begutachtung zu unterziehen (Abb. 4). Erst die Kalibrierung in Verbindung mit dieser Rückführung sichert die Richtigkeit, Verlässlichkeit und weltweite Vergleichbarkeit von Messwerten [3].

4. Weitergabe der SI-Einheiten: Vom nationalen Normal zum Messmittel

In vielen Ländern gibt es metrologische Staatsinstitute mit der Aufgabe, Normalmesseinrichtungen zu schaffen, mit denen die SI-Einheiten gemäß der internationalen Definition mit kleinstmöglicher Messunsicherheit dargestellt, bewahrt und an Nutzer in Industrie und Wissenschaft weitergegeben werden. In Deutschland ist dies die Physikalisch-Technische Bundesanstalt (PTB) in Braunschweig und Berlin.

Im nicht gesetzlich geregelten Messwesen liegen Kalibrierung und Rückführung in der Verantwortung des jeweiligen Betriebes. Größere Betriebe verfügen in der Regel über interne Kalibriermöglichkeiten auf der Basis von Gebrauchs- und Bezugsnormalen (Abb. 5).

Der direkte Anschluss an die PTB ist meistens nicht erforderlich, vielmehr lassen die einzuhaltenden Messunsicherheiten in vielen Fällen eine weitere Zwischenstufe zu. Eine solche bilden die akkreditierten Kalibrierlaboratorien des Deutschen Kalibrierdienstes (DKD). Große Firmen mit einer weitverzweigten Kalibrierorganisation und einer betrieblichen Kalibrierzentrale haben diese häufig auch als DKD-Kalibrierlaboratorium akkreditieren lassen. Daneben stehen in wachsendem Maße auch kleine Firmen mit akkreditierten DKD-Laboratorien als Dienstleister für externe Kunden zur Verfügung. Es obliegt der Entscheidung jedes einzelnen Betriebes, in welcher Stufe der Hierarchie er von externen Kalibrierdienstleistungen Gebrauch macht. Der DKD bietet mit zur Zeit etwa 280 akkreditierten Kalibrierlaboratorien hierfür eine leistungsfähige messtechnische Infrastruktur an.

5. Kompetenz und Akkreditierung

Im gesetzlich nicht geregelten Bereich des industriellen Messwesens können Kalibrierungen von jeder technisch kompetenten Stelle ausgeführt werden. Der durch die Forderungen der Norm DIN EN ISO 9001 geweckte Kalibrierbedarf hat zu einem großen Angebot von Kalibrierleistungen durch hierauf spezialisierte kleine Firmen, aber auch durch größere Firmen und Institutionen geführt, die ihre internen Kalibriermöglichkeiten externen Kunden zugänglich machen wollen. Für die Kunden solcher Stellen ist es entscheidend, dass die ausgestellten Kalibrierscheine von dritter Seite als Dokumente der Rückführung anerkannt werden, z. B. von Auditoren bei der Zertifizierung von Qualitätsmanagementsystemen oder im grenzüberschreitenden Handelsverkehr. Die Anerkennung hängt vom Nachweis der Kompetenz ab. Unter den heutigen Marktbedingungen genügt es nicht, kompetent zu sein; die Kompetenz muss auch Dritten gegenüber transparent gemacht werden. Nachweis und Sicherung der Kompetenz sind in erster Linie Aufgaben der Mess- und Kalibrierlaboratorien selbst, die sich dabei nicht nur auf ihre Fachkenntnisse, auf ihr qualifiziertes Personal und auf ihre Erfahrung abstützen, sondern auch durch Vergleichsmessungen und interne Kontrollen die Qualität ihrer Resultate ständig absichern. Diesen Methoden widmet die DIN EN ISO/IEC 17025 ein eigenes Kapitel.

Die Kalibrierlaboratorien des DKD haben den Nachweis der Kompetenz durch die Akkreditierung erbracht. Akkreditierung ist generell die formelle Anerkennung durch eine autorisierte Stelle, dass eine Stelle kompetent ist, bestimmte Aufgaben auszuführen (DIN EN 45020:1998). Sie basiert auf einer Begutachtung, durch die die Kompetenz für spezifische Mess- und Kali-brieraufgaben festgestellt wird. Sie unterscheidet sich dadurch von einer Zertifizierung des QM-Systems, das produktunabhängig ist; das Audit eines QM-Systems ist auf das Vorhandensein der QM-Elemente ausgerichtet, nicht auf die Einhaltung spezifischer Forderungen an das Produkt.

Da die Rückführung der Bezugsnormale das zentrale Kriterium für die Akkreditierung ist, sind DKD-Kalibrierscheine ohne weiteres als Dokumente der Rückführung anzuerkennen. Die Akkreditierung erfolgt auf der Basis der Kriterien der seit April 2000 gültigen Norm DIN EN ISO/IEC 17025 (Abb. 6) durch die Akkreditierungsstelle des DKD bei der PTB. Die PTB verfolgt dabei das Ziel, die SI-Einheiten auf breiter Basis weiterzugeben und eine messtechnische Infrastruktur zu schaffen (Abb. 7). Das Akkreditierungsverfahren beinhaltet eine Begutachtung vor Ort sowie Vergleichsmessungen mit der PTB und folgt der Norm DIN EN 45003 [4, 5].

Im Unterschied zu den vorhergehenden Normen enthält die DIN EN ISO/IEC 17025 sehr klare und detaillierte Forderungen bezüglich der messtechnischen Rückführung und der Messunsicherheit (Abb. 8 und 9). Damit ist den eingangs genannten Forderungen an Messergebnisse Rechnung getragen.

6. Schlussbetrachtung

Für den Anwender von Messgeräten bieten die akkreditierten Kalibrierlaboratorien des DKD eine leistungsfähige Infrastruktur zur Kalibrierung unter Rückführung auf das SI und damit zur Sicherstellung richtiger, verlässlicher und vergleichbarer Messergebnisse. Für die Kalibrierlaboratorien bedeutet die Akkreditierung in der Regel auch eine Erhöhung ihrer messtechnischen Kompetenz. Für Stellen, die Messungen durchführen, bietet sich die Einführung eines QM-Systems nach DIN EN ISO/IEC 17025 zur Sicherung gleichbleibend verlässlicher Messergebnisse an.

7. Literatur

[1] DIN Deutsches Institut für Normung e. V. (Hrsg.): Internationales Wörterbuch der Metrologie. 2. Aufl. 1994, Beuth, Berlin, Wien, Zürich 1994

[2] DIN Deutsches Institut für Normung e. V. (Hrsg.): DIN 1319-1, Januar 1995. Beuth, Berlin 1995

[3] Akkreditierungsstelle des DKD (Hrsg.): DKD-4 - Rückführung von Mess- und Prüfmitteln auf nationale Normale, Ausgabe 1998, PTB, Braunschweig, 1998

[4] Akkreditierungsstelle des DKD (Hrsg.): DKD-1 – Ziele, rechtliche Grundlagen, Akkreditierungskriterien und –verfahren, Organisationsstruktur und Publikationen des Deutschen Kalibrierdienstes (DKD, Ausgabe 1998, PTB, Braunschweig, 1998

[5] Akkreditierungsstelle des DKD (Hrsg.): DKD-2 – Akkreditierung von Kalibrierlaboratorien – Kriterien und Verfahren, Ausgabe 1999, PTB, Braunschweig, 1999

Lenkung von Messmitteln
DIN EN ISO 9000 : 2000, Kap. 7.6

DKD

Zur Sicherstellung gültiger Messergebnisse müssen die Messmittel

a) in festgelegten Abständen oder vor dem Gebrauch kalibriert oder verifiziert werden anhand von Messnormalen, die auf internationale oder nationale Messnormale zurückgeführt werden können.

...

.
.
.

(Gilt für die zum Nachweis der Konformität des Produkts mit festgelegten Anforderungen eingesetzten Messmittel)

DKD-352.0D/01-Fy

Abb. 1

Anforderungen an Messergebnisse

DKD

- Vergleichbarkeit
  - weltweit
- Verlässlichkeit
  - Anerkennung durch Dritte
- Genauigkeit
  - kleine Messunsicherheit

↓ Bezug auf das Internationale Einheitensystem (SI)

DKD-057.3D/01-Fy

Abb. 2

Hierarchie der Normale

DKD

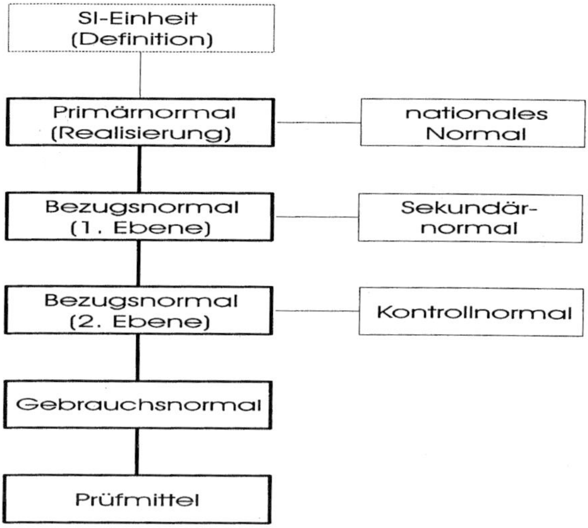

DKD-044 3D/01-Fy

Abb. 3

Wesentliche Elemente der Rückführung

DKD

- ununterbrochene Kette von Vergleichen (Kalibrierungen)
- Bezug auf SI-Einheiten
- Angabe der Messunsicherheiten
- Kompetenz der Kalibrierlaboratorien
- dokumentierte und anerkannte Messverfahren
- Wiederholung in angemessenen Zeitintervallen

DKD-046.1D/01-PK

Abb. 4

Kalibrier-Hierarchie vom nationalen Normal zum Prüfmittel

DKD

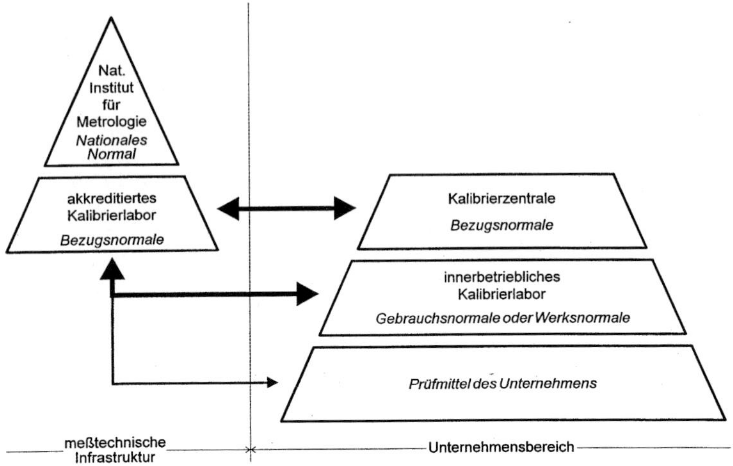

DKD-104.3D/01-Fy

Abb. 5

Kriterien für eine DKD-Akkreditierung

DKD

- *Die Anforderungen der Norm ISO / IEC 17025 und ergänzende Anforderungen der EA sind erfüllt, insbesondere*
  - die für Kalibrierungen mit angemessener Genauigkeit erforderlichen technischen Einrichtungen, Messgeräte und Messräume sind vorhanden
  - die Normale und Normalmesseinrichtungen sind auf nationale Normale rückgeführt
  - die vorgesehenen Mess- und Kalibrierverfahren sind validiert und dokumentiert
  - das Personal des Kalibrierlaboratoriums verfügt über die erforderliche Sachkunde, Erfahrung und Zuverlässigkeit; seine Unparteilichkeit ist zugesichert
  - das Kalibrierlaboratorium betreibt ein Qualitätssicherungssystem, das in einem Qualitätssicherungshandbuch dokumentiert ist
  - der Träger ist in der Lage, die für Unterhaltung und Betrieb des Kalibrierlaboratoriums erforderlichen Mittel aufzu-bringen und für Schäden zu haften

DKD-014 3D/01-Fy

Abb. 6

Ziele des DKD

DKD

- Steigerung der Leistung und Wettbewerbsfähigkeit der Wirtschaft
- Deckung des Bedarfs nach anerkannten Kalibrierscheinen
- Schaffung einer metrologischen Infrastruktur
- Verlagerung der Kalibriertätigkeit auf wirtschaftseigene Kalibrierlaboratorien
- Sicherung der messtechnischen Grundlagen im industriellen Messwesen
- Förderung der messtechnischen Kompetenz industrieller Kalibrierlaboratorien
- Kundenorientierte Durchführung der Akkreditierungsverfahren
- weltweite Anerkennung der Kalibrierscheine

DKD-117.2D/01-Fy

Abb. 7

Messtechnische Rückführung
EN ISO/IEC 17025, Kap. 5.6

DKD

Alle Einrichtungen, die für Prüfungen und/oder Kalibrierungen verwendet werden,

...

müssen vor ihrer Inbetriebnahme kalibriert werden.
Das Laboratorium muss über ein eingeführtes Programm und Verfahren für die Kalibrierung seiner Einrichtungen verfügen.

... das Programm für die Kalibrierung muss so entwickelt und durchgeführt werden, dass sichergestellt wird, dass die von dem Laboratorium durchgeführten Kalibrierungen und Messungen auf SI-Einheiten rückgeführt sind.

DKD-000.0D/01-PK

Abb. 8

- Verfahren muss alle Unsicherheitskomponenten in Betracht ziehen (GUM, EA-4/02, DKD-3)
  - Langzeitverhalten wird in der Regel nicht berücksichtigt
- Kleinste angebbare Messunsicherheit
  (best measurement capability)
  - wird bei der Akkreditierung anhand von Berechnungen und von Vergleichsmessungen festgelegt
- Umsetzung durch Akkreditierungsstellen
  - Ab 01.07.2000
  - Kleinste angebbare Messunsicherheit wesentlich größer als technisch möglich : vereinfachtes Verfahren

DKD-206.1D/01-Fy

Abb. 9

Die Rückführung geodätisch wichtiger Größen auf nationale Normale

Klaus Wendt
Physikalisch-Technische Bundesanstalt (PTB)
Laboratorium für Koordinatenmessgeräte
Bundesallee 100
D - 38116 Braunschweig
Email: klaus.wendt@ptb.de

Zusammenfassung

Richtige und zuverlässige Messungen sind eine wichtige Voraussetzung für hochwertige Vermessungsdienstleistungen. Ein wichtiges Qualitätsmerkmal einer Messung ist deren Rückführung, d. h. Messergebnisse müssen an die Definition der SI-Einheiten angeschlossen sein. Dies wird durch Kalibrierung der Messgeräte erreicht. Die Güte der Kalibrierung ist eine wichtige Komponente der Messunsicherheit im praktischen Einsatz.

1. Einleitung

Geodätische Messinstrumente liefern als Messwerte Winkel, Strecken und Höhendifferenzen, aber auch sphärische oder kartesische Koordinaten. Häufig jedoch stellen die Messwerte, die von den Instrumenten angezeigt werden, nicht unmittelbar das Messergebnis dar. Vielmehr werden die angezeigten Messwerte weiterverarbeitet. Messwerte verschiedener Geräte und auch von unterschiedlichen Standpunkten werden durch Ausgleichung miteinander verknüpft. Das Ergebnis sind in der Regel Koordinaten von Messpunkten, aus denen dann die eigentlichen Messergebnisse abgeleitet werden. Diese sind z. B. Abstände, Lage- und Formabweichungen, Achsrichtungen, Verformungen, usw. Um richtige und vergleichbare Messergebnisse zu gewährleisten, müssen diese rückgeführt werden. Werden geodätische Messmittel in Qualitätssicherungssystemen eingesetzt, müssen zudem die Anforderungen der ISO 9000 und den nachgerichteten Richtlinien erfüllt werden, die eine Rückführung ausdrücklich verlangen.

2. Definitionen

Die Rückführung oder Rückverfolgbarkeit ist eine wichtige Eigenschaft einer Messung. Was in messtechnischer Hinsicht unter Rückführung zu verstehen ist, wird im folgenden erklärt, zusammen mit den Begriffen Kalibrierung und Messunsicherheit. Alle drei Begriffe sind eng miteinander verknüpft.

Rückführung
Unter Rückführbarkeit ist die Eigenschaft eines Messergebnisses zu verstehen, durch eine ununterbrochene Kette von Vergleichsmessungen auf geeignete nationale oder internationale Normale bezogen zu sein [1]. Für geodätische Messgrößen ist dies i. a. die Definition der SI-Einheit „Meter" (Bild 1). Die Rückführung von Messgrößen stellt eine wesentliche Voraussetzung für die Richtigkeit von Messergebnissen dar und ist zur korrekten Ermittlung des Beitrages der Kalibrierung zur gesamten Messunsicherheit unabdingbar. Wesentliche Elemente der Rückführung sind [2]:

a) eine ununterbrochene Kette von Vergleichen, die auf ein nationales oder internationales Normal zurückgehen (Kalibrierkette);
b) die Messunsicherheit muss für jeden Schritt in der Kalibrierkette nach vereinbarten Methoden berechnet und angegeben werden, so dass die Gesamtunsicherheit für die gesamte Kette berechnet werden kann;
c) die Verfahren und Ergebnisse müssen dokumentiert sein;
d) diejenigen Stellen, die einen oder auch mehrere Schritte in der Kalibrierkette ausführen, müssen ihre technische Kompetenz offenlegen;
e) die Kette von Vergleichen muss bei den Primärnormalen zur Darstellung der SI-Einheiten enden;
f) Kalibrierungen müssen in angemessenen Zeitabständen wiederholt werden.

Kalibrierung
Mit Kalibrierung wird die Tätigkeit bezeichnet, die die gegenseitige Zuordnung zwischen den ausgegebenen Werten eines Messgerätes und den zugehörigen bekannten Werten einer Messgröße bestimmt [1]. Gemäß DIN 1319 [3] ist darunter ein Verfahren zu verstehen, mit dem eine zuverlässige Aussage darüber erhalten werden soll, wie nahe der gemessene Wert dem richtigen Wert ist. Kalibrieren eines Instruments bedeutet somit festzustellen, wie groß der Fehler eines Messergebnisses ist, indem das Messergebnis mit einem Normal bekannter

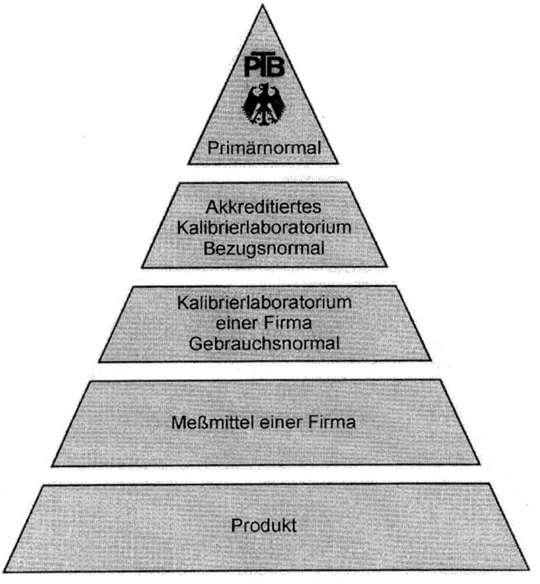

Bild 1: Kalibrierkette - Vom Produkt zum nationalen Normal

Unsicherheit verglichen wird. Damit wird klar, dass der Begriff 'Kalibrierung' hier anders als im allgemeinen Sprachgebrauch verwendet wird. Mit Kalibrierung ist nicht allein die Ermittlung unbekannter Geräteparameter gemeint, durch die ein Messgerät erst in die Lage versetzt wird, genauere Messergebnisse zu liefern. Zu vollständigen Kalibrierung eines Messsystems gehört immer der Vergleich mit einer bekannten Messgröße, deren Unsicherheit durch Kalibrierung bestimmt wurde.

Messunsicherheit

Die Messunsicherheit kennzeichnet den Wertebereich, innerhalb dessen der wahre Wert der Messgröße liegt (DIN 1319). Die Angabe der Messunsicherheit setzt die Kalibrierung und Rückführung voraus. Sie spiegelt die Güte einer Kalibrierung wider. Die Angabe der Messunsicherheit beinhaltet, dass ein Modell existiert, wie sich bekannte und unbekannte systematische sowie zufällige Messabweichungen auf das Messergebnis auswirken. Die Ermittlung der Messunsicherheit wird seit 1993 in dem „Leitfaden zur Angabe der Messunsicherheit beim Messen" [4] geregelt.

Da geodätische Messergebnisse nur in seltenen Fällen aus einer einzelnen Messgröße (Länge oder Winkel) abgeleitet sind, ist zu berücksichtigen, dass bei der Bestimmung der Messunsicherheit der gesamte Auswerteprozess mit zu berücksichtigen ist, d.h. einschließlich der Messwertkorrektur aufgrund von Kennlinien für einzelne Geräteparameter, Messstrategien zur Eliminierung von systematischen Fehlereinflüssen bis zur Bestimmung von Messergebnissen durch Ausgleichung.

3. Stand der Technik

Für geodätische Messgrößen existieren bislang keine einheitlichen Verfahren zur Rückführung auf nationale oder internationale Normale. Die Ursachen sind vielfältig. Zum einen gibt es in Europa und weltweit nur wenige nationale metrologische Institute und akkreditiere Kalibrierlaboratorien, die auf dem Gebiet „Kalibrierung von geodätischen Messinstrumenten" tätig sind. Zum anderen mangelt es an geeigneten Normalen bzw. Kalibriereinrichtungen, da geodätische Messgeräte i. a. große Vergleichsnormale benötigen. Als Beispiel seien elektrooptische Distanzmesser mit einem Messbereich von mehreren Kilometern genannt. Dieser Mangel an geeigneten Normalen ist nicht zuletzt auch dadurch verursacht, dass in der Vergangenheit die Rückführung geodätischer Messgrößen auf nationale Normale kaum nachgefragt wurde.
Um Informationen über Möglichkeiten und Verfahren der Rückführung geodätischer Messinstrumente zu sammeln, ist innerhalb von EUROMET (European Collaboration on Measurement Standards) im letzten Jahr ein Projekt eingerichtet worden [5], das u.a. die Beantwortung folgender Fragen zum Ziel hat.

a) Wie werden in den verschiedenen Ländern geodätische Messinstrumente die Kalibrierkette eingebunden?

b) Welche Kalibrierlaboratorien sind für Vermessungsinstrumente akkreditiert?

c) Welche Normale und Kalibrierverfahren werden für die Rückführung verwendet?

Mit einem ersten Zwischenbericht wird Ende dieses Jahres gerechnet [6].

Es kann jedoch schon heute festgestellt werden, dass Messwerte von modernen Vermessungsgeräten gegenwärtig nur eingeschränkt rückgeführt werden können. In Deutschland besteht beispielsweise nur die Möglichkeit,

a) elektrooptische Distanzmesser auf Maßstabs- und Teilungsfehler im Nahbereich zu kalibrieren,

b) Horizontalteilkreisfehler von Theodoliten zu ermitteln,

c) Nivellierlatten und Kompensatoren von Nivellieren zu kalibrieren.

und dabei die Messergebnisse jeweils an die nationalen und damit offiziell genauesten Normale anzuschließen. In vielen europäischen Staaten sind die Möglichkeiten der Rückführung ähnlich eingeschränkt. Zudem sind die Prüfverfahren nicht einheitlich.

Die geodätische Basis der Physikalisch-Technischen-Bundesanstalt (PTB) (Bild 2) ist geeignet für die Kalibrierung von elektrooptischen Entfernungsmessern und auch für aufliegende Messbänder mittels Laserinterferometer bis zu einem Messbereich von 30 m. Die erweiterte Messunsicherheit der Basis beträgt $20\ \mu m + 3 \times 10^{-6}$.

Bild: 2: Geodätische Basis der PTB

Bei Theodoliten kann in der PTB der Horizontalkreis mittels Winkelmesstisch und Autokollimationsfernrohr kalibriert werden. Die Genauigkeit der Kalibrierung hängt im wesentlichen von der Reproduzierbarkeit der Winkelablesungen am Theodolit ab. Vorrichtungen, um auch den Vertikalkreis von Theodoliten zu kalibrieren, existieren nicht. Darüberhinaus fehlen geeignete Vorrichtungen, um Achs- und Aufstellfehler zu prüfen bzw. zu kalibrieren. Solange dies mit hinreichender Genauigkeit technisch nicht möglich ist, bleiben Aufstell- und Achsfehler in der Rückführungskette völlig unberücksichtigt. Um den Einfluss aller Theodolitfehler zu erfassen und um die Messunsicherheit einer räumlichen Richtungsmessung zu bestimmen, ist es notwendig, die Instrumentenablesungen auf ein räumliches Winkelnormal rückzuführen.

Ähnlich wie bei Theodoliten können auch bei Nivellieren derzeit nur einzelne Gerätekomponenten kalibrieren werden. Möglich ist die Kalibrierung von Nivellierlatten auf Teilungsfehler. In Deutschland gibt es nur ein vom Deutschen Kalibrierdienst (DKD) akkreditiertes Kalibrierlaboratorium, das für die Kalibrierung von Latten mit Invarband als Teilungsträger zertifiziert ist. Dort können Nivellierlatten mit einer Länge bis 3 m bei horizontal ausgerichtetem Teilungsträger mit einer bestmöglichen Unsicherheit von 5µm + 5µm/m kalibriert werden. Das gleiche DKD-Labor ist auch für die Kalibrierung von Kompensatoren in Nivellierinstrumeten zertifiziert. Abweichungen der Ziellinie gegenüber der Horizontalen können mit einer Unsicherheit ≥ 0.4″ gemessen werden. Um jedoch auch beim Nivellieren alle Fehlereinflüsse zu erfassen, ist es notwendig, die Messgröße „Höhendifferenz“ mit einem kalibrierten Normal zu vergleichen.

Neben den rein infrastukturellen Voraussetzungen (Kalibriervorrichtung, kalibrierte Normale) fehlen in Europa hinreichend einheitliche Kalibrierverfahren, ebenso wie allgemein anerkannte Empfehlungen zur korrekten Bestimmung der Messunsicherheit speziell für geodätische Messgrößen. Dies wird deutlich, wenn man am Beispiel „elektrooptisches Distanzmessgerät“ in den Datenbanken nationaler Akkreditierungsstellen nach Kalibrierstellen sucht und die jeweiligen Angaben vergleicht. In England erfolgt die Kalibrierung mittels einer Pfeilerstrecke im Freifeld. Vom englischen Akkreditierungsdienst (UKAS) ist dafür ein Labor akkreditiert, das die Kalibrierung durchführt [7]. Die maximal erzielbare Unsicherheit beträgt 1.5 mm + 1 ppm für die lange Pfeilerstrecke (819 m) und 2 mm + 5 ppm für die kürzere (231 m). Für die Schweiz ist ebenfalls nur eine Stelle für die Kalibrierung von elektrooptischen Distanzmessern akkreditiert, vom schweizerischen Kalibrierdienst (SCS) [8]. Die Kalibrierung wird hier für einen Messbereich bis 120 m im Labor durchgeführt. Die bestmögliche Messunsicherheit ist mit ≥ 0.16 mm angegeben. Für längere Strecken ist in eine Prüfung der Distanzmesser im Freifeld lediglich gemäss DIN-Norm 18723, Teil 6 vorgesehen, wobei die Unsicherheit mit

0.13 mm + 0.23 ppm angegeben ist. Das tschechische nationale Metrologieinstitut weist die Kalibrierung von Distanzmessern mit einer Reichweite bis 10 km mit einer Unsicherheit von 5 mm aus [9]. In den genannten Fällen sind das Messverfahren und die Ermittlung der Messunsicherheit nicht deutlich erkennbar.

4. Schluss

Geodätische Messgrößen sind gegenwärtig nur eingeschränkt auf nationale Normale rückführbar. Es mangelt weitgehend an geeigneten Einrichtungen, Vermessungsinstrumente entsprechend ihrem Einsatz hinsichtlich Rückführung und Ermittlung der Messunsicherheit normenkonform zu kalibrieren bzw. rückzuführen. Es fehlen in Europa einheitliche Richtlinien speziell zur Durchführung von Kalibrierung bei Vermessungsinstrumenten. Ferner existieren keine Empfehlungen, wie die Messunsicherheit speziell für geodätische Messgrößen in Abhängigkeit vom Messverfahren korrekt zu ermitteln ist. Diese Defizite verhindern, dass die existierenden Verfahren der Rückführung transparent und vergleichbar sind.

Literatur:

[1] Internationales Wörterbuch der Metrologie (VIM), BIPM et al., 1993

[2] Rückführung von Mess- und Prüfmitteln auf nationale Normale, Deutscher Kalibrierdienst, DKD-Schriftenreihe DKD-4, 1998

[3] DIN 1319-1:1995-01 „Grundlagen der Messtechnik – Teil 1: Grundbegriffe“

[4] DIN Leitfaden zur Angabe der Unsicherheit beim Messen, Beuth Verlag Berlin, 1995 (engl. Titel: „Guide to the Expression of Uncertainty in Measurement (GUM))

[5] http://www.euromet.ch/pages/projets/proj.htm

[6] Prieto, E.; pers. Mitteilung

[7] United Kingdom Accreditation Service, http://www.ukas.org, 2001

[8] Schweizerische Akkreditierungsstelle, http://www.sas.ch/de/sas-INDEX.html, 2001

[9] Český metrologický institut, http://www.cmi.cz/rod/006-IC-A001-01.xls, 2001

Kalibrierung

Geodätische Laborkalibrierung

- Stand der Technik -

Willfried Schwarz
Professur Vermessungskunde
Bauhaus-Universität Weimar
Marienstraße 9
D - 99 423 Weimar
Email: willfried.schwarz@bauing.uni-weimar.de

1 Einführung

Der Richtigkeit und der Zuverlässigkeit von Mess- und Berechnungsergebnissen wird im Vermessungswesen eine besondere Bedeutung beigemessen. Auch bei dem heutigen hohen Standard in der Fertigung der Vermessungsinstrumente kann nicht davon ausgegangen werden, dass diese Instrumente als eine Art „Black-Box“ anzusehen sind und in allen Fällen stets korrekte Messergebnisse liefern. Vielmehr sind die eingesetzten Instrumente in regelmäßigen Zeitabständen bzw. bei der Durchführung von Messaufgaben mit besonderen Anforderungen dahingehend zu überprüfen, ob die erwarteten Messgenauigkeiten auch tatsächlich erreicht werden. Neben den Prüfungen auf augenscheinliche Beschädigungen beim Aufbau (Sichtprüfung) und den werkseitig vorgegebenen Checks bei der Inbetriebnahme eines Instruments sind dazu eingehendere Überprüfungen bzw. Untersuchungen notwendig, die teilweise vom Anwender selbst und/oder von entsprechend ausgestatteten Einrichtungen (z. B. Servicewerkstätten, Fachhochschulen und Universitäten) vorgenommen werden. In einer ersten Stufe derartiger Überprüfungen kann z. B. getestet werden, ob die werkseitig angegebenen Funktionen mit der erforderlichen Richtigkeit und Zuverlässig ausgeführt und ob die Messgenauigkeiten eingehalten werden. Darüber hinaus kann versucht werden, z. B. für spezielle Aufgabenstellungen, mit dem Instrument genauer zu messen, als es in den Firmenangaben spezifiziert worden ist. Für diese Überprüfungen sind, auf den jeweiligen Anwendungsfall abgestimmt, spezielle Kalibrierungsmessungen erforderlich.

Bei einer Kalibrierung ist mit entsprechenden Verfahren festzustellen, welche Abhängigkeiten zwischen den ermittelten Messwerten unter den jeweiligen Randbedingungen bzw. Einflussparametern und ihren „wahren“ Werten bestehen. Diese Aufgabenstellung kann sehr komplex werden. Zum einen stellt es einen zum Teil erheblichen Aufwand dar, im Vergleich zum Auflösungsvermögen des zu kalibrierenden Instruments Vergleichswerte zu bestimmen, die als quasi wahr angenommen werden können. Weiterhin ist es mitunter schwierig, die dominanten Einflussparameter ausfindig zu machen, die für etwaige systematische Messabweichungen und die dadurch verursachten Genauigkeitsreduzierungen verantwortlich sind. Es können nur solche Einflussparameter in einer Kalibrierung erfasst werden, die reproduzierbar sind.

Einer der wichtigsten Einflussparameter ist die Temperatur, die z. B. das Verhalten der elektronischen Komponenten sowie die Materialeigenschaften und damit die Stabilität des mechanischen Aufbaus entscheidend beeinflussen kann. Zum anderen beeinflusst die Temperatur die Ausbreitung der für die Messungen ausgesendeten Signale in der Atmosphäre und führt hier zu den bekannten Refraktionserscheinungen. Weitere Einflussfaktoren wären der Luftdruck, die Luftfeuchte, elektrische und magnetische Felder, Erschütterungen und Vibrationen, Beleuchtungsstärke, Versorgungsspannung, Fremdlicht, radioaktive Strahlung, Alterungseffekte, mechanischer Verschleiß usw., die besonders die in den Vermessungsinstrumenten eingesetzten Sensoren und mechanischen Baugruppen beeinflussen können.

Um im Zuge einer Kalibrierung diese Abhängigkeiten berücksichtigen zu können, benötigt man fundierte Kenntnisse über den Aufbau und die Funktionsprinzipien der eingesetzten Instrumente. Hier stehen die Hersteller in der Verantwortung, diese Informationen dem interessierten Anwender bereitzustellen. Auch wenn es durch eine Kalibrierung möglich ist, Genauigkeitssteigerungen bis hin zum Auflösungsvermögen zu erreichen, muss der wirtschaftliche Aufwand, der dazu erforderlich ist, betrachtet werden. Erfahrungsgemäß wächst der Aufwand exponentiell zu den erzielten Genauigkeitssteigerungen. Zudem sind Kalibrierparameter in diesem Bereich nicht unbedingt langzeitstabil, so dass die Kalibrierungen in entsprechend kurzen Zeitabständen zu wiederholen sind.

In diesem Beitrag wird zu Kalibrierverfahren, die in einem Labor durchgeführt werden, Stellung genommen und zwar hauptsächlich nur für elektronische Tachymeter und für Digitalnivelliere. Verfahren der Feldkalibrierung werden im Beitrag (Gottwald 2001) behandelt. Neben den eigentlichen Kalibrierverfahren wird aber zusätzlich auch auf einige Randeffekte eingegangen, die in der Praxis für die Messgenauigkeit von Bedeutung sein könnten.

2 Elektronische Tachymeter

Moderne elektronische Tachymeter stellen Multisensorsysteme dar, bei denen neben den eigentlichen Messgrößen wie Distanz, Horizontalrichtung und Zenitwinkel eine Reihe weiterer Messwerte durch Sensoren ermittelt wird, um z. B. Korrekturen gleich mit einzurechnen. So sorgen Neigungssensoren dafür, dass die Richtungen und Zenitwinkel um den Einfluss etwaiger Stehachsneigungen korrigiert angezeigt werden. Einige Tachymeter verfügen über motorgesteuerte Achsantriebe und sind im Stande, durch Prismen bzw. durch Reflexfolie signalierte Zielpunkte automatisch anzuzielen bzw. zu verfolgen. Ein integrierter leistungsfähiger Rechner führt die erforderlichen Berechnungen aus, die zur Steuerung des Tachymeters und zur Messwertgewinnung erforderlich sind. Über systematische Einflüsse auf praktische Messungen mit Tachymetern berichtet (Ingensand 2001).

2.1 Richtungsmessteil

Die Horizontalrichtung und der Zenitwinkel werden durch elektronische Abtastung der Teilkreise automatisch erfasst. Hierfür werden für die Grobablesung im Wesentlichen das Code- und das Inkrementalverfahren benutzt, während die Feinabtastung durch Interpolation erfolgt (Deumlich 1988). Diese Abtastverfahren werden selten in reiner Form angewendet; sehr häufig sind Modifikationen und Mischformen in den Instrumenten realisiert (z. B. serielle Codierung bei Leica, modifiziertes Inkrementalverfahren beim Zeiss Elta S10/20 mit berechenbarer absoluter Teilkreisanzeige (Feist u. a. 1998)). Früher wurde bei den Leica-Instrumenten ein dynamisches Verfahren eingesetzt (z. B. Wild T2000); bei den Instrumenten der Firma Geotronics findet das Stator-Rotor-Prinzip des Rundinductosyn-Systems für die Teilkreisabtastung Anwendung (Witte, Schmidt 2000).

2.1.1 Prüfung der Teilkreise und der Interpolationseinrichtung

Eine Richtungsablesung setzt sich zusammen aus der Grob- und aus der durch Interpolation gewonnenen Feinablesung. Entsprechend sind im Rahmen einer Überprüfung des Richtungsmessteils die Code- bzw. Inkrementstriche des gesamten Teilkreises und die Interpolationseinrichtung zu untersuchen. Für die Bestimmung einer Richtung wird teilweise nicht nur ein einzelner Teilstrich ausgewertet, sondern es wird eine ganze Gruppe benachbarter Teilstriche verwendet (Mittelung über mehrere Teilstriche). Entsprechend komplex gestaltet sich die Bestimmung aussagekräftiger Kalibrierfunktionen. Zeitgemäße Verfahren, nach denen diese Überprüfungen durchgeführt werden können, sind aufwendig und erfordern ein spezielles Instrumentarium.

Mit der von der Firma Leica entwickelten Teilkreisprüfmaschine (TPM) können Horizontal- und Vertikalkreisprüfungen vollautomatisch über den gesamten nutzbaren Messbereich vorgenommen werden (Ingensand 1988). Diese Prüfmaschine hat eine Genauigkeit von 0,04 mgon, so dass diese Werte als quasi wahre Werte gegenüber den Prüflingen angesehen werden können. Eine andere Möglichkeit, mit der vorwiegend Horizontalkreise geprüft werden, ist durch das interferometrische Verfahren nach (Maurer 1983), (Maurer 1984) gegeben.

Obwohl die geometrische Qualität der heutigen Teilkreise sehr hoch ist, zeigen Untersuchungen, dass mit zyklischen Richtungsfehlern und mit kurzperiodischen Interpolationsfehlern in der Größenordnung von zum Teil über 1 mgon auch bei Präzisionsinstrumenten zu rechnen ist (Abb. 1). Im ungünstigsten Fall können sich daher systematische Messabweichungen von mehreren mgon ergeben. Durch eine Erhöhung der Anzahl der gemessenen Sätze können diese Abweichungen in der Regel nicht reduziert werden, da sich die Teilkreise bei den modernen Instrumenten nicht mehr verstellen lassen.

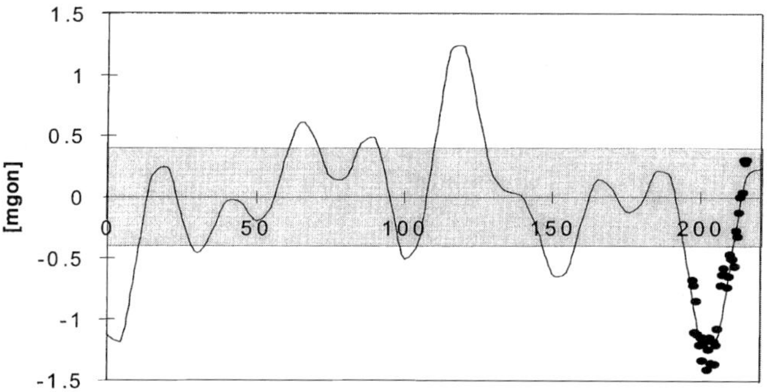

Abb. 1: Zyklische Richtungsfehler Geodimeter 4400 (aus: Hennes 2000)

Das in der DIN 18723 Teil 3 angegebene Verfahren (Feldverfahren) dient der Genauigkeitsbestimmung von Richtungsmessungen und kann von jedem Anwender ohne großen Aufwand praktiziert werden. Die nach diesem Verfahren erhaltenen Genauigkeitsinformationen sind aber wegen der nicht durchführbaren Teilkreisverstellungen u. U. zu optimistisch. Man erhält eine Gesamtaussage über den Teilkreis und über die Interpolationseinrichtung; Beeinträchtigungen aufgrund von Refraktionseinflüssen der Atmosphäre können zusätzlich auftreten. Es wird hier keine Prüfung mit quasi Sollwerten vorgenommen. Die Genauigkeitsaussagen werden lediglich aus den Messungsdifferenzen abgeleitet. Insofern sind diese nach dem DIN-Verfahren abgeleiteten Genauigkeitsangaben im Sinne einer inneren und nicht als äußere Genauigkeit zu interpretieren.

Die Genauigkeit der Richtungsbestimmung wird von der Anzahl der Teilkreisabgriffe bestimmt. Sind mindestens zwei Abgriffe realisiert, die diametral angeordnet sind, so ist der Mittelwert frei von einer etwaigen Teilkreisexzentrizität. Aber auch bei Präzisionsinstrumenten (z. B. Elta S10) wird teilweise ein Abgriffsystem mit nur einer Ablesestelle eingebaut; die Teilkreisexzentrizität wird werkseitig bestimmt und als Korrektion der Richtungsmessung berücksichtigt (Feist u. a. 1998). Dabei werden sehr hohe Anforderungen an die Stabilität des Achssystems gestellt, die durch folgende Abschätzung verdeutlicht werden: Damit bei einem Teilkreisdurchmesser von 80 mm der Einfluss der Teilkreisexzentrizität auf die Richtung kleiner als 0,1 mgon bleibt, darf sich die Lage der Stehachse beim Durchschlagen um nicht mehr als 0,06 μm verändern. Da diese Forderung auch heute noch kaum zu erfüllen sein wird, sollten Präzisionsinstrumente nach wie vor über mindestens zwei diametrale Ablesestellen verfügen.

Eine eingehende Prüfung der Teilkreise und der Interpolationseinrichtung kann der Anwender nicht selbst durchführen, abgesehen von dem Verfahren nach DIN 18723. Diese Prüfungen sind vom Hersteller vorzunehmen oder sie werden von entsprechend ausgestatteten Prüflaboren an Fachhochschulen und Universitäten durchgeführt, zumeist im Rahmen von Instrumentenuntersuchungen exemplarisch für einzelne Tachymetertypen.

2.1.2 Achsfehler und Exzentrizitäten

Die klassischen Achsfehler wie Ziel- und Kippachsfehler sowie Höhenindexfehler kann der Anwender nach den bekannten Verfahren bestimmen (Deumlich 1988) und im Speicher des Tachymeters ablegen, so dass hinfort alle Messungen mit den Korrekturen dieser Fehlereinflüsse versehen werden. Da davon ausgegangen werden muss, dass sich diese Fehler z. B. durch einseitige Erwärmung auch innerhalb kurzer Zeit verändern können, ist es besonders bei Präzisionsmessungen unabdingbar, diese Fehler bei jeder Zielung durch das Prinzip des Messens in beiden Fernrohrlagen weitestgehend zu eliminieren, ohne deren Größe im Einzelnen zu bestimmen.

Die Exzentrizität der Zielachse wirkt sich besonders bei Zielungen im Nahbereich aus; aber auch sie wird durch Messen in beiden Fernrohrlagen weitestgehend ausgeschaltet. Bei der Bestimmung dieser Exzentrizität, die jeder Anwender wiederum selbst durchführen kann, wird der Gang der Fokussierlinse gleich mit erfasst. Derartige Untersuchungen sind erforderlich, wenn das Instrument z. B. für hochpräzise Fluchtungsmessungen im Maschinenbau eingesetzt werden soll.

Auf die Bedeutung der Teilkreisexzentrizität wurde bereits im vorigen Abschnitt hingewiesen, wenn die Teilkreise nur an einer Stelle abgegriffen werden. Die Konstanz dieser Exzentrizität legt fest, mit welcher Güte dieser Fehlereinfluss beim Messen in beiden Fernrohrlagen eliminiert wird. Wird nur in einer Fernrohrlage gemessen, so spielen langfristige Änderungen der Teilkreisexzentrizität eine entscheidende Rolle für die erzielbare Messgenauigkeit. In Servicewerkstätten für geodätische Instrumente kann diese Exzentrizität festgestellt und ihr neuer Wert im Speicher des Tachymeters abgelegt werden.

Die Teilkreisexzentrizität wird beeinflusst durch die Taumelfehler der Stehachse. Die Kenntnis der Taumelfehler dient der Genauigkeitsbeurteilung besonders von Präzisionsmessungen. Die Bestimmung der Taumelfehler ist recht aufwendig; sie erfordert eine spezielle Ausrüstung und kann in der Regel nicht vom Anwender ausgeführt werden.

Der Stehachsfehler ist ein Aufstellfehler; er kann nicht durch Messen in beiden Fernrohrlagen ausgeschaltet werden. Bei den modernen Tachymetern wird über Neigungssensoren die Stehachsneigung gemessen und deren Auswirkungen auf die Richtungen werden rechnerisch berücksichtigt. Diese Neigungssensoren leiten die Stehachsneigungen (zweidimensional) zumeist aus Messungen gegen eine freie Flüssigkeitsoberfläche ab. Der Sensor unterliegt gewissen Temperatureinflüssen und zeigt Drifterscheinungen durch einseitige Erwärmung seiner Komponenten.

Es ist nicht in jedem Fall angezeigt, die Stehachse nur näherungsweise senkrecht zu stellen und sich auf die Kompensation durch Messung der Stehachsneigung und ihrer rechnerischen Richtungskorrektionen zu verlassen. Bei nur näherungsweiser Ausrichtung der Stehachse entsteht nämlich über die Instrumentenhöhe eine kleine Exzentrizität zwischen der Zentrierung des Tachymeters und dem Schnittpunkt von Kipp- und Zielachse. Bei Zielungen im Nahbereich kann diese Exzentrizität die Richtungsmessungen signifikant beeinträchtigen.

2.1.3 Besonderheiten

Tastendruck

In der Regel werden die Messungen durch einen Tastendruck am Instrument ausgelöst. In Abhängigkeit von der Position der Taste in Bezug zur Drehachse des Instruments, von der ausgeübten Druckkraft, von der Steifigkeit der Achsen, von der Klemmung usw. wird sich die eingestellte Richtung verändern. In (Staiger 1998) sind derartige Verdrehungen mit einem Autokollimator gemessen worden. Für den Zenitwinkel beträgt die Änderung ca. 4 mgon und für die Horizontalrichtung ca. 10 mgon. Obwohl diese Richtungsänderungen nach ca. 0,5 Sekunden größtenteils abgeklungen sind, oszilliert der Zenitwinkel mit einer Anfangsamplitude von 1 mgon noch für einige Sekunden. Dieses Fehlerverhalten ist zu beachten, wenn eine möglichst hohe Messfrequenz gefahren werden soll.

Stativverdrehung durch motorische Beschleunigungen

Bei der motorischen Verdrehung des Oberbaus eines elektronischen Tachymeters wirken Kräfte auf den Stativkopf. Die daraus resultierenden Verdrehungen des Stativkopfes können mit einem Laserinterferometer gemessen werden. Dazu wurde an einem Kragarm, der fest mit dem Stativkopf befestigt war, am äußersten Ende ein Reflektor montiert. Die mit dem Laserinterferometer gemessen Lageveränderungen des Reflektor umgerechnet als Winkelmaß zeigt Abb. 2 für den Zeiss S10 bei einem horizontalen Verdrehwinkel von 100 gon.

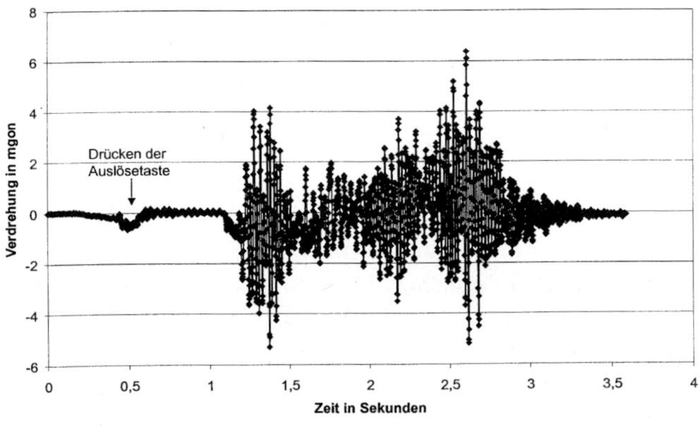

Abb. 2: Verdrehung des Stativkopfes durch motorische Beschleunigungen

Ungefähr eine halbe Sekunde nach Drücken der Auslösetaste am S10 wird mit der Verdrehung begonnen, die dann nach 2 Sekunden abgeschlossen ist. Durch die Krafteinwirkung wird der Stativkopf in Schwingungen versetzt; die maximalen Amplituden betragen bis zu 6 mgon. In diesem Beispiel wird die Orientierung des Stativkopfes durch die motorische Verdrehung nur unwesentlich bleibend verändert. Abb. 3 zeigt bei gleichem Aufbau die Ergebnisse, wenn der S10 in die zweite Fernrohrlage verfährt. Da die Auslösetaste für diese Verstellung exzentrisch zur Stehachse angeordnet ist, zeigen sich die Auswirkungen des Tastendrucks deutlicher als zuvor. Bei diesem Versuch ist eine bleibende Richtungsänderung durch die motorische Verstellung von 0,5 mgon festzustellen, die die Messgenauigkeit beeinträchtigt. Es besteht also insbesondere bei unzureichend gewarteten Stativen die Gefahr, dass bleibende Richtungsänderungen des Stativkopfes durch motorische Beschleunigungen auftreten können.

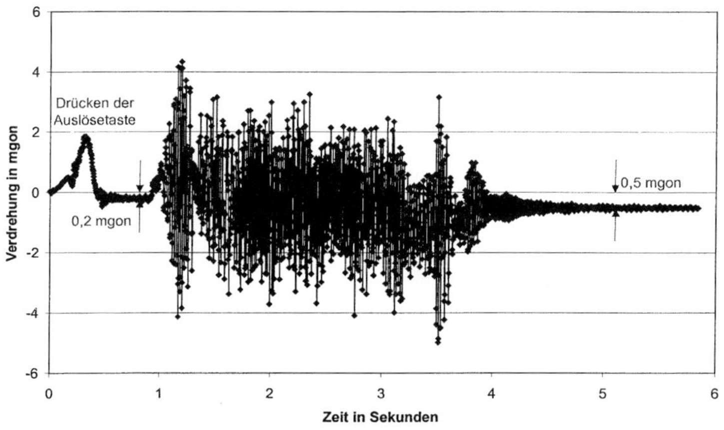

Abb. 3: Verdrehung des Stativkopfes durch motorische Beschleunigungen

Abb. 4 zeigt einen Ausschnitt der Abb. 2. Bei einem Messintervall von 1,2 ms ist deutlich der Schwingungsverlauf zu erkennen, der eine Frequenz von ungefähr 50 Hz aufweist.

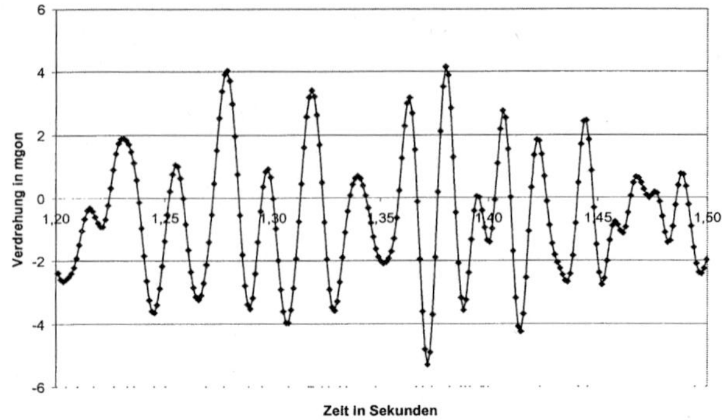

Abb. 4: Detaildarstellung der Verdrehung des Stativkopfes

Ausrichtung der Prismen

Werden z. B. für die automatische Zielpunkterfassung bzw. –verfolgung Prismen auf den Zielpunkten eingesetzt und steht die Prismenfläche nicht mehr normal zum einfallenden Visurstrahl (Abb. 5), so können besonders im Nahbereich systematische Richtungsverfälschungen hervorgerufen werden (Schwarz 1999).

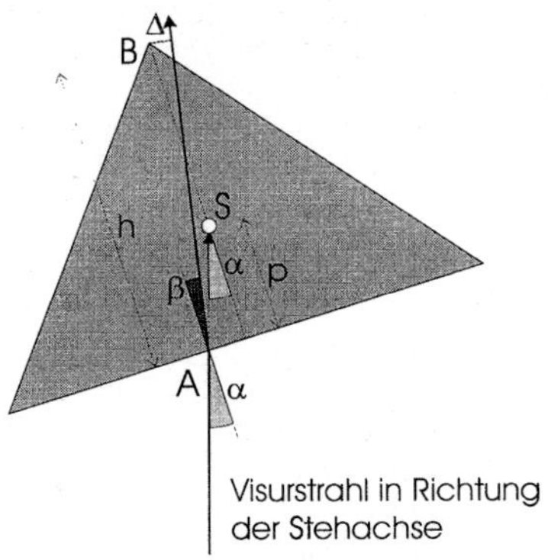

Abb. 5: Zielstrahlexzentrizität bei Verdrehung des Prismas

Die Exzentrizität, um die ein auf die vertikale Drehachse des Prismas gerichteter Strahl an der Prismenspitze vorbeiläuft, beträgt

$$\Delta = (h-p)\cdot\sin\alpha - \left(\frac{p}{\sin\alpha} + (h-p)\cdot\cos\alpha\right)\cdot\frac{\sqrt{n^2-\sin^2\alpha}\cdot\tan\alpha - \sin\alpha}{\sqrt{n^2-\sin^2\alpha}+\tan\alpha\cdot\sin\alpha}$$

mit
Δ = Exzentrizität aufgrund der Verdrehung des Prismas,
h = Höhe des Prismas,
n = Brechungsindex des Prismenglases,
p = Abstand der Stehachse von der Prismen-Vorderfläche,
α = Verdrehwinkel des Prismas im Bogenmaß.

Abb. 6 zeigt die nach obiger Formel berechneten und durch Messung bestätigten Richtungsabweichungen bei einer Zielentfernung von 11,87 m für zwei verschiedene Prismen. Für Messungen in Nahbereich kommt es für Präzisionsmessungen darauf an, das Prisma in Strahlrichtung besser als 0,1 mm in Bezug zur Stehachse zu justieren, wenn das Prisma lediglich nach Augenmaß auf ca. ±10° ausgerichtet wird. Der optimale p-Wert liegt in der Nähe des Wertes, bei dem auch die Streckenfehler infolge Prismenverdrehung am geringsten sind.

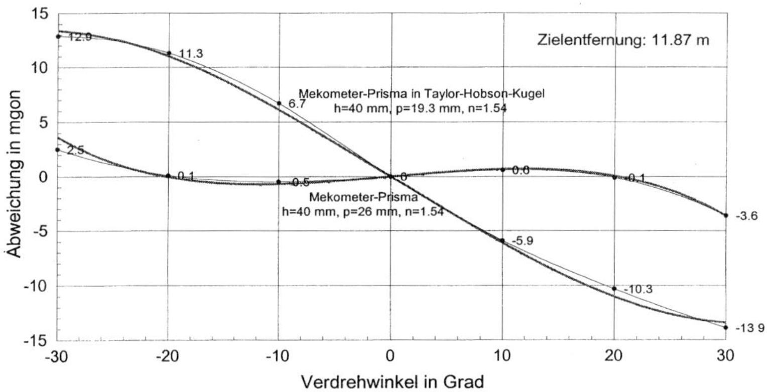

Abb. 6: Richtungsabweichungen bei einer Prismenverdrehung

360 Grad-Reflektoren können aus allen Richtungen angemessen werden. Aufgrund ihrer optisch-mechanischen Eigenschaften ergeben sich spezifische Ablagen, die sich jeweils als Funktion der Reflektororientierung modellieren lassen (Favre, Hennes 2000).

2.2 Distanzmessteil

Die in den Tachymetern eingebauten Entfernungsmesser arbeiten fast ausschließlich nach dem Phasenvergleichsverfahren. Bei den neueren Instrumenten wird eine Modulationsfrequenz von 50 MHz (Feinmaßstab: 3 m) bis hin zu 300 MHz (Feinmaßstab: 0,5 m) verwendet. Andere Instrumente arbeiten nach einem modifizierten Verfahren: hier werden auf der Feinfrequenz zusätzlich Grobfrequenzen durch Phasenmodulation aufmoduliert. Im Unterschied zu den nach dem bisherigen Verfahren arbeitenden Instrumenten lässt sich die Distanz jetzt aus einem einzigen Messprozess ableiten, weil sowohl die Phasenlagen der Fein- als auch der Grobfrequenzen ausgewertet werden.

Die Distanzmessteile sind entsprechend den Anforderungen in regelmäßigen Abständen zu überprüfen bzw. zu kalibrieren. Durch eine Kalibrierung kann die Genauigkeit gegenüber der Werksangabe um den Faktor 3 bis 5 gesteigert werden.

2.2.1 Phaseninhomogenitäten

Die im Distanzmesser die Lichtstrahlung erzeugende Quelle ist eine Sendediode, deren Güte einen entscheidenden Einfluss auf die Genauigkeit der Streckenmessung hat. Eine inhomogene Dicke der Sperrschicht der Diode bewirkt, dass von jedem Oberflächenpunkt eine Welle mit einer anderen Reaktionszeit und damit mit einer anderen Modulation und Modulationsphasenlage abgestrahlt wird. Die Phaseninhomogenitäten können entweder durch direktes Ausmessen der Sendediodenoberfläche, was in der Regel nur der Hersteller durchführen kann, oder durch ein Feldverfahren ermittelt werden, bei dem der Reflektor rasterförmig im Strahlkegel verfahren wird. Die Differenzen der zu den einzelnen Punkten durchgeführten Streckenmessungen lassen Rückschlüsse hinsichtlich der Identität von elektronischer und optischer Achse zu. In der Gleichförmigkeit und in der Größe der Abweichungen spiegelt sich die Güte der Sendediode wider. Mit dem Feldverfahren kann sich jeder Anwender einen Überblick über die Phaseninhomogenitäten des Distanzmessers verschaffen.

2.2.2 Maßstabskorrektion

Der Maßstab für die gemessenen Strecken wird durch die im Oszillator erzeugte und durch Quarze für die Feinmessung stabilisierte Modulationsfrequenz festgelegt. Weicht die erzeugte Frequenz z. B. wegen Alterung der Quarze oder wegen bestehender Temperaturabhängigkeiten von der Sollfrequenz ab, so entsteht ein Maßstabsfehler. Durch Messen der Frequenz entweder direkt oder indirekt mittels einer in dem abgestrahlten Strahlenkegel positionierten Photodiode kann die Maßstabskorrektion bestimmt werden. Dazu sind aber in der Regel Zusatzinformationen erforderlich, die die Hersteller der Instrumente nicht immer offenlegen (Schauerte, Fassbender 1997). Auf die Besonderheiten, die bei „rechnenden" Distanzmessern bestehen, wird auch in (Joeckel, Stober 1999) hingewiesen.

Neben den durch Frequenzabweichungen des Oszillators hervorgerufenen Maßstabsabweichungen können aber auch solche durch das Signal-Rausch-Verhältnis bzw. durch Intensitätsunterschiede und Unebenheiten in der Phasenfront des Sendesignals entstehen (Hennes 2000). Diese Maßstabsabweichungen können nur im Zuge der Bestimmung der Additionskorrektion auf Vergleichsstrecken bestimmt werden, bei denen die Punktabstände mit übergeordneter Genauigkeit bekannt sind. Hierbei werden allerdings die Messergebnisse zusätzlich durch Zentrierungenauigkeiten und durch Unsicherheiten bei der Erfassung der meteorologischen Parameter verfälscht. Auch wenn dadurch die Maßstabsbestimmung in ihrer Genauigkeit beeinträchtigt ist, sollte diesem Verfahren, bei dem letztlich alle Maßstabsanteile in ihrer Summe festgestellt werden, der Vorzug gegeben werden.

2.2.3 Zyklische Korrektion

Zyklische Abweichungen können durch Überlagerung der Hochfrequenzanteile des Senders mit denen des Empfängers hervorgerufen werden (elektrisches Übersprechen) oder aber durch Mischung des Sende- und Empfangsstrahls in gemeinsam durchlaufenen optischen Bauteilen bzw. durch Reflexion (optisches Übersprechen) entstehen. Sie zeigen sich in den Messergebnissen häufig als eine Sinus-Schwingung mit der Periode des Feinmaßstabes. Der Durchmesser des verwendeten Reflektors sollte mindestens so groß sein wie der des Objektivs. Werden wesentlich kleinere Reflektoren eingesetzt, so besteht die Gefahr, dass u. a. dadurch zyklische Abweichungen hervorgerufen werden (Gottwald 1998). Ebenso können in Streckenverlängerung hinter dem Prisma vorhandene spiegelnde Flächen (z. B. geparkte Pkws, Fensterscheiben) zyklische Abweichungen bedingt durch Reflexion der Streustrahlung erzeugen.

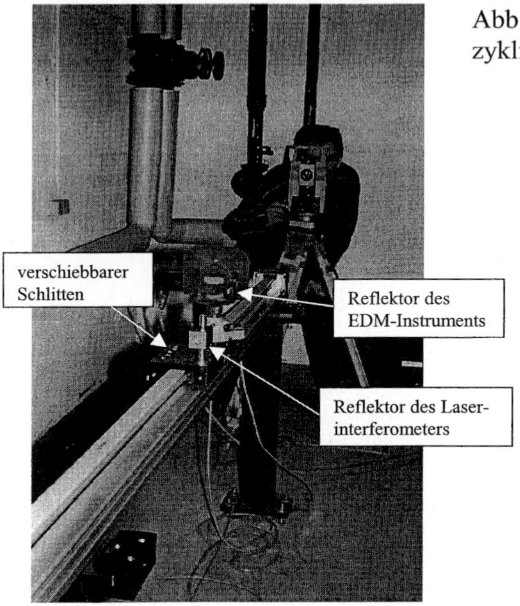

Abb. 7: Messbahn zur Bestimmung zyklischer Abweichungen

Die zyklischen Abweichungen können auf einer Messbahn verhältnismäßig einfach bestimmt werden. Es werden mit dem zu prüfenden Tachymeter Messungen zu einem auf einem verschiebbaren Schlitten montierten Prisma über den Entfernungsbereich des Feinmaßstabes durchgeführt (Abb. 7). Die Position des Schlittens wird dabei mit übergeordneter Genauigkeit mit einem Laserinterferometer bestimmt.

Üblicherweise werden ca. 40 Messpunkte für das Intervall des Feinmaßstabes verteilt. Aus den Abweichungen lässt sich die zyklische Korrektion berechnen. In der Abb. 8 wurden Messungen über mehrere Intervalle des Feinmaßstabes von ca. 3 m vorgenommen. Eine zweite Messreihe demonstriert die Reproduzierbarkeit der Abweichungen.

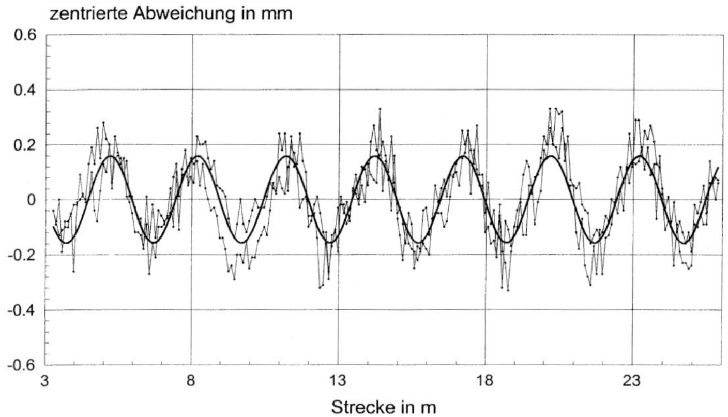

Abb. 8: Prüfung eines Leica TCA 1800 auf zyklische Abweichungen

Um unter Umständen bestehende Entfernungsabhängigkeiten der zyklischen Korrektion zu bestimmen, werden in den entsprechenden Entfernungsbereichen über die Länge des Feinmaßstabes auf einer Unterkonstruktion ein Messband oder ähnliche Einrichtungen montiert, um den Reflektor in definierter Art und Weise zu verstellen.

Die zyklische Korrektion hat heute nicht mehr die Bedeutung, die sie noch vor einiger Zeit hatte. Die Hersteller bestimmen bei jedem Instrument die Korrektion werkseitig, speichern die Parameter der Berechnungsfunktion im Instrument ab, so dass die Messwerte gleich entsprechend korrigiert angezeigt werden. Bei Prüfungen werden dann nur noch die Abweichungen zu der werkseitig bestimmten Korrektion festgestellt. Daher sind diese Abweichungen in der Regel verhältnismäßig klein und überschreiten bei neuen Instrumenten nur selten 3 mm, so dass diese Korrektion für die meisten Anwendungen nicht zu berücksichtigen ist.

Aufgrund von Alterungsprozessen der Elektronik und anderweitigen Veränderungen am Instrument kann sich die Amplitude der zyklischen Korrektion mit der Zeit verändern. Deshalb sollte diese Korrektion mindestens einmal pro Jahr überprüft werden, um derartige Veränderungen zu erkennen. Bei Messungen mit erhöhten Genauigkeitsforderungen ist die zyklische Korrektion nach den beschriebenen Verfahren zu bestimmen.

Die Bestimmung der zyklischen Korrektion kann der Anwender mit einer entsprechenden Ausstattung selbst durchführen. Zweckmäßigerweise nutzt der Anwender aber die Möglichkeit einer Messbahn mit einem verschiebbaren Schlitten an entsprechenden Einrichtungen (z. B. Servicewerkstätten, Fachhochschulen und Universitäten) in seiner Nähe. Einen Überblick über die Größenordnung der zyklischen Korrektion kann sich der Anwender aus Messungen zur Bestimmung der Additionskorrektion verschaffen, wenn die Vergleichsstrecke in der Anordnung nach Schwendener angelegt worden ist.

2.2.4 Additionskorrektion im Nahbereich

Für die Bestimmung der Additionskorrektion stehen eine ganze Reihe von Verfahren bereit, die aber allesamt im Feld durchgeführt werden und deshalb hier nicht behandelt werden; siehe (Gottwald 2001). Eine Ausnahme bildet die Additionskorrektion für den Nahbereich bis zu ca. 50 m. Für deren Bestimmung wird eine Messbahn wie zur Ermittlung der zyklischen Abweichungen benutzt, nur, dass über zuvor ausgeführte Messungen ein Bezug zwischen dem Aufstellpunkt des Tachymeters und dem Messsystem des Interferometers mit übergeordneter Genauigkeit hergestellt worden ist. Damit kann für jeden Messwert direkt ein Soll-Ist-Vergleich vorgenommen werden. Oftmals sind hier Entfernungsabhängigkeiten anzutreffen.

2.2.5 Besonderheiten bei reflektorlosen Streckenmessungen

Seit einiger Zeit gewinnt besonders bei der Außen- und Innenaufnahme von Gebäuden das Verfahren der reflektorlosen Streckenmessung zunehmend an Bedeutung. Die Genauigkeit wird hierbei nur sekundär vom Instrument bestimmt; primär ist für die Genauigkeit die Oberflächenbeschaffenheit des angezielten Punktes verantwortlich. Je nach Oberflächenmaterial und Beschaffenheit treten, von Ausnahmen abgesehen, normalerweise Abweichungen bis ±5 mm auf, auch wenn die innere Messgenauigkeit des Instruments wesentlich höher ist. Darüber hinaus können Kanten und Ecken nur unter weiteren Genauigkeitseinbußen direkt angemessen werden, weil Signalanteile von davor- oder dahinterliegenden Flächen sich mit dem eigentlichen Messsignal überlagern (Scherer 1999). Die Einflüsse der Oberflächenbeschaffenheit können durch eine Kalibrierung nicht erfasst werden. Man muß eben mit Abweichungen in der angeführten Größenordnung rechnen.

Die Bestimmung der Additionskorrektion sollte nach den üblichen Verfahren durchgeführt werden, wobei eine spezielle Zieltafel verwendet werden sollte. Die anzumessende Oberfläche der Zielmarke sollte exakt in der Stehachse liegen. Für die Punktaufnahme durch reflektorlose Streckenmessung ist besonders wichtig, dass die Achse des Messsignals möglichst gut mit der optischen Zielachse übereinstimmt. Eine mögliche Divergenz der beiden Achsen führt bei der Aufnahme von zum Sendestrahl schiefliegenden Flächen zu entsprechenden Abweichungen. Für die Justierung der beiden Achsen stehen Verfahren bereit (Joeckel, Stober 1999), die der Anwender selbst durchführen kann.

2.2.6 Überprüfung des Zubehörs

Die Genauigkeit der Messungen wird nicht nur durch das Instrument selbst bestimmt; es ist das Zubehör (Thermometer, Barometer, Libellen am Reflektorstab usw.) ebenso in eine regelmäßige Überprüfung mit einzubeziehen.

Bei Präzisionsmessungen sind die meteorologischen Parameter der Atmosphäre mit den entsprechenden Genauigkeiten zu bestimmen. Werden für die Bestimmung der Lufttemperatur kalibrierte Quecksilberthermometer bzw. Psychrometer z. B. nach Assmann eingesetzt, so ist wegen der guten Langzeitstabilität dieser Thermometer eine Nachkalibrierung nur in besonderen Fällen (z. B. nach einem Stoß) erforderlich. Anders sehen die Verhältnisse bei elektronischen Thermometern aus. Hier sollte der Anwender in regelmäßigen Zeitabständen die Messwerte mit einem kalibrierten Quecksilberthermometer vergleichen. Von Bedeutung ist aber auch die richtige Handhabung der Thermometer, z. B. eines Schleuderthermometers.

Der absolute Luftdruck wird mit Barometern festgestellt. Auch hier sollte der Anwender für eine entsprechende Überprüfung seiner Barometer sorgen, durch Vergleich mit Normalbarometern, die z. B. bei den örtlichen Wetterämtern vorzufinden sind.

2.3 Ansätze für eine Systemkalibrierung

Bei diesem Ansatz steht nicht die Bestimmung einzelner Fehleranteile (wie Ziel- und Kippachsfehler, Additionskorrektur usw.) im Vordergrund, sondern hier sollen möglichst alle relevanten Einflussparameter bestimmt werden, die sich auf das Endergebnis tachymetrischer Messungen – nämlich die Bestimmung der dreidimensionalen Koordinaten eines Punktes – auswirken (Fischer 1998). Zu diesem Zweck wird ein dreidimensionales Testfeld angelegt, dessen Punktkoordinaten mit übergeordneter Genauigkeit bekannt sind. Aus den in diesem Netz mit dem zu prüfenden Tachymeter durchgeführten Messungen soll bei minimalem Arbeitsaufwand eine Entscheidung getroffen werden, ob das gesamte Sensorsystem „Tachymeter" die gestellten Erwartungen hinsichtlich Richtigkeit, Zuverlässigkeit, Funktionalität und Genauigkeit erfüllt. Durch einen derartigen Ansatz soll der Aufwand einer Überprüfung minimiert werden. Erste Simulationsrechnungen wurden mit einem Prüfkörper mit den Ausmaßen von ca. 5 m durchgeführt. Dieses Verfahren wird eher dazu dienen, zu entscheiden, ob die Herstellerangaben für das zu prüfende Instrument im Großen und Ganzen eingehalten werden. Es wird kaum möglich sein, aus den Messungen Korrektionen für eine Genauigkeitssteigerung abzuleiten. Ein Vergleich zwischen Komponenten- und Systemkalibrierung wird in (Hennes, Ingensand 2000) gegeben.

2.4 Kinematische Anwendungen

Besonders durch die automatische Zielerfassung eignen sich die modernen Tachymeter für kinematische Anwendungen, z. B. für die Steuerung von Baumaschinen und -fahrzeugen, für die Steuerung von Tunnelbaumaschinen und für on-line-Überwachungsmessungen, z. B. von Brückenbauwerken. Auf diesen Einsatzbereich der Tachymeter und die damit verbundene spezielle Kalibrierungsproblematik wird in diesem Seminar im Beitrag (Maurer 2001) eingegangen.

2.5 Installierte Software

Ebenso wie die Sensorik ist die im Tachymeter installierte Software für die Richtigkeit und Zuverlässigkeit der Messergebnisse entscheidend. Prüfverfahren sind für diesen Bereich weitestgehend noch nicht entwickelt. Durch die angewendeten Messverfahren selbst, z. B. durch eine Doppelbestimmung der Punkte, ist eine gewisse Kontrolle gegeben. Die Anwender verlassen sich darauf, dass der Hersteller schon alles richtig programmiert haben wird. Oftmals fehlen auch hier weitergehende Informationen seitens der Hersteller über die den Berechnungen zugrunde liegenden Berechnungsansätze, so dass Fehlinterpretationen durch Unwissenheit möglich sind, zumal die Anwendungsmöglichkeiten der im Tachymeter installierten Programme sehr vielfältig und umfassend sein können.

3 Digitalnivelliere

Vor etwas über 10 Jahren kam das erste Digitalnivellier auf den Markt. Mittlerweile bieten vier verschiedene Hersteller diese Instrumente als Präzisions- bzw. als Ingenieurnivellier an. Ein Digitalnivellier ist ein Kompensatornivellier, bei dem die Nivellierlatte, auf der ein entsprechender Code aufgebracht ist, auf einem CCD-Zeilensensor abgebildet wird. Über eine Bildauswertung, die in der Software im Nivellierinstrument integriert ist, wird automatisch die Ablesung an der Nivellierlatte und die Entfernung zur Latte gefunden. Im Wesentlichen werden bei den Instrumenten folgende Verfahren zur Bestimmung der Messwerte eingesetzt:

- Korrelationsrechnung (Leica),
- geometrische Methode (Zeiss und Sokkia) und
- Fouriertransformation (Topcon).

3.1 Typische Instrumentenfehler

Da Digitalnivelliere eine Erweiterung der bekannten Kompensatornivelliere darstellen, ist das Fehlerverhalten dieser Nivelliere von vornherein auf Digitalnivelliere übertragbar. Es müssen also bei Messungen mit Digitalnivellieren die gleichen Verfahren zur Messung und Prüfung beachtet werden, wie bei den klassischen Kompensatornivellieren. Neben diesen Einflussgrößen gibt es für Digitalnivelliere zusätzliche (siehe auch (Ingensand 2001)):

- Digitalnivelliere haben systembedingt zwei unabhängige Zielachsen, die auch mit den entsprechenden Verfahren nach Näbauer oder Förstner zu bestimmen und zu justieren sind. Nur durch die mechanische Justierung des Fadenkreuzes wird die optische Ziellinie mit der elektronischen im Rahmen der Justiergenauigkeit zusammengebracht.
- Das Licht enthält zu wenige Infrarotanteile, so dass eine Messung nicht möglich ist. Hier sind Lampen mit einem hohen Infrarotanteil zur Beleuchtung der Nivellierlatte einzusetzen.
- Der anzumessende Lattenabschnitt ist teilweise abgedeckt. Anders als bei den klassischen Nivellierinstrumenten benötigen Digitalnivelliere einen freien Lattenabschnitt von einer bestimmten Länge, um die Messwerte generieren zu können.
- Durch „unsauberes Fokussieren“ kann es unter Umständen im Nahbereich zu geringen Höhenfehlern kommen.
- Bei den Messungen sind die Lattenenden zu meiden, um mögliche Fehlmessungen zu verhindern.
- Bei bestimmten Digitalnivellier-Latten-Zielweiten-Kombinationen können Moiré-ähnliche Erscheinungen auftreten, die zu Fehlmessungen führen (Hennes, Ingensand 2000).

Digitalnivelliere zeigen unter Umständen ausgeprägtere Temperaturabhängigkeiten der Ziellinie als die Kompensatornivelliere. Die im Instrument eingebauten elektronischen Komponenten stellen vermehrt Wärmequellen dar; einseitige Temperaturgradienten im Instrument führen zu Verformungen des Instrumentengehäuses und bewirken entsprechende Instabilitäten der Ziellinie. Abb. 9 verdeutlicht den unterschiedlichen Verlauf von Ziellinienänderungen bei zwei Instrumenten.

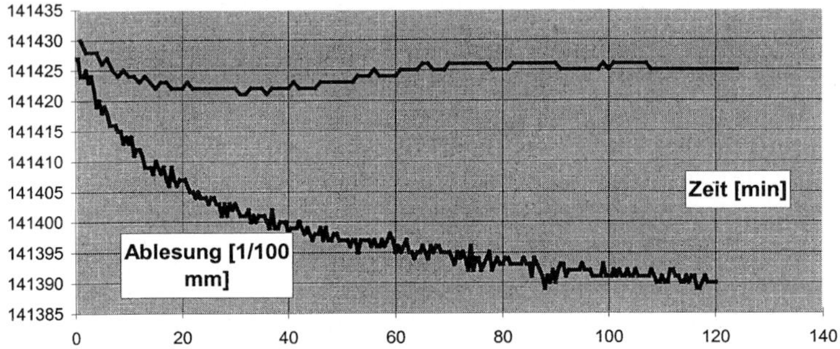

Abb. 9: Temperatureffekte bei Digitalnivellieren (Zielweite ca. 3,8 m; aus: Staiger 1998)

Eine ausführliche Zusammenstellung der Fehlereinflüsse beim Präzisionsnivellement mit den zu ergreifenden Maßnahmen zur Aufdeckung, Minderung oder Eliminierung dieser Einflussgrößen findet sich in (Schauerte 2000).

Der Anwender sollte regelmäßig den Ziellinienfehler feststellen. Auch kann der Anwender selbst sich einen Überblick über die Temperaturabhängigkeit der Ziellinie seiner Instrumente verschaffen, indem er das Instrument für geraume Zeit, z. B. einer tieferen Temperatur aussetzt und anschließend bei einer kurzen Zielweite Dauermessungen bei normaler Zimmertemperatur, z. B. über zwei Stunden durchführt; die Messwerte können über einen angeschlossenen Rechner automatisch registriert werden. Andere Überprüfungen, z. B. zum Verhalten des Kompensators, zum Magnetfeldverhalten usw. sollte der normale Anwender entsprechenden Fachwerkstätten oder anderen Einrichtungen überlassen.

3.2 Lattenkalibrierung

Bei Digitalnivellieren werden für normale Genauigkeiten Codelatten aus Kunststoff und für Präszisionsmessungen Invar-Codelatten eingesetzt. Jeder der vier Hersteller von Digitalnivellieren hat seinen eigenen Code entwickelt, so dass ein Austausch der Nivellierlatten untereinander nicht möglich ist.

Beim Nivellement mit Kompensatornivellieren werden die Ablesungen an der Nivellierlatte an einem Strich vorgenommen. Dafür kann im Rahmen einer Kalibrierung der Abstand dieses Striches z. B. von der Aufsatzfläche bestimmt werden, so dass mit diesen Strichverbesserungen gegebenenfalls jede einzelne Ablesung korrigierbar ist. Die Genauigkeit für die Strichverbesserung kann aus der DIN 18717 abgeleitet werden. Danach darf bei +20°C für einen beliebigen Teilungsabschnitt ein Toleranzwert von

$$\Delta l = \pm(0{,}02 \text{ mm} + 2 \cdot 10^{-5} \cdot l)$$

nicht überschritten werden; Δl und l haben die Dimension mm. Rechnet man die Toleranz auf Standardabweichung um, ist die Länge eines ein Meter langen Lattenabschnitts mit einer Standardabweichung von ca. 10 µm zu bestimmen.

Die Strichverbesserungen können zweckmäßigerweise auf Komparatoren, die mit einem Laserinterferometer ausgestattet sind, bestimmt werden wie z. B. am Lehrstuhl für Geodäsie der Technischen Universität München (Maurer 2000). Dabei können die Nivellierlatten entweder horizontal oder aber auch entsprechend der Gebrauchslage senkrecht gelagert werden. Die Abtastung der Teilstriche erfolgt mit elektronischen Mikroskopen oder aber mittels CCD-Sensor-Techniken. Die Strichverbesserungen können auf wenige Mikrometer genau bestimmt werden.

Beim Messen mit Codelatten wird nicht nur ein einzelner Strich für die Ermittlung der Ablesung herangezogen, sondern ein ganzer Abschnitt der Codeteilung. Es ist jetzt kaum zu übersehen, inwieweit sich Abweichungen einzelner Codestriche zu ihrem Sollwert auf den ermittelten Messwert auswirken. Insofern ist es zwar möglich, die „Strichverbesserungen" der Codeelemente in Analogie zu normalen Strichlatten zu bestimmen; es ist aber nicht direkt möglich, entsprechende Korrekturen für die Ablesungen abzuleiten. Die Bestimmung der Codeabweichungen kann lediglich als Überprüfung der Fertigungsgenauigkeit angesehen werden (Heister 1994). Zur Zeit wird diskutiert, inwieweit eine ganzheitliche Kalibrierung des gesamten Messsystems (Instrument und Latte), die auch als Systemkalibrierung bezeichnet wird, hier weiterhelfen kann.

Dieser Punkt wird nicht weiter vertieft, da dieser Thematik auf diesem Seminar ein eigener Beitrag gewidmet ist (Brunner 2001).

Laserinterferometer werden nicht nur bei der Kalibrierung eingesetzt, sondern auch bei der Herstellung moderner Codelatten. Sie legen die Position der einzelnen aufzubringenden Codestriche auf wenige Mikrometer genau fest. Insofern haben sich die Akzente bei der Kalibrierung von Nivellierlatten etwas verschoben. Es steht nicht mehr die Ermittlung von Einzelstrichverbesserungen im Vordergrund, sondern vielmehr die Bestimmung

- des mittleren Lattenmeters,
- des Lattennullpunktes und
- des thermischen Ausdehnungskoeffizienten (Mauer 2000).

Neben der Überprüfung der Teilung bzw. des Codes, sind bei der Kalibrierung bzw. bei der Messung noch einige andere wichtige Punkte zu überprüfen (Maurer 2000):

- Die Zugspannung, mit der das Invarband gespannt wird. Abweichungen von der Normspannung führen zu Maßstabseffekten der Teilung.
- Die Führung des Invarbandes sollte frei und geradlinig sein.
- Die Teilung sollte nicht verschmutzt und die Codestriche sollten in ihren Rändern nicht beschädigt sein.
- Der Latte muss genügend Zeit zur Akklimatisierung gegeben werden.
- Der Lattenkörper sollte nicht verdrillt sein.
- Der Lattenschuh sollte rechtwinklig zur Lattenachse verlaufen.

3.3 Kinematische Anwendungen

Bei der Überwachung von Bauwerken, z. B. speziell Brückenbauwerken, sind die vertikalen Verformungen zu bestimmen. Stehen diese Brücken unter der Belastung des „fließenden Verkehrs“, so werden hochfrequente Schwingungen des Bauwerks zwischen 0,01 Hz bis 5 Hz angeregt. Es stellt sich die Frage, inwieweit Digitalnivelliere geeignet sind, von einem außerhalb des Bauwerks gelegenen festen Aufstellpunkt diese Bewegungsabläufe zu erfassen. Ähnlich wie bei den elektronischen Tachymetern steht dem Anwender der Zeitpunkt der Belichtung der CCD-Zeile, der für die zeitliche Einordnung des Messwertes maßgeblich ist, nicht zur Verfügung. Man könnte versuchen, das Zeitintervall zwischen der Auslösung der Messung und der Belichtung der CCD-Zeile über eine Kalibrierung zu bestimmen. Die Messzeit für eine gesamte Messung ist nicht konstant; sie wird entscheidend von den Beleuchtungsverhältnissen beeinflusst. Als Besonderheit kommt hinzu, dass nicht alle Digitalnivelliere in den Modus der Einzelmessung gesetzt werden können. Das DiNi 10 z. B. führt immer mindestens vier Einzelmessungen aus, deren Mittelwert den eigentlichen Messwert darstellt.

Nach an der Bauhaus-Universität Weimar durchgeführten Untersuchungen sind die derzeit verfügbaren Digitalnivelliere nicht in der Lage, auch bei entsprechenden Kalibrierungen, die vertikalen Verformungen im angegebenen Frequenzbereich hinreichend genau zu erfassen (Süßenbach 2001). Die erhaltenen Messwerte geben nicht das tatsächliche Schwingungsverhalten wieder.

4 Zusammenfassung und Ausblick

In diesem Beitrag wurden die Möglichkeiten der Kalibrierung von elektronischen Tachymetern und von Digitalnivellieren in einem Messlabor diskutiert; die Kalibrierverfahren, die im Feld eingesetzt werden, werden in einem eigenen Beitrag behandelt. Auf andere Messsysteme, wie z. B. satellitengestützte Navigationssysteme, Inertialmesssysteme, Lasertracker, Laserscanner, Koordinatenmessmaschinen, photogrammetrische Messverfahren, Sensoren für Abstands- und Neigungsmessungen, Vermessungskreisel wurde nicht eingegangen, obwohl die Fragestellung der Kalibrierung hierbei nicht weniger interessant ist. Es wurde versucht, den aktuellen Stand der heutzutage verfügbaren Kalibriertechniken aufzuzeigen, wobei es für den Umfang und für die Art und Weise bei der Durchführung einer Kalibrierung kein Patentrezept geben kann. In jedem Einzelfall muss der Geodät im Hinblick auf die durchzuführende Aufgabenstellung entscheiden, welche Abhängigkeiten im Rahmen der Überprüfung untersucht werden sollen. Hierfür sind Kenntnisse über die Funktionsprinzipien der eingesetzten Instrumente und die dadurch bedingten Fehlermöglichkeiten erforderlich, die nur unter Mitwirkung der Hersteller der Instrumente öffentlich gemacht werden können. Der Anwender muss beurteilen können, welche Genauigkeitssteigerungen durch eine Kalibrierung möglich sind und welcher Aufwand getrieben werden muss, um dies zu erreichen. Er sollte wissen, wann eine Kalibrierung erforderlich ist, z. B. in regelmäßigen Zeitabständen, um zu überprüfen, ob noch alles in Ordnung ist und ob das Instrument noch die gewohnte Genauigkeit leistet, nach einer Reparatur bzw. einer werkseitigen Wartung oder nach besonderen Vorkommnissen (z. B. starker Schlag).

Zur Zeit können die Vermessungsinstrumente noch nicht als eine „Black-Box“ aufgefasst werden, die man nur einzuschalten braucht, um frei von jeglichen Einflussparametern hochpräzise Messergebnisse zu liefern. Betrachtet man die letzten Jahre in der Instrumentenentwicklung, so ist zu beobachten, dass die Instrumente kleiner und leichter wurden, der Funktionsumfang sich vergrößert hat, die Messgrößen mit einer höheren Genauigkeit und in kürzerer Zeit ermittelt werden und all dies bei gleichbleibenden bzw. gesenkten Kosten. Es ist zu erkennen, dass der Trend zu höheren Genauigkeiten ungebrochen anhält und dass kinematische Anwendungen z. B. der Steuerung von Baumaschinen an Bedeutung gewinnen. Erst dadurch konnten auch in den Bereichen Maschinenbau und Bauwesen neue Aufgabenfelder erschlossen werden, die früher nicht oder nur unzureichend bearbeitet werden konnten. War es früher das Ziel einer Kalibrierung, z. B. bei den elektrooptischen Distanzmessern, eine Strecke auf wenige Millimeter genau zu bestimmen, so bewegt man sich heute im Bereich des Submillimeters.

Es wäre wünschenswert, wenn es gelänge, die Instrumente so zu bauen, dass die Kalibrierparameter eine bessere Langzeitstabilität aufweisen. Dadurch könnte der mitunter erhebliche Kalibrieraufwand reduziert werden.

Durch neue Messtechnologien, wie z. B. die der Digitalnivelliere, sind auch neue Verfahren der Kalibrierung zu erarbeiten. Es rückt eine ganzheitliche Betrachtungsweise in den Vordergrund (Systemkalibrierung). Hierbei ist, im Gegensatz zur Komponentenkalibrierung, die genaue Kenntnis des Messverfahrens nicht mehr zwingende Voraussetzung für die Prüfung.

5 Literatur

BRUNNER, F. K. (2001): Systemkalibrierung – Stand der Technik. 54. DVW-Fortbildungsseminar „Qualitätsmanagement in der Geodätischen Messtechnik"; 19./20.11.2001 in Fulda.

DEUMLICH, F. (1988): Instrumentenkunde der Vermessungstechnik. 8., überarb. Auflage, VEB Verlag für Bauwesen, Berlin 1988.

FAVRE, C.; HENNES, M. (2000): Zum Einfluß der geometrischen Ausrichtung von 360 Grad-Reflektoren bei Messungen mit automatischer Zielerfassung. Vermessung, Photogrammetrie, Kulturtechnik 98(2000)2, Seite 72-78.

FEIST, W. u.a. (1998): Elta S 10 und Elta S 20 von Carl Zeiss, Systemtachymeter einer neuen Generation. Vermessungswesen und Raumordnung 60(1998)2/3, Seite 104-127.

FISCHER, E.-N. (1998): Prüfung elektronischer Sensorsysteme bei elektronischen Tachymetern. Allgemeine Vermessungs-Nachrichten 105(1998)11/12, Seite 374-378.

GOTTWALD, R. (1998): Leica TDA 5000 – Distanzmessung und automatische Zielerfassung im Nahbereich. Allgemeine Vermessungs-Nachrichten 105(1998)2, Seite 50-57.

GOTTWALD, R. (2001): Routine-Feldprüfverfahren für geodätische Sensoren – Grundsätzliche Überlegungen und Strategien. 54. DVW-Fortbildungsseminar „Qualitätsmanagement in der Geodätischen Messtechnik"; 19./20.11.2001 in Fulda.

HEISTER, H., (1994): Zur Überprüfung von Präzisions-Nivellierlatten mit digitalem Code. Festschrift Dorrer, Schriftenreihe der Universität der Bundeswehr , Heft 46, München 1994, S. 95 - 101.

HENNES, M.; INGENSAND, H. (2000): Komponentenkalibrierung versus Systemkalibrierung. Ingenieurvermessung 2000 – XIII. International Course on Engineering Surveying. Vermessungswesen bei Konrad Wittwer Band 33, Verlag Konrad Wittwer, Stuttgart 2000.

HENNES, M. (2000): Tachymeter – Ein Einblick in die aktuelle Technologien, Instrumentenfehler und Kalibriermöglichkeiten. Fortbildungsveranstaltung „Kalibrieren und Überprüfen von Vermessungssystemen“ an der Bauhaus-Universität Weimar am 12.09.2000, veröffentlicht als Tagungsunterlage.

INGENSAND, H. (1988): TPM – Ein neues Gerät zur vollautomatischen Prüfung von Teilkreisen in elektronischen Theodoliten. X. Internationaler Kurs für Ingenieurvermessung, Band 1; München 12.-17.09.1988; Dümmlerbuch 7808, Beitrag A6, Bonn 1988.

INGENSAND, H. (2001): Systematische Einflüsse auf praktische Messungen mit dem Tachymeter und Digitalnivellier. 54. DVW-Fortbildungsseminar „Qualitätsmanagement in der Geodätischen Messtechnik“; 19./20.11.2001 in Fulda.

JOECKEL, R.; STOBER, M. (1999): Elektronische Entfernungs- und Richtungsmessung. 4. neubearb. und erw. Auflage, Wittwer-Verlag, Stuttgart 1999.

MAURER, W. (1983): Ein interferometrisches Meßverfahren zur Bestimmung von Strichverbesserungen an eingebauten Theodolitteilkreisen. Dissertation TU München, Fotodruck Frank, München 1983.

MAURER, W. (1984): Elektronische Präzisionstheodolite und ihre Teilkreise. Ingenieurvermessung ´84; Beiträge zum IX. Internationalen Kurs für Ingenieurvermessung in Graz vom 6.-13. September 1984; Dümmlerbuch 7893; Beitrag A13, Bonn 1984.

MAURER, W. (2000): Kalibrierung von Nivellierlatten und Digitalen Nivelliersystemen. Fortbildungsveranstaltung „Kalibrieren und Überprüfen von Vermessungssystemen“ an der Bauhaus-Universität Weimar am 12.09.2000, veröffentlicht als Tagungsunterlage.

MAURER, W. (2001): Kalibrierung zielverfolgender Tachymeter bei kinematischen Anwendungen. 54. DVW-Fortbildungsseminar „Qualitätsmanagement in der Geodätischen Messtechnik“; 19./20.11.2001 in Fulda.

SCHAUERTE, W.; FASSBENDER, H. (1997): Anpassung der Maßstabskalibrierung auf „rechnende“ EDM-Instrumente. Vermessung und Raumordnung 59(1997)8, Seite 416-436.

SCHAUERTE, W. (2000): Kriterien für den Einsatz von Digitalnivellieren für präzise Meßaufgaben. Fortbildungsveranstaltung „Kalibrieren und Überprüfen von Vermessungssystemen“ an der Bauhaus-Universität Weimar am 12.09.2000, veröffentlicht als Tagungsunterlage.

SCHERER, M. (1999): Ein System zur Erfassung geometrischer und bildhafter Daten von Bauwerken. Vermessungswesen und Raumordnung 61(1999)4/5, Seite 285-298.

SCHWARZ, W. (1999): Neuere Entwicklungen in der Ingenieurgeodäsie. Vermessungswesen und Raumordnung 61(1999)4/5, Seite 251-270.

SOLGER, A. (1995): Genauigkeitsuntersuchungen einer Totalstation GTS-6 von TOPCON. Allgemeine Vermessungs-Nachrichten 102(1995)6, Seite 241-251.

STAIGER, R. (1998): Zur Überprüfung moderner Vermessungsinstrumente. Allgemeine Vermessungs-Nachrichten 105(1998)11/12, Seite 365-372.

SÜßENBACH, C. (2001): Untersuchungen von Digitalnivellieren zur Einsatzvorbereitung und zum Nachweis von vertikalen Brückenverformungen. Diplomarbeit der Technischen Universität Dresden, Lehrstuhl Ingenieurgeodäsie (unveröffentlicht), Dresden 2001.

WITTE, B.; SCHMIDT, H. (2000): Vermessungskunde und Grundlagen der Statistik für das Bauwesen. 4., neubearb. Auflage, Verlag Konrad Wittwer, Stuttgart 2000.

Kalibrierung von Messsystemen: Grundlagen und Beispiele

F.K. Brunner und H. Woschitz
Ingenieurvermessung und Messtechnik
Technische Universität Graz
Steyrergasse 30
A-8010 Graz
Email: {brunner, woschitz}@ivm.tu-graz.ac.at

1 Einleitung

Das Prüfen und Kalibrieren von Messinstrumenten hat in der geodätischen Messtechnik eine lange Tradition. Viele Verfahren, z.B. Teilkreiskalibrierungen und Lattenkalibrierungen, wurden dafür, vor allem an den Hochschulen, entwickelt. Auch haben diese Entwicklungen immer wieder die Messmethodik, denken wir an die Verstellung des Horizontalkreises bei der Messung von Richtungssätzen, beeinflusst und verfeinert.

Während der letzten zwei Dekaden ist dieser geodätische Kompetenzbereich in einer Phase des Umbruchs, die unserer Meinung nach noch kein neues Gleichgewicht gefunden hat. Mehrere Faktoren können für diese Neuorientierung identifiziert werden, die noch dazu fast simultan ihren Einfluss geltend machen. Die Messgeräte sind vor allem durch die Verwendung von elektronischen Bauelementen leistungsfähiger, aber auch komplexer geworden. Die Benutzung von Mikroprozessoren hat die geräteinterne Korrektur systematisch verfälschter Messwerte (z.B. Temperaturabhängigkeit) möglich gemacht. Oft werden die Korrekturwerte mit Prüfmaschinen der Hersteller bestimmt und dann im Messgerät als zeitlich konstante Werte abgespeichert. Die tatsächlichen Mess- und Rechenoperationen und deren Verknüpfungen werden vom Gerätehersteller selten dem Nutzer mitgeteilt, Gottwald (1998). Für den Praktiker sind die Messabläufe zu kompliziert geworden und er fühlt sich wohler mit dem 'Black-Box Verständnis' der Geräte. Die Hersteller der Geräte haben, bedingt durch die 'Zertifizierungswelle`, auch die Funktion wahrgenommen, für ihre Geräte Prüfzertifikate anzubieten. Der Nutzer sieht oft nicht mehr klar die Vorteile von regelmäßigen Kalibrierungen und verzichtet in Abwägung des Zeitaufwandes und den damit verbundenen Kosten darauf. Es sei denn, diese wird durch die Projektausschreibung gefordert, denken wir z.B. an die GPS Antennenkalibrierung. Zudem wirkt erschwerend, dass die bisher angewendeten Kalibriermethoden nicht uneingeschränkt auf moderne Instrumente übertragbar sind.

Insbesondere die rasche Entwicklung von neuen geodätischen Messsystemen erforderte entsprechende Methoden der Kalibrierung für den Anwender. Vor allem die digitalen Nivelliersysteme haben die Diskussion über Komponenten- oder Systemkalibrierung angeregt (Rüeger und Brunner, 2000). Diese Thematik wurde auch von Hennes und Ingensand (2000) im allgemeinen Kontext der geodätischen Geräte diskutiert, wobei diese zum Schluss kamen, dass beide Kalibriermethoden notwendig sind. Dazu wird im Kapitel 2 eine Diskussion gebracht, die die Position der Systemkalibrierung zu klären versucht. Im Kapitel 3 werden die Aufgaben der Systemkalibrierung definiert. Folgend werden an Hand von zwei Beispielen (digitales Nivelliersystem und optisches Positionsmesssystem) die Vorteile der Systemkalibrierung vorgestellt.

2 Überprüfung

2.1 Begriffe

Die verschiedenen Aspekte von Instrumentenüberprüfungen wurden in jüngster Zeit von Staiger (1998), Gottwald (1998) und Heister (2001) diskutiert. In Summe können fünf Begriffe unterschieden werden: Prüfung, Kalibrierung, Justierung, Untersuchung (Test) und Eichung. Die Eichung ist ein behördlicher Vorgang und wird daher hier nicht weiter verfolgt. Wir benutzen die folgenden Definitionen auf der Basis der Arbeit von Heister (2001):

- <u>Prüfung:</u> Verfahren, um bestimmte Eigenschaften eines Messgerätes zu überprüfen, z.B. Funktionsfähigkeit des optischen Lots. Feldverfahren sind anzustreben.

- <u>Justierung:</u> Änderung am Instrument, um systematische Messabweichungen zu beseitigen, z.B. Ziellinienfehler.

Für die folgenden Betrachtungen unseres Beitrages ist die Unterscheidung zwischen Test und Kalibrierung besonders wichtig:

- Test: Untersuchung des gesamten Systems, um das statische und dynamische Verhalten bewerten zu können. Zielorientiert können auch die Eigenschaften einzelner Komponenten (z.B. Sensoren) des Systems untersucht werden. Besonders wichtig, wenn neue Geräte am Markt eingeführt werden.

- Kalibrierung: Nachweis der Genauigkeit durch Vergleich der Messwerte mit Sollwerten. Dabei können auch Kalibrierfunktionen abgeleitet werden. Ist bei zeitlich veränderbaren Eigenschaften einzelner Systemkomponenten regelmäßig durchzuführen.

2.2 Diskussion zur Kalibrierung

Ein Messsystem kann aus einem oder mehreren Modulen bestehen, siehe Abb. 1. Beim digitalen Nivelliersystem wären dies das Nivellier und die Latten. Wir wollen bereits hier festhalten, dass der numerische Ausgabewert des Messsystems durch das Zusammenwirken der Messmodule mit der Auswertemethode entsteht. Daher ist auch der Auswertealgorithmus ein integraler Bestandteil des Messsystems, denken wir an die digitalen Nivelliere mit Korrelations- oder Mittelungsauswertung. Ein Messmodul besteht aus mehreren Komponenten, die vielfach in komplexer Art miteinander verbunden sind. Die Grundelemente bilden die verschiedenen Sensoren, meistens in Verbindung mit A/D Wandlung und nachfolgender Verarbeitung der Information durch den Mikroprozessor. Andere Komponenten können dann gesteuerte Aktoren sein, z.B. motorisierte Triebe. Wir wollen zu den Komponenten auch die Firm- und Software (Versionsnummer) sowie die gespeicherten Korrekturfunktionen mit den numerischen Werten zählen.

Wegen verschiedener Gründe (z.B. Firmenvorteil, Verunsicherung des Anwenders bei zu komplexer Systemdarstellung) werden die Korrekturfunktionen sowie deren Bestimmungsgründe und -art selten von den Firmen mitgeteilt. Für den Nutzer (auch Hochschulen) ist es oft unmöglich, einzelne Sensoren und Komponenten zu untersuchen, wenn diese in den Modulen eingebaut sind.

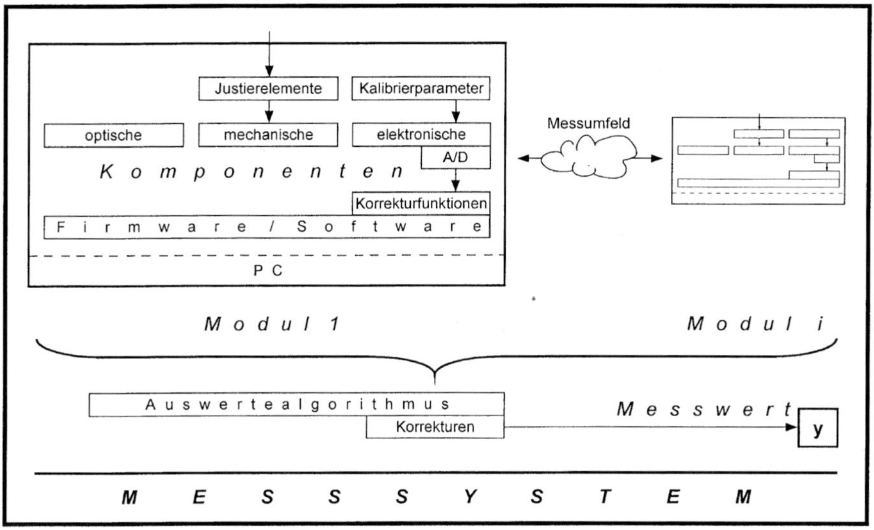

Abb. 1: Schematische Struktur eines Messsystems.

Im zeitlichen Ablauf folgen auf die Entwicklung und Tests durch den Hersteller die oft sehr aufwendigen Prototypen-Tests (P-Tests) durch die Anwender. Die Phase der P-Tests hat auch die Funktion, die Unabhängigkeit der Messsysteme von äußeren Einflüssen, z.B. Vibrationen, nachzuweisen. Im allgemeinen werden sich die Tests auf die Untersuchung von Messmodulen und Messsystemen beschränken. Auch in dieser Phase erscheinen Komponentenuntersuchungen nicht sinnvoll.

In der Phase der P-Tests erfüllen die Hochschulen eine wichtige Aufgabe. Die häufige Erfahrung ist, dass diese Aufgabe oft ungedankt bleibt und schwer finanzierbar geworden ist. Dennoch ist es unsere definitive Meinung, dass einige Kompetenzzentren für diese Aufgaben unbedingt erhalten werden müssen, damit von den Herstellern unabhängige Beurteilungen neuer Messsysteme zur Verfügung gestellt werden können. Dass die Weiterentwicklung von Geräten durch diese unabhängigen P-Tests sehr oft befruchtet wurde, sollte nicht in Vergessenheit geraten.

Für die Gestaltung der Kalibrierung ist es nun wesentlich, dass die Herstellerinformation und auch die P-Tests die wesentlichen Abhängigkeiten (z.B. von Temperatur oder Distanz) der Messsysteme aufzeigen, insbesondere jene, die sich mit der Zeit ändern können, z.B. Alterung von Oszillatoren. Nur diese Änderungen sollen bei regelmäßigen Kalibrierungen bestimmt werden. Dabei werden von n Einflussbedingungen bei der Kalibrierung (n-1) konstant gehalten und nur ein Einflussparameter variiert.

Nun stellt sich die Frage, ob sich eine Kalibrierung auf das gesamte Messsystem beschränkt, oder alle einzelnen Komponenten umfassen sollte, oder gar beides notwendig ist. Der Meinung, dass nur eine Komponentenkalibrierung eine Genauigkeitssteigerung bringen kann (Hennes und Ingensand, 2000), können wir nicht zustimmen, da vor allem die dem Messsystem zugrundeliegende Auswertemethode eine genauigkeitsbestimmende Rolle spielt, wie vorher bereits argumentiert wurde. Wir sind daher der Meinung, dass bei den regelmäßigen Kalibrierungen nur eine Systemkalibrierung sinnvoll ist. Für das Design der Kalibrierverfahren haben die Hersteller und die P-Tests die generische Information über Einflussbedingungen bereitzustellen. Im folgenden Kapitel wollen wir daher nur mehr die Systemkalibrierung betrachten.

3 Systemkalibrierung

3.1 Definitionen

Die Systemkalibrierung wird definiert als die Summe der Tätigkeiten zur Ermittlung des Zusammenhanges zwischen dem Ausgabewert des Messsystems, y, und dem richtigen Wert der Messgröße, ζ. Dabei wird davon ausgegangen, dass der richtige Wert auf nationale Normale zurückgeführt wurde. Die Differenz $\Delta = \zeta - y$ wird als Messabweichung bezeichnet. Weiters ist die Angabe der Messunsicherheit des Messsystems ein Teil des Kalibrierergebnisses. Für die Anwendung sind nicht nur die Größe Δ, sondern auch die Umgebungsbedingungen während der Kalibrierung von Bedeutung. Die Umgebungsbedingungen sollten bekannt sein und stabil gehalten werden, damit unverfälschte Messunsicherheiten erreicht werden können. Weiters bestimmen mögliche Alterungseffekte der Bauelemente das Kalibrierresultat, das streng genommen nur für den Kalibrierzeitpunkt und die Kalibrierbedingungen gültig ist.

Bei geodätischen Messgeräten wurde immer danach getrachtet, sogenannte Selbstkalibrierungen zu verwenden. Diese Möglichkeit besteht dann, wenn durch eine Doppelmessung der richtige Wert ζ eliminiert werden kann. Die automatisierte Selbstkalibrierung ist daher eine extrem effiziente Methode, z.B. die Bestimmung des Kollimationsfehlers durch Messung in zwei Kreislagen.

Für die Selbstkalibrierung ist keine spezielle Kalibriervorrichtung notwendig, jedoch muss das Messsystem die hierfür notwendigen Vorrichtungen aufweisen. Sind diese nicht vorhanden, ist die Bestimmung des richtigen Wertes durch eine Systemkalibrierung unumgänglich. Daher wollen wir dies als absolute Systemkalibrierung bezeichnen. Die Bestimmung des richtigen Wertes ζ soll für die absolute Systemkalibrierung mit einer wesentlich höheren Genauigkeit durchgeführt werden. Im allgemeinen wird eine 10fach höhere Genauigkeit als die Auflösung des Messsystems angestrebt.

3.2 Verhalten des Messsystems

Das dynamische Verhalten eines Messsystems beschreibt die Abhängigkeit der Ausgangsgröße (y) von der Eingangsgröße (ζ) bis zum Erreichen des stationären Zustandes des Messsystems. Im stationären Zustand wird diese Abhängigkeit als statisches Verhalten bezeichnet. Die Abweichungen vom angestrebten Verhalten $y = \zeta$ sind die dynamischen und statischen Abweichungen. Da jedes Messsystem eine bestimmte Trägheit besitzt, ist immer mit dynamischen Abweichungen zu rechnen. Die Änderung einer der Abhängigkeiten eines Messsystems durch eine der folgenden vier Testfunktionen wird zur Überprüfung des dynamischen Verhaltens des Messsystems benützt: Impuls, Sprung, Rampe und Sinusschwingung. Damit werden Störungen erzeugt, um das charakteristische Verhalten des Messsystems zu untersuchen. Als Beispiel bei den geodätischen Instrumentenuntersuchungen sei die Anwendung eines Temperatursprunges zur Bestimmung des Akklimatisationsverhaltens genannt. Wir zählen allerdings die Bestimmung des dynamischen Verhaltens zu den Tests und nicht zur Kalibrierung, denn das Messsystem sollte für derartige systematische Abweichungen entsprechende Korrekturen bereits implementiert haben. Grundsätzlich soll festgehalten werden, dass wir geodätische Messsysteme benutzen wollen, die unabhängig von Störfunktionen (z.B. Einfluss elektromagnetischer Felder, Temperatur, Vibrationen) immer korrekte Messwerte liefern. Daher wird die Kalibrierung das statische Verhalten des Messsystems zu bestimmen haben, nicht aber das dynamische.

Das statische Verhalten wird durch die Eigenschaften Empfindlichkeit, Drift,

Linearität, Nullpunktstabilität und Hysterese beschreibbar, siehe Doebelin (1990) und Profos und Pfeifer (1993). Wie schon vorher angemerkt, wird das statische Verhalten kalibriert, indem alle Variablen (Einflüsse, Bedingungen) bis auf eine konstant gehalten werden. Auch sollen die äußeren Einflüsse auf das Messsystem reproduzierbar sein, damit die Resultate zwischen den Kalibrierungen vergleichbar bleiben. Als Beispiel soll die konstante Beleuchtung (Art, Intensität und Lage) der Nivellierlatten bei der Systemkalibrierung von digitalen Nivelliersystemen angeführt werden. Die Untersuchung des Einflusses von geänderten Beleuchtungsbedingungen auf die Nivelliermesswerte ist wieder ein Beispiel für die Testphase. Nun ist auch verständlich, warum wir die Bestimmung der Einflüsse des Ausbreitungsmediums (Refraktion, turbulente Atmosphäre) als Teil der Tests und nicht als Teil der Kalibrierprozesse betrachten.

3.3 Statische Messsystemkalibrierung

Wir ziehen aus den vorher gebrachten Argumenten den Schluss, dass nur eine statische Kalibrierung des gesamten Messsystems unter Laborbedingungen angewendet werden soll. Den Stufenplan von Doebelin (1990, p. 39) haben wir dabei sehr nützlich gefunden und in die folgenden Vorschläge aufgenommen.

Der Ausgabewert des Messsystems, y, beinhaltet sowohl die Korrekturen für das Verhalten der einzelnen Sensoren als auch die Korrekturen für das Verhalten des gesamten Messsystems. Diese Korrekturen werden vom Hersteller entwickelt und man kann im allgemeinen nicht davon ausgehen, dass man diese kennt. Daher umfasst das Messsystem auch die Auswertemethode und die Auswertealgorithmen. Als Beispiele dafür wollen wir die Auflösungssteigerung eines Messsystems durch Anwendung von 'Dithering' und die Auswertung mit Kreuzkorrelation bei der digitalen Lattenablesung erwähnen.

Die prinzipiellen Abhängigkeiten des Messsystems von Messbedingungen, Umweltbedingungen und der Zeit sind durch die Tests (Hersteller und Institute) bekannt. Bei der Kalibrierung wird die Messabweichung Δ über den gesamten Messbereich bestimmt. Insbesondere muss die Kalibrierung das zeitliche Verhalten eines Messsystems bestimmen können. Daher ist die Reproduzierbarkeit der Bedingungen besonders kritisch und am besten im Messlabor gegeben.

Bei der Kalibrierung ist die genaue Erzeugung einer Messposition innerhalb des Messbereiches, z.B. Höhenänderungen der Nivellierlatte, nicht besonders kritisch, da wir ja nur geringe Resteinflüsse in den Messwerten zu erwarten haben. Allerdings werden an die Messung oder Erzeugung der richtigen Werte ζ große Anforderungen gestellt. Wir haben die Faustregel, 10mal größere Genauigkeit als die Auflösung des Messsystems, akzeptiert. Die Entwicklung der Kalibrieranlage, mit der die Messung der richtigen Werte möglich ist, ist der aufwendigste Teil jeder Kalibrierung. (Ein weiterer Grund, der für eine Systemkalibrierung und gegen Komponenten-Kalibrierung spricht.) Hier ist daher die Entwicklung neuer und effizienter Methoden eine große Herausforderung (Ingensand, 1997).

Betrachten wir nun als Konsequenz unserer Argumente den Fall der absoluten und statischen Systemkalibrierung, wobei die digitalen Messwerte y_i als Funktion der richtigen Werte ζ_i untersucht werden:

$$y_i = m \cdot \zeta_i + g(\zeta_i) \tag{1}$$

wobei m der mittlere Maßstabswert und $g(\zeta_i)$ die Linearitätsabweichung ist. In Abb. 2 ist dieser Zusammenhang dargestellt, der auch als statische Kennlinie bezeichnet wird.

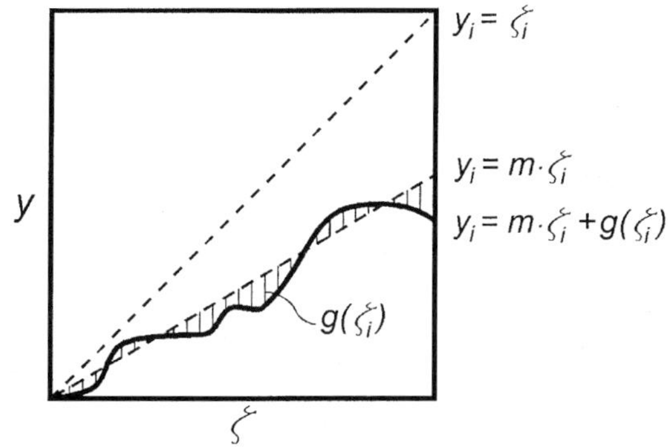

Abb. 2: Messwerte und Linearitätsabweichung $g(\zeta_i)$.

Die ζ_i sollen über den gesamten Messbereich des Messsystems gleichmäßig verteilt sein. Die Kalibrierfunktion erhält man als Umkehrfunktion von

Gleichung (1):

$$\zeta_i = y_i / m - h(y_i) \tag{2}$$

wobei hier $h(y_i)$ die Umkehrfunktion von $g(\zeta_i)$ ist. Um $h(y_i)$ anbringen zu können, ist noch die statistische Signifikanz von $h(y_i)$ auf Basis der Messwertpräzision zu testen, woraus sich $\overline{h}(y_i)$ ergibt. Da die geräteinterne Berechung von y_i mehrere Korrekturen beinhaltet und deren Werte, Bereiche und Stützstellen (bei der Bestimmung in den Tests) nicht bekannt sind, wird im allgemeinen $\overline{h}(y_i)$ keine stetige Funktion sein. Die Werte $\overline{h}(y_i)$ werden daher in Form von Korrekturtabellen mit Interpolationsformeln angewendet.

Wegen dem nicht stetigen Charakter der Funktion $h(y_i)$ ist es auch nicht möglich, eine analytische Formel abzuleiten, um die optimale Anzahl der notwendigen Kalibrierpunkte anzugeben, die für die Bestimmung von $h(y_i)$ notwendig ist. Dieses Problem muss daher experimentell gelöst werden.

4 Beispiel: Digitales Nivelliersystem

4.1 Messsystem

Abb. 3 zeigt die Hauptelemente eines digitalen Nivelliersystems. Das Kernstück ist die Auswertemethode, mit der aus der Information der codierten Latten (Abbildung auf CCD Array) die Höhenablesung berechnet wird. Bis jetzt wurden vier verschiedene Methoden für Digitalnivelliere entwickelt, Ingensand (1996) und Rüeger und Brunner (2000). Abhängig von der Methode werden verschieden große Lattenabschnitte abgebildet und daher verschiedene Anzahlen von Codeelementen benützt. Zusätzlich sind die Mess- und Störempfindlichkeiten von der Methode und den Eigenschaften des Codes abhängig. Zum Beispiel kann man erwarten, dass die Korrelationsmethode mit einem 'fast' pseudozufälligen Codebild und der Korrelationsberechnung mit einer großen Anzahl von Codeelementen relativ immun gegen Störungen sein wird. Die Verwendung von 'abgenutzten' Latten müsste daher erst später als mit anderen Methoden zu ungenauen Resultaten führen.

In allen Fällen ist das Resultat einer Messung ein Höhenwert y, der noch den Nullpunktfehler der Latte beinhaltet. Das Resultat y wird auch noch vom Maßstab der Latte abhängig sein.

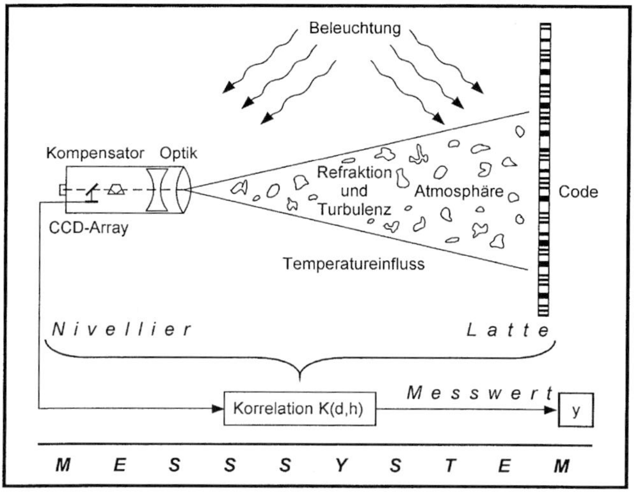

Abb. 3: Digitales Nivellier als Messsystem.

4.2 Anlage zur Systemkalibrierung

Die Trennung in P-Tests und Systemkalibrierung wurde für digitale Nivelliere von Rüeger und Brunner (2000) ausführlich diskutiert. Als Schlussfolgerung erscheinen separate Kalibrierungen für Latte und Nivellier nicht notwendig. Allerdings ist es sinnvoll, für die Invarbänder der Latten den durchschnittlichen Ausdehnungskoeffizienten von einem Labor bestimmen zu lassen und den Anwendern mitzuteilen. Eine individuelle Lattenkalibrierung wäre damit nicht mehr notwendig, da die Maßstabsbestimmung bei einer Referenztemperatur ein Teilresultat der Systemkalibrierung ist. Heister (1996) schätzt die Entwicklung in gleicher Weise wie Rüeger und Brunner (2000) ein: Eine regelmäßige Systemkalibrierung von digitalen Nivelliersystemen ist am sinnvollsten.

An der TU Graz wird schon seit längerer Zeit an der Entwicklung einer Kalibrieranlage für digitale Nivelliersysteme gearbeitet. Über eine erste Version dieser Anlage und erste Resultate wurde bereits berichtet, Reithofer et al. (1996). Die Messung mit dem digitalen Nivellier (Messwerte y) erfolgt in Gebrauchslage auf die vertikal montierte Latte. Unterschiedliche Höhenwerte werden durch Verschiebungen der Latte realisiert, wobei die Höhenänderungen mit einem Laserinterferometer gemessen werden (richtige Werte ζ). Dabei wird das Abbesche Komparatorprinzip eingehalten. Da mit dem Interferometer nur

Distanz-(Höhen-)änderungen gemessen werden können, sind nur relative Kalibrierungen möglich. Der Lattennullpunkt muss, wenn überhaupt notwendig (effektiv durch Messmethode eliminierbar), separat bestimmt werden. Die Distanzen zwischen Nivellier und Latte können bei der Kalibrieranlage zwischen 1.7 m und 30 m variiert werden. Die Beleuchtung der Latte erfolgt mit künstlichem Licht. Das Messlabor ist auf konstante Umweltbedingungen (Temperatur, Feuchte) klimatisiert.

In der Zwischenzeit wurden signifikante Verbesserungen durch einen Umbau der Anlage (Abb. 4) erreicht. Die Führung des Lichtweges des Interferometers wurde geändert, womit die Temperatureinflüsse des Lattenschachtes eliminiert werden konnten. Die meteorologischen Messungen zur Korrektur der Interferometerdistanzen wurden verbessert. Tageslichteinflüsse wurden ausgeschaltet. Zur Zeit wird noch an der Ausschaltung des Einflusses der Luftturbulenzen, die durch die Klimaanlage erzeugt werden, gearbeitet.

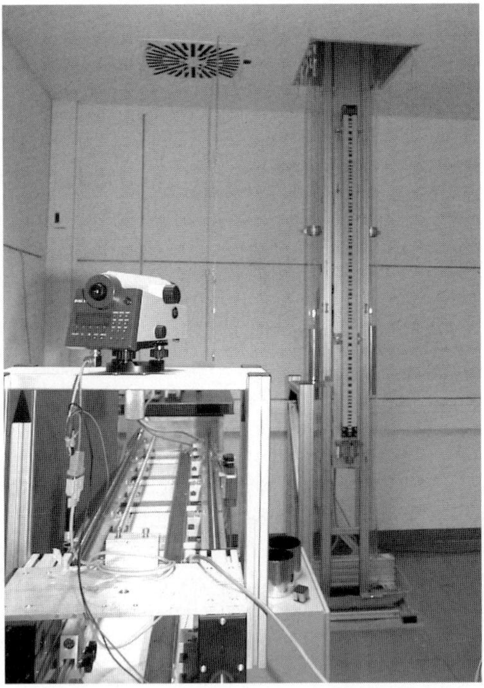

Abb. 4: Vertikalkomparator der TU Graz.

4.3 Vorschlag zur Systemkalibrierung

Rüeger und Brunner (2000) haben einen Vorschlag für die Systemkalibrierung von digitalen Nivelliersystemen entwickelt. Es wird ein vertikaler Komparator zur Bestimmung der Abweichungen zwischen Messwert y und richtigem Wert ζ benützt, um das Messsystem in Gebrauchslage zu kalibrieren. Zwei für Präzisionsnivelliere extreme Distanzen sollen verwendet werden: 3 m und 30 m. Die Messungen bei 3 m sollten für beide Latten durchgeführt werden.

Die Gründe für die kurze Distanz sind:

- Einflüsse der Änderungen der Visurlinie während der Kalibrierung bleiben minimal.
- Einzelne Codeelemente überdecken mehrere Pixel. Daher sollte sich eine höhere Präzision ergeben.
- Es werden Informationen über die Systemgenauigkeit, die Wiederholbarkeitspräzision einzelner Messungen und dem Maßstab der Latte erhalten.

Eine weitere Systemkalibrierung bei der für die Praxis typischen Distanz von ca. 30 m ist aus den folgenden Gründen vorgesehen:

- Änderungen der Visurlinie während der Kalibrierung sind leichter detektierbar.
- Bei manchen Systemen wird bei längeren Distanzen ein anderer Auswertemodus verwendet.
- Die Auflösung des Messsystems kann bei längeren Distanzen geringer sein, da es zur Abbildung mehrerer Codeelemente auf ein Pixel kommen kann.
- Die Abhängigkeit der Präzision von der Distanz wird bestimmbar.

Das Abtastintervall wurde als ein Drittel des bei 3 m Visurlänge auf das CCD projizierte Lattenintervall I bestimmt. Die Begründung dafür und ein Vorschlag für den detaillierten Ablauf einer Kalibrierung wurde von Rüeger und Brunner (2000) gegeben. Ein Designprinzip ist, dass das Nivellier nach der Systemkalibrierung in eine Richtung entfernt und neu eingesetzt wird. Danach erfolgt die Kalibrierung in die Gegenrichtung, wobei, um die Feinmessung zu variieren, der Startpunkt um $I/6$ versetzt wird.

4.4 Erste Resultate

Die Resultate der Kalibrierung des digitalen Nivelliersystems Leica NA 3003 (Software-Version 4.3) sollen als Beispiel dienen. Die Kalibrierung erfolgte im Messlabor mit dem im Kapitel 4.2 beschriebenen Vertikalkomparator und nach den Richtlinien des Kapitels 4.3. Die Beobachtungen erfolgten bei Beleuchtung mit Tageslichtlampen und Klimatisierung des Messlabors innerhalb ± 0.5°C. Das Abtastintervall *l/3* für das NA 3003 ist 39 mm für die Messungen in eine Richtung. Nach der Systemüberprüfung mit der ersten Latte wurde die zweite Latte eingespannt und die Überprüfung mit dieser durchgeführt, allerdings nur bei 3 m Visurlänge.

Abb. 5 zeigt die Linearitätsabweichungen, bestimmt durch die Systemkalibrierung für das NA 3003 mit den Latten A und B. Die errechneten Maßstabswerte und die Standardabweichungen sind in Tab. 1 gegeben. Der Prüfbereich wurde zwischen 0.25 m und 2.75 m festgelegt.

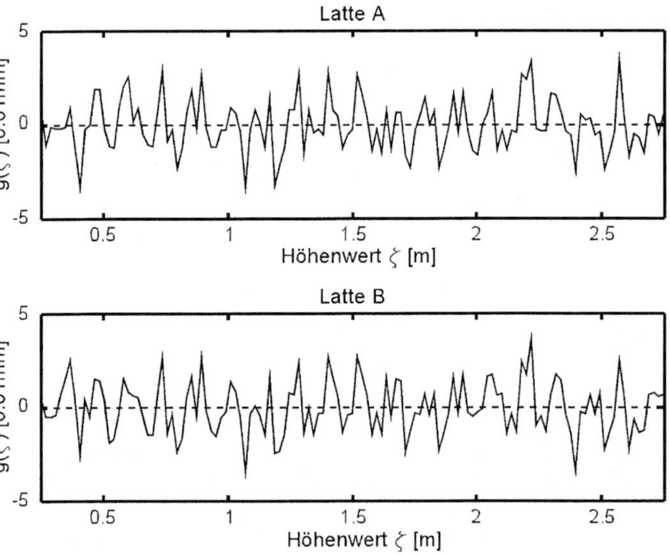

Abb. 5: Linearitätsabweichungen des NA 3003 bei 3 m für zwei Latten.

Tab. 1: Resultate der Systemkalibrierung des NA 3003.

Distanz [m]	Latte	Tag	Massstab [ppm]	Std von $h(\zeta_i)$ [μm]
3	A	1	1.2 ± 1.7	14
	B		-0.7 ± 1.7	14
3	A	2	0.5 ± 1.8	14
	B		-0.9 ± 1.8	14
10	B	1	-5.3 ± 1.8	15

Eigentlich hätte die Systemkalibrierung auch bei der Visurlänge von 30 m wiederholt werden sollen. Wegen dem bereits vorher erwähnten Klimatisierungsproblem des Messlabors wurde die längere Distanz mit 10 m gewählt, um die Einflüsse von Refraktionsschwankungen gering halten zu können. Das Resultat der Systemkalibrierung mit der Latte B bei 10 m ist in Abb. 6 gezeigt.

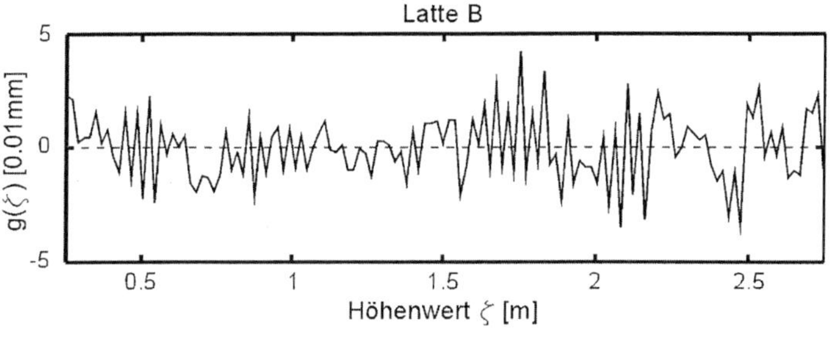

Abb. 6: Linearitätsabweichung des NA 3003 mit Latte B bei 10 m.

Auch wurde die Wiederholbarkeit der Systemkalibrierung untersucht. Alle Messungen wurden an einem anderen Tag wiederholt. Vor der Wiederholungsmessung wurde die Latte aus dem Komparator entfernt und in vertikaler Position etwas fester auf einen Höhenpunkt abgesetzt, um ein eventuell verspanntes Invarband zu lösen. Exemplarisch zeigt Abb. 7 zwei unabhängige Messungen der Linearitätsabweichung für die Kombination NA 3003 mit der Latte A bei 3 m. Zur besseren Darstellung wurden die beiden Punktreihen gegeneinander um 0.05 mm vertikal verschoben.

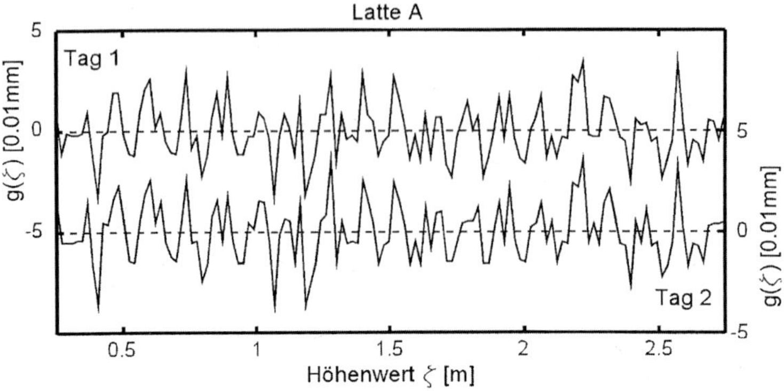

Abb. 7: Linearitätsabweichung des NA 3003 an zwei verschiedenen Tagen mit Latte A (Tag 2 ist zur besseren Darstellung um -0.05 mm versetzt).

4.5 Diskussion

Die erreichbare Genauigkeit der Kalibrieranlage wird von uns mit besser als 5 µm abgeschätzt. Der kleinste Anzeigewert des NA 3003 ist 0.01 mm. Die Standardabweichungen der Systemkalibrierung (Tab. 1) zeigen, dass sowohl für die Messungen bei der 3 m als auch der 10 m Distanz die Anzeige von 0.01 mm gerechtfertigt ist.

Die Resultate der Maßstabsbestimmung als Teil der Systemkalibrierung bei 3 m sind in Tab. 1 gezeigt. Beide Latten haben leicht unterschiedliche mittlere Lattenmeter, die aber statistisch nicht signifikant sind. Die Wiederholung der Messungen an einem anderen Tag bestätigt die Werte.

Die Systemkalibrierung bei 10 m Distanz ergibt einen signifikant anderen mittleren Lattenmeterwert für die Latte B. Allerdings ist die Präzision der Messungen gleich geblieben. Daher ist der Grund für diesen Unterschied im größeren Lattenbild bei der längeren Distanz und dem Einfluss einer atmosphärischen Refraktion (Klimatisierung des Messlabors) zu suchen.

Besonders interessant ist bei den 3 m Messungen die hohe Korrelation zwischen den Linearitätsabweichungen für die Latte A und B (Abb. 5) und auch zwischen den Linearitätsabweichungen für die Latte A an zwei verschiedenen Tagen (Abb. 7). Als Gründe könnte man Restfehler des Vertikalkomparators, inherente

Schwächen der Methode (Code) oder systematische Lattenfabrikationsrestfehler vermuten. Daher wurden die Resultate anderer Systemüberprüfungen mit dem Vertikalkomparator nochmals genau studiert. Ähnliche Korrelationen wie die der NA 3003 Resultate ergeben sich auch für andere digitale Nivelliersysteme, aber mit anderen Strukturen. Daher sind für dieses Phänomen inherente Methodenschwächen der wahrscheinliche Grund. Es soll unbedingt betont werden, dass die Linearitätsabweichungen innerhalb der Gerätespezifikationen liegen, was mit der Systemkalibrierung nachgewiesen werden konnte.

5 Beispiel: Optisches Deformationsmesssystem

Als weiteres Beispiel der Systemkalibrierung wird die Überprüfung der Genauigkeit eines optischen Deformationsmesssystems (ODMS) gezeigt. Das ODMS wurde zur Messung der vertikalen Bewegungen einer Eisenbahnschiene bei überfahrender Lok (Geschwindigkeiten bis 140 km/h) entwickelt. Die Anforderungen an das Messsystem waren: a) Messbereich < 8 mm, b) Genauigkeit < 0.1 mm, c) Messrate > 1 kHz, und d) Resistenz gegenüber elektromagnetischen Feldern.

5.1 Aufbau und Komponenten des Systems

Das ODMS besteht aus zwei räumlich getrennten Modulen: (i) dem optischen Positionsdetektor, der am Objekt befestigt wird und (ii) der Lasereinheit, die ca. 2 - 30 m abseits aufgestellt wird und einen Referenzlaserstrahl emittiert. Das Messprinzip ist die Erfassung der Verschiebung der Detektoreinheit gegenüber dem im Raum stabilen Laserstrahl, siehe Abb. 8. Eine detailliertere Systembeschreibung mit Resultaten ist in Woschitz et al. (2001) enthalten.

Die Hauptkomponenten der Detektoreinheit sind eine 2D-Lateraleffektdiode, ein Signalverstärker, ein Bandpassfilter und ein Tubus. Ein auf der Diode auftreffender Laserstrahl erzeugt einen Photostrom, woraus sich die Position des Schwerpunktes des Laserpunktes berechnen lässt.

Die Lasereinheit besteht aus einem Diodenlaser, der am Fernrohr eines Theodoliten angebracht wird. Die Optik des Fernrohres wird zur Fokussierung des Strahls genutzt, da zur Ausnutzung der gesamten Fläche der Diode ein kleiner Laserpunkt angestrebt wird. Weiters bietet der Theodolit eine komfortable Möglichkeit, den Laserstrahl in die notwendige Richtung bringen zu können.

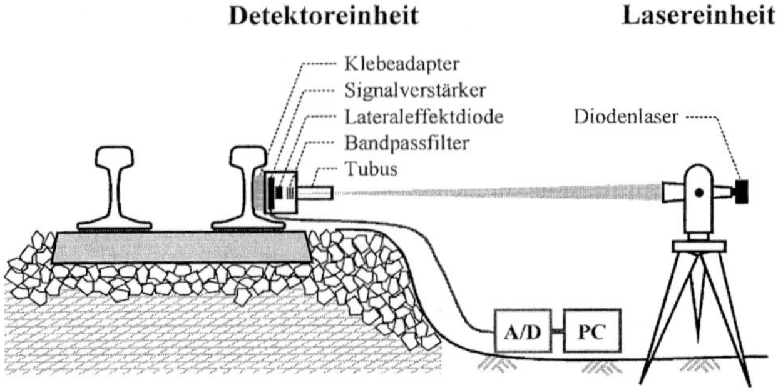

Abb. 8: Schematische Darstellung des ODMS.

Wegen der Problematik der elektromagnetischen Verträglichkeit wurden schirmende und isolierende Materialien verwendet. Die vom Signalverstärker ausgegebenen Analogsignale werden mit simultan arbeitenden A/D Wandlern in Digitalsignale umgeformt, auf ein Notebook übertragen und gespeichert.

Die Systemsoftware korrigiert die Diodenwerte wegen des nichtlinearen Zusammenhangs zwischen Sensorwert und Messwert, dessen Auswirkung vor allem im Randbereich der Diode zu sehen ist. Verwendet wird eine bilineare Transformation, wobei die Transformationsparameter eines Punktes aus vier benachbarten Stützpunkten berechnet werden. Der Abstand zwischen den aus einer Kalibrierung stammenden Stützpunkten beträgt 1 mm. Die bilineare Transformation ist in Abb. 9 schematisch dargestellt.

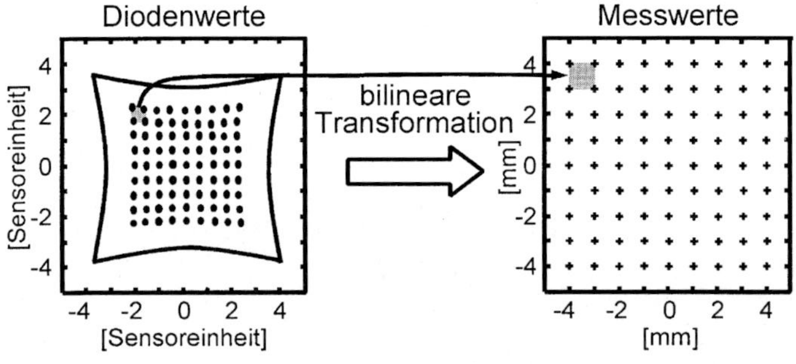

Abb. 9: Schematische Darstellung der im Auswertealgorithmus des ODMS verwendeten Beziehung zwischen Diodenwerten und Messwerten.

Bedingt durch die mögliche hohe Messrate (bis 10 kHz) und des dadurch entstehenden Rechenaufwandes werden die Berechnungen erst nach Beendigung einer bis zu mehreren Minuten lang dauernden Messung durchgeführt.

5.2 Tests

Wegen dem auch im Winter stattfindenden Feldeinsatz des ODMS wurden mehrere Tests durchgeführt. Zum Beispiel wurde die Abhängigkeit der Wellenlänge des Diodenlasers von der Temperatur untersucht. Aber auch das gesamte Messsystem wurde Temperaturänderungen (-5°C und 22°C) ausgesetzt. Es zeigte sich, dass der Temperatureinfluss auf die Positionsgenauigkeit kleiner als 0.03 mm ist.

5.3 Statische Kalibrierung

Zur Überprüfung der Genauigkeit des Systems wurde eine Systemkalibrierung durchgeführt. Hierzu wurde das ODMS im Messlabor aufgebaut und die Detektoreinheit auf einem motorisierten Zweiachsverschiebeapparat befestigt, Abb. 10. Der Verschiebeapparat, der die Kalibrieranlage darstellt, weist in beiden Achsrichtungen eine Positionsgenauigkeit von besser als 5 µm auf, was in einem Labortest mit dem Laserinterferometer bestätigt wurde.

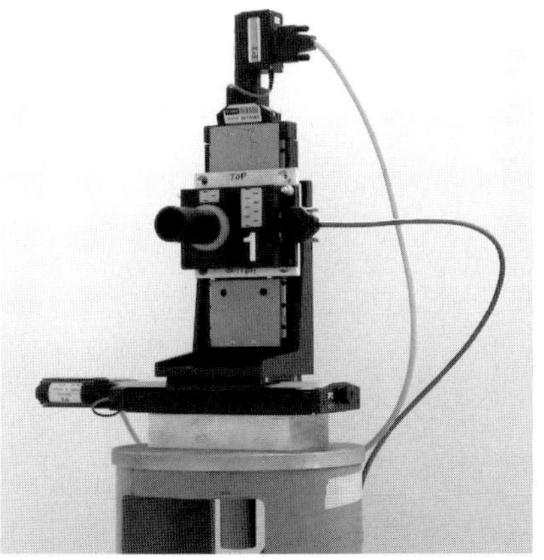

Abb. 10: Kalibrieranlage für das ODMS.

Auf der Diode wurde eine 8 x 8 mm^2 große Fläche in einem Raster von 0.1 mm gemessen. In Abb. 11 sind die Abweichungen zwischen den Messwerten und den richtigen Werten dargestellt. Im Zentrum der Diode sind die Positionsabweichungen kleiner als 0.05 mm und somit die Genauigkeitsvorgaben erfüllt. Lediglich in den bei der Messung nicht benutzten Randbereichen treten Abweichungen auf, die größer als 0.1 mm sind.

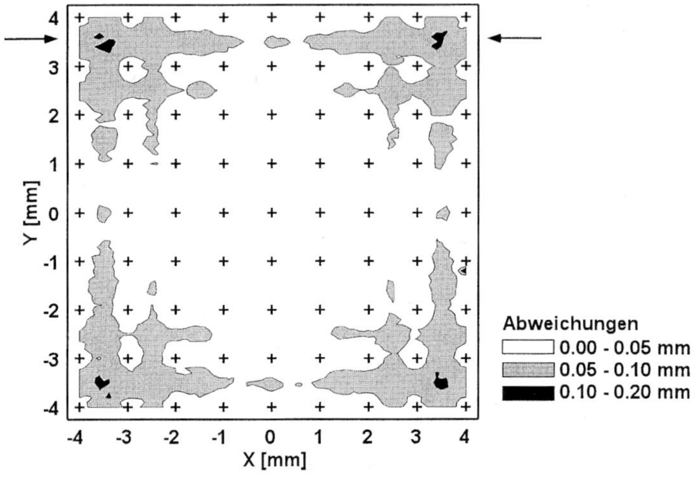

Abb. 11: Abweichungen der Messwerte des ODMS und Stützpunkte der bilinearen Transformation (+), → siehe Abb. 12.

In Abb. 12 sind exemplarisch für die Linie –4 mm < X < +4 mm, Y = +3.6 mm die Abweichungen in beiden Koordinaten dargestellt. Deutlich ist das systematische Verhalten zu erkennen. Dieses resultiert aus der Tatsache, dass die Bilineartransformation die Systemeigenschaften nicht vollständig beschreibt und daher umso größere Abweichungen entstehen, je weiter die Stützpunkte der Transformation voneinander entfernt liegen. Würden an das System höhere Genauigkeitsanforderungen gestellt werden, müsste der Hersteller (in diesem Fall wir selbst) das System (Software mit Korrekturwerten) entsprechend adaptieren. Ist der Hersteller dazu nicht bereit (Kosten, Rechenzeit), bleibt dem Nutzer nur die Möglichkeit, die aus der Systemkalibrierung gewonnenen Kalibrierparameter rechnerisch an die Messwerte anzubringen.

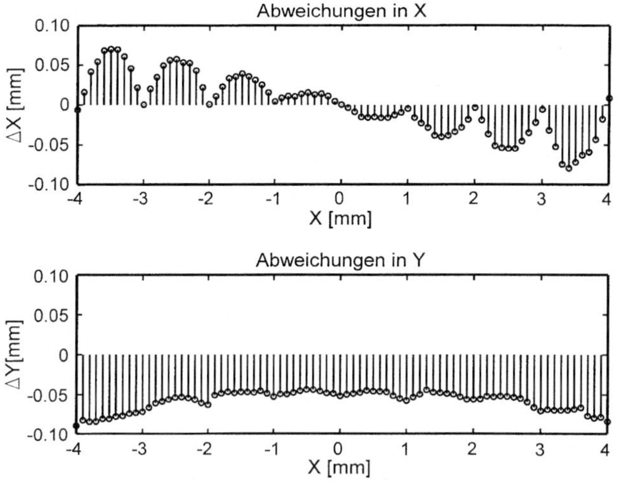

Abb. 12: Abweichungen in X und Y für die Linie -4 mm < X < +4 mm, Y = +3.6 mm.

5.4 Diskussion

Auch bei diesem Beispiel ist nur eine Systemkalibrierung sinnvoll. Es reicht nicht, die Diode im Rahmen einer Komponentenkalibrierung ohne Filter, Tubus und entsprechendem Laserstrahl zu kalibrieren, da das (nicht lineare) Zusammenwirken der einzelnen Komponenten und deren gegenseitige Beeinflussung die Messwerte wesentlich mitbestimmen. Betrachten wir beispielsweise den Laserstrahl. Dieser weist aufgrund einer speziellen Strichplatte im Theodolit (zentrale Fläche transparent) zwar nur geringe, aber durchaus vorhandene, Beugungs- und Streuungserscheinungen auf. Der Strahl bekommt abhängig von der Optik des Fernrohres und den darin enthaltenen Bestandteilen (LED der Fadenkreuzbeleuchtung) seine eigene Struktur. Diese wird durch zusätzliche Beugungs- und Streuungserscheinungen am Tubus und Filter noch leicht verändert. All diese Komponenten sind beim Einsatz des Systems notwendig. Werden sie bei der Kalibrierung auch nur teilweise weggelassen oder anders verwendet (z.B. kollimierter statt fokussierter Laserstrahl), so ergibt sich eine geänderte Intensitätsverteilung und somit eine verfälschte Position des Laserpunktes. Daher sind Kalibrierparameter, die einer Komponentenkalibrierung entstammen, nicht bzw. nur bedingt anwendbar. Aus diesen Gründen stammen die in der Systemsoftware verwendeten Transformationsparameter ebenso aus einer Systemkalibrierung.

Literatur:

DOEBELIN, E.O., Measurement Systems – Application and Design, 4th Ed., McGraw-Hill, (1990).

HEISTER, H., Zur Überprüfung geodätischer Instrumente, Schriftenreihe Studiengang Vermessungswesen, UniBW München, Heft 60 (2001): in Druck.

HEISTER, H., Qualitätssicherung und Kalibrierung geodätischer Messmittel, Proc. XII. Int. Kurs f. Ingenieurvermessung, Graz, Dümmler Verlag (1996): C2/1 – 9.

HENNES, M., INGENSAND, H., Komponentenkalibrierung versus Systemkalibrierung, Proc. XIII. Int. Kurs f. Ingenieurvermessung, München, Wittwer Verlag (2000): 166 – 177.

GOTTWALD, R., Prüfung und Kalibrierung von Vermessungsinstrumenten – Grundsätzliche Überlegungen und Konzepte, Vermessung, Photogrammetrie, Kulturtechnik 96 (1998): 409 – 413.

INGENSAND, H., Neue Verfahren zur Zertifizierung geodätischer Messinstrumente, Mitt. Inst. f. Geodäsie d. Universität Innsbruck 17 (1997): 93 – 107.

INGENSAND, H., MEISSL, A., New digital levelling techniques and their applications, South African Journ. of Surveying and Mapping 23 (1996): 205 – 210.

PROFOS, P., PFEIFER, T., Grundlagen der Messtechnik, 4. Aufl., Oldenbourg Verlag (1993).

REITHOFER, A., HOCHHAUSER, B., BRUNNER, F.K., Calibration of Digital Levelling Systems, Öst. Z. Vermess. u. Geoinf. 84 (1996): 284 – 289.

RÜEGER, J.M., BRUNNER, F.K., On System Calibration and Type Testing of Digital Levels, Z. f. Vermessungswesen 125 (2000): 120 – 130.

STAIGER, R., Zur Überprüfung moderner Vermessungsinstrumente, Allg. Verm. Nachr. 105 (1998): 365 – 372.

WOSCHITZ, H., HARTINGER, H., BRUNNER, F.K., Entwicklung eines optischen Messsystems für die Bestimmung von hochfrequenten zweidimensionalen Positionsänderungen, Allg. Verm. Nachr. (2001): in Druck.

Die Bedeutung der Kalibrierung in der amtlichen Vermessung

Manfred Spata
Landesvermessungsamt Nordrhein-Westfalen
Muffendorfer Straße 19-21
D-53177 Bonn (Bad Godesberg)
Email: spata@lverma.nrw.de

1 Einleitung

In nahezu allen Lebensbereichen ist die Qualität das Maß aller Dinge. Dies gilt auch, wenn es um die Genauigkeit und Zuverlässigkeit von terrestrischen und satellitengeodätischen Meßergebnissen der amtlichen Vermessung (hoheitliche Aufgaben der Landesvermessung und des Liegenschaftskatasters) geht. Es liegt gleichermaßen im Interesse der Vermessungsverwaltungen und deren Nutzer, daß nachvollziehbare Qualitätsstandards und Qualitätskriterien als Grundlage von Vermessungen und als Maßstab für die Beurteilung der Meßergebnisse bestehen. Die Qualitätssicherung ist für jede Vermessungsaufgabe speziell zu entwerfen und in die Aufgabenerledigung zu integrieren. Hierzu gehört auch die ständige Aufgabe, die eingesetzten Meßausrüstungen (Meßbänder, Tachymeter, Nivelliere, GPS-Meßsysteme) zu prüfen und zu kalibrieren.

2 Gesetzliche Grundlagen

Auf Grund der bisherigen Gesetzgebung zur Eichung, die bis in die 80er Jahre des 19. Jahrhunderts zurückgeht, sind die Vermessungsverwaltungen in Deutschland verpflichtet, selbst für die Eichung ihrer Vermessungsinstrumente und -geräte zu sorgen. Dabei ist nachfolgend der Begriff Eichung gemäß DIN 1319 Teil 1 (DIN 1995) im Sinne von amtlicher Kalibrierung zu verstehen. Dies hat sich auch nicht durch die Neufassung des Bundeseichgesetzes vom 23.3.1992 (BGBl. I S. 712) geändert, als der bisherige § 7 Abs. 1 Nr. 4, in dem diese Verpflichtung für das öffentliche Vermessungswesen und das Markscheidewesen niedergelegt war, gestrichen wurde und die bisherige Regelung in eine noch herauszugebende Verordnung (VO) des Bundeswirtschaftsministeriums verlagert wurde. Da diese VO (und auch eine EU-Regelung) bislang immer noch fehlt, gilt nach § 26 bzw. ehemals § 7 die Verpflichtung der Vermessungsverwaltungen zur Eichung fort. Als Begründung wurde seinerzeit von der AdV (Arbeitsgemeinschaft der Vermessungsverwaltungen der Länder der Bundesrepublik Deutschland) angeführt, daß im öffentlichen Vermessungswesen engere Toleranzen erforderlich sind und daß die im öffentlichen Vermessungswesen tätigen Stellen und Personen die Eichung selbst und häufiger, als in der Eichordnung vorgesehen, durchführen. Die Eichung der Vermessungsinstrumente und –geräte erfolgt also nicht durch die im Eichgesetz aufgeführten bzw. durch die von der jeweiligen Landesregierung bestimmten Eichbehörden, sondern durch die Behörden, die im öffentlichen Vermessungswesen tätig sind. Diese Eichpflicht ist z.B. für die Vermessungsverwaltung in Nordrhein-Westfalen zuletzt bekräftigt worden in Nr. 16 Vermessungspunkterlaß NRW vom 12.1.1996 (IM NRW 1996, Mattiseck 1996, Elsner et al. 1999).

3 Öffentliche und private Dienstleistungen

Verwaltungsleistungen unterscheiden sich auf den ersten Blick nicht grundlegend von privatwirtschaftlichen Dienstleistungen. Beide sind einem Qualitätsanspruch unterworfen, der nicht nur die Qualität des Ergebnisses als solches einbezieht, sondern auch die Qualität der Arbeitsprozesse beurteilt. Trotz der grundsätzlichen Vergleichbarkeit von privaten und öffentlichen Dienstleistungen unterscheidet sich der öffentliche vom privaten Sektor vor allem auf Grund verfassungsmäßiger Grundsätze, die sich letztlich auf das Qualitätsverständnis in der Verwaltung auswirken. Hierbei sind insbesondere zu nennen:

- das *Rechtsstaatsprinzip*, mit vielfältigen Bindungen und Kontrollen, z.B. durch die amtlichen Vermessungsvorschriften,
- die *Gemeinwohlverpflichtung*, die unterschiedliche Interessen zu berücksichtigen hat, z.B. der Grundstückseigentümer, des Staates und der Wirtschaft,
- das *Sozialstaatsprinzip*, demzufolge öffentliche Leistungen zu erbringen sind, die nach markt- und betriebswirtschaftlichen Aspekten unwirtschaftlich sind, z.B. die einheitliche Aufgabenerledigung innerhalb einer gesamten Landesfläche oder eines gesamten Katasterbezirks,
- der *Monopolcharakter*, nach dem bei öffentlichen Dienstleistungen in der Regel kein Wettbewerb mehrerer Anbieter besteht.

Somit ergeben sich grundlegende Unterschiede zwischen öffentlichem und privatem Sektor: Privatwirtschaftliche Dienstleister orientieren sich am Markt und versuchen, die Nachfrage über Qualität und Preis zu beeinflussen. Öffentliche Dienstleistungen unterliegen in der Regel nicht diesen Marktmechanismen, sondern den oben skizzierten Bedingungen. Auch die Vermessungsverwaltungen sind hinsichtlich ihrer Produkt- und Dienstleistungsangebote nicht frei. Ihre Aufgaben sind abhängig von gesetzlichen Vorschriften und politischen Vorgaben (Haushalt, Personal und Organisationsstruktur). Die Vermessungsverwaltungen sind sich der Bedeutung der Qualität ihrer Vermessungsergebnisse stets bewußt und die Qualitätssteigerung ist in Zeiten knapper werdender Ressourcen eine ständige Herausforderung für alle Beteiligten (DBB 1999).

4 Eichung, Qualitätsmanagement und Zertifizierung

Die **Eichung** der Vermessungsgerätschaften gehört zu den hoheitlichen Aufgaben und ist allseits anerkannte Praxis der Vermessungsverwaltungen in Deutschland. Sie umfaßt gemäß DIN 1319-1 Nr. 5.13 (DIN 1995) die nach den Eichvorschriften vorzunehmenden Qualitätsprüfungen (Kalibrierung) und Kennzeichnungen (Eichschein). Bis heute ist die Eichung von Vermessungsgerätschaften noch kein integrierter Bestandteil eines **Qualitätsmanagements (QM)** mit Zertifizierung nach dem Standard der Normenfamilie ISO 9000 (Element 11 Prüfmittelüberwachung).

Desweiteren besteht bis heute noch keine Institution zur Qualitätssicherung in der Vermessung, z.B. eine „Gesellschaft mbH zur Qualitätssicherung in der Vermessung". Ihre Aufgabe wäre es, Anbieter vermessungstechnischer Dienstleistungen aller Art einer freiwilligen und unabhängigen Güteprüfung zu unterziehen. Nach erfolgreicher Prüfung würde das Recht verliehen, das Gütesiegel der Gesellschaft zu führen. Solche Dienstleister mit Gütesiegel würden in einer Liste geprüfter Anbieter aufgenommen. Zertifikat und Gütesiegel signalisierten eine qualifizierte Beratung und Betreuung der Vermessungskunden.

Die Erledigung amtlicher (hoheitlicher) Vermessungsaufgaben erübrigt in der Regel eine QM-Zertifizierung, gerade weil diese hoheitliche Tätigkeit monopolartigen Charakter hat, nicht in Konkurrenz steht zu anderen Anbietern eines freien Marktes und erschöpfend durch Vorschriften geregelt ist. Dabei ist es unabhängig, in welcher Organisationsform die amtliche Vermessungsverwaltung auftritt, als Behörde, (Landes/Kommunal)Betrieb oder Beliehener (Öffentlich bestellter Vermessungsingenieur, ÖbVI). Die unbestrittene gesetzliche Verpflichtung der Vermessungsverwaltung zu qualifizierten Produkten verlangt kein wie auch immer geartetes Gütesiegel.

Wohl aber ist die nichthoheitliche, d.h. wirtschaftliche ingenieurtechnische, Tätigkeit von Betrieben und ÖbVI den Regeln des freien Marktes unterworfen. Für diese Tätigkeiten wäre eine Zertifizierung zur Sicherstellung von Qualitätsansprüchen sowie aus betriebs- und marktwirtschaftlichen Gründen angebracht. Die Einführung von QM-Systemen ist jedoch nicht unproblematisch; sie erfordert regelmäßig einen hohen Ressourceneinsatz. Erste Lösungsansätze zur QM-Zertifizierung betreffen die kommunalen Vermessungsämter. So ließ die Stadtverwaltung Offenbach in einem Pilotprojekt sieben Organisationseinheiten, u.a. das Vermessungsamt (kein Katasteramt!), nach ISO 9002 zertifizieren (DBB 1999).

In Nordrhein-Westfalen stellen das Landesvermessungsamt und die fünf Bezirksregierungen **Eichscheine** über die Ergebnisse ihrer Kalibrierungen aus. Kalibrierergebnisse der Universitäten und Fachhochschulen, die über entsprechende Vorrichtungen verfügen, können die Eichscheine ersetzen, wenn sie den Eichanforderungen genügen. Über die Verwendung der Kalibrierergebnisse anderer Stellen für Zwecke der amtlichen Vermessung können das Landesvermessungsamt und die Bezirksregierungen im Einzelfall entscheiden (IM NRW 2000).

Grundsätzlich gilt die Eichung nur zum Zeitpunkt ihrer Durchführung. Daher ist die Angabe einer Gültigkeitsdauer im Eichschein nicht zulässig. Die **Eichfristen** sind eigenverantwortlich so zu bestimmen, daß die in den Vermessungsvorschriften festgesetzten zulässigen Abweichungen eingehalten werden. Die Wiederholung der Eichung ist also gekennzeichnet durch ein optimales Gleichgewicht zwischen Risiko der Einzelmessung und Kosten der Kalibriermessung.

Zusätzlich zur Eichung sind die Vermessungsausrüstungen in kürzeren Abständen zu prüfen. Dabei wird durch eine einfache und robuste Meßprozedur (Feldverfahren) festgestellt, ob die Meßinstrumente und –geräte nach Gebrauchsanweisung funktionstüchtig sind und die vorgegebenen Genauigkeitsanforderungen erfüllt werden. In der Regel erfolgt die **Prüfung** mindestens einmal vierteljährlich oder vor einer größeren Meßkampagne (DIN 1990, LVermA NRW 1999, IM NRW 2000, ISO 2001).

Dagegen ist die intensive **Untersuchung** (Typtest oder Abnahmeprüfung) von Meßinstrumenten hinsichtlich ihrer Leistungsfähigkeit nicht die vorrangige Aufgabe der Vermessungsverwaltungen; sie bleibt den wissenschaftlichen Einrichtungen und den Herstellern überlassen (Staiger 1998, Heister 2000).

5 Genauigkeitsanforderungen zur Vermessungspunktbestimmung

Naturgemäß klaffen die Anforderungen an die Genauigkeit von Vermessungspunkten weit auseinander, zum einen sachlich bedingt in Abhängigkeit von der Vermessungsaufgabe und zum anderen rechtlich bedingt wegen landesspezifischer Regelungen. In Tab. 1 sind einige Genauigkeitskriterien der Vermessungsvorschriften in NRW beispielhaft zusammengestellt. Dabei sind Standardabweichungen (1 Sigma) von zulässigen Abweichungen (in der Regel 2 Sigma) zu unterscheiden.

Fehlerwert cm	**Nr. VPErl Anlage 3**	**Anwendung im AP(1)-Feld**
1	2.31	Standardabweichung als Genauigkeit des Meßwertes (Strecke)
2	2.35	Standardabweichung als Genauigkeit der Punktbestimmung
2	3.31	Abweichung beim Streckenvergleich innerhalb derselben Punktbestimmung
3	3.32	Abweichung beim Streckenvergleich gegenüber früheren Vermessungen
4	3.4	Abweichung bei geometrischen Bedingungen, z.B. Geradlinigkeit

Tab. 1: Genauigkeitsanforderungen nach Vermessungspunkterlaß NRW 1996

Die Beurteilung dieser Angaben ist nicht immer eindeutig, weil oftmals notwendige Angaben zum Fehlerhaushalt, zur Stichprobe und zum Ausgleichungsgewinn fehlen. Jede dieser Genauigkeitsanforderungen ist wert, näher erörtert zu werden. Dies soll am Beispiel einer EDM-Streckenmessung und der SAPOS-Genauigkeitsangaben geschehen.

Der Fehlerhaushalt einer **EDM-Strecke** umfaßt unterschiedliche Fehlerquellen, teils zufälliger und teils systematischer Art. In der Regel besteht die Meßunsicherheit einer berichtigten EDM-Strecke aus den folgenden Anteilen:

- Meßfehler (Meßunsicherheit) der unberichtigten Streckenmessung,
- Zentrierfehler auf dem Instrumenten- und Reflektorstandpunkt,
- meteorologische Korrektionsfehler,

- instrumentelle Korrektionsfehler,
- Neigungs- und Höhenreduktionsfehler.

Die Summe aller Fehlerquellen soll eine empirische Standardabweichung von 1 cm für ein EDM-Meßergebnis gewährleisten. Aus den Erfahrungen der Vermessungspraxis heraus hat der Vermessungsingenieur abzuschätzen, mit welcher Genauigkeit die einzelnen Fehlerursachen beherrscht werden müssen, um die Gesamtforderung von 1 cm einzuhalten. Somit ist auch die EDM-Kalibrierung auf ihre erforderliche Genauigkeit einzuschätzen; sie sollte in der Größenordnung des Meßfehlers liegen, also nur wenige mm betragen.

Die Genauigkeitsangaben des bundesweiten **SAPOS-Dienstes** (AdV 1998) sind weit gefaßt, siehe Tab. 2.

Genauigkeit cm	**Servicebereich der DGPS-Messung**	**Standardformat der GPS-Daten**
100 bis 300	EPS, Echtzeit	RTCM 2.0
1 bis 5 (1 bis 2)	HEPS, Echtzeit (mit Vernetzungstechnik)	RTCM 2.1
1	GPPS, Postprocessing	RINEX
<1	GHPS, Postprocessing	RINEX

Tab. 2: Genauigkeitsanforderungen des SAPOS-Dienstes (AdV 1998)

Bei diesen Genauigkeitsangaben bleibt ungeklärt, ob es sich um Standardabweichungen (1 Sigma) oder zulässige Abweichungen (2 oder 3 Sigma) handelt, ob ein 3D- oder 2D-Punktfehler oder ein 1D-Koordinatenfehler gemeint ist und welche Meßfehleranteile einer SAPOS-unterstützten Punktbestimmung einbezogen sind.

6 Genauigkeitsanforderungen zur Kalibrierung

6.1 Meßbänder

Der Einsatz von (Stahl-)Meßbändern ist in den letzten Jahren fast vollständig durch die elektrooptische Distanzmessung auch im engen Nahbereich unter 20 m ersetzt worden (siehe nächster Abschnitt). Ihr Einsatz ist aber weiterhin für Vermessungen generell zugelassen (z.B. Nr. 19.1(1) VPErl NRW 1996), wenn die entsprechenden Meßunsicherheiten eingehalten werden. Die Meßbandeichung war gesondert geregelt (LVermA NRW 1993), sie ist im Jahre 1999 eingestellt worden (Elsner et al. 1999). Es genügt, wenn beim Kauf eines neuen Stahlmeßbandes auf die DIN 6403 (1976) Bezug genommen und die Einhaltung der DIN-Anforderung an die Bandlänge durch ein Zertifikat bescheinigt wird. Die Anforderung nach DIN 6403 beträgt:

$$\Delta l = \pm(0{,}2\ \text{mm} + l \cdot 10^{-4})$$

mit l Bandlänge und Δl Grenzabmaß in mm.

Somit dürfen die abgelesenen Meßbandlängen bei 20 m Länge nur maximal 2,2 mm vom Sollmaß abweichen, was z.B. deutlich innerhalb der Anforderungen nach Tabelle 1 liegt.

6.2 Elektronische Tachymeter, EDM-Instrumente

Zur elektronischen Distanzmessung (EDM) werden heute in der Regel nur noch elektronische Tachymeter eingesetzt; reine EDM-Instrumente traten in den Hintergrund. Dabei werden die Tachymeter zur polaren Punktbestimmung und Punktabsteckung durch eine kombinierte Winkel- und Distanzmessung im Nahbereich unter 500 m eingesetzt. Die EDM-Meßunsicherheit wird im wesentlichen beeinflußt durch drei instrumentelle Parameter (Schmidt 1995, Schauerte und Faßbender 1997, Staiger 1998), für die sich durch entsprechende Kalibriermessungen Korrektionswerte bestimmen lassen, und zwar eine

- *Maßstabkorrektion* auf Grund von systematischen Frequenzabweichungen,
- *zyklische Korrektion* bezogen auf den Feinmaßstab der Streckenmessung,
- *Nullpunktkorrektion* als additiver Wert der Instrumenten-Prismen-Kombination.

Die Einzelheiten der Kalibriereinrichtungen (Abb. 1), der Kalibriermessungen und -auswertungen sowie des Eichscheines regeln EDM-Eichrichtlinien und Arbeitsanleitungen (LVermA NRW 1991, Fröhlich 1992, Elsner et al. 1999, IM NRW 2000). Die Kalibrierparameter sind mit einer Standardabweichung von 1 mm bis 2 mm zu bestimmen, um die Standardabweichung von 1 cm für eine Streckenmessung (Tab. 1) zu garantieren.

Abb. 1: Kalibriereinrichtungen in Nordrhein-Westfalen

Die Winkelmessung ist im wesentlichen beeinflußt durch die Instrumentenachsfehler und den Höhenindexfehler; sie werden durch Messung in zwei Fernrohrlagen mit anschließender Mittelung eliminiert. Der Stehachsfehler ist durch eine korrekte Justierung der Libellen zu minimieren oder er wird durch Kompensatoren erfaßt und rechnerisch bei der Messung berücksichtigt. Auf Grund der hohen Qualität der Teilkreise und in Anbetracht der relativ kurzen Zielweiten im Nahbereich ist der Teilkreisfehler heute unbedeutend geworden (Joeckel und Stober 1995, Staiger 1998, Witte und Schmidt 2000).

Zur Prüfung der Meßunsicherheit der Distanz- und Winkelmessung können einfache Feldverfahren (DIN 1990, Joeckel und Stober 1995, IM NRW 2000, ISO 2001) praktiziert werden.

6.3 Elektronische Nivelliere

In den letzten Jahren haben die elektronischen Nivelliere (Digitalnivelliere) die optisch-mechanischen Nivelliere fast vollständig verdrängt. Die neue Funktionalität der Digitalnivelliere betrifft die Technik der automatisierten Lattenbilderfassung und Lattenbildauswertung mit Hilfe der CCD-Sensorik. Wie bei den herkömmlichen Latten (Strichteilung mit Bezifferung) sind auch für die Code-Latten (Code-Teilung ohne Bezifferung) Nullpunktfehler und Maßstabfehler zu bestimmen (Heister 1994 und 2000, Staiger 1998).

Das Landesvermessungsamt NRW besitzt seit 1990 einen Vertikalinterferenzkomparator (Abb. 2), der zum Kalibrieren von Präzisionsnivellierlatten sowohl der optisch-mechanischen Systeme als auch der digitalen Systeme geeignet ist (Maurer und Schnädelbach 1983, Elsner et al. 1999). Die ermittelten Kalibrierwerte können in graphischer und numerischer Form ausgegeben werden. Der Vergleich der Ist- und Soll-Strichlagen bzw. Code-Muster führt zu Differenzen, welche die Grenzabweichungen für einen beliebigen Teilungsabschnitt nach DIN 18 717 (1996) nicht überschreiten dürfen:

$$\Delta l = \pm(0{,}02\ \text{mm} + 2l \cdot 10^{-5})$$

mit l Länge der Nivellierlatte und Δl Grenzabmaß in mm.

Der Betrag des Lattennullpunktfehlers darf nach DIN 18 717 nicht größer als 0,05 mm sein.

Abb. 2: Vertikalkomperator des Landesvermessungsamtes NRW

Der Einfluß des Erdmagnetfeldes auf die Ziellinie der Kompensatornivelliere, die beim Präzisionsnivellement der Landesvermessung eingesetzt werden, ist nach Beschaffung oder Instandsetzung zu überprüfen. Der Einfluß darf in Nord-Süd-Richtung eine Grenzabweichung von 0,1 mm/km nicht überschreiten (LVermA NRW 1999). Diese Prüfmessungen werden nicht von den Vermessungsverwaltungen selbst, sondern von geeigneten Kalibrierstellen wahrgenommen.

Die Prüfung der Nivellierinstrumente auf Funktionstüchtigkeit findet in der Regel wöchentlich statt. Dabei wird die Neigung der „elektronischen Zielachse" ermittelt, im Instrument gespeichert und automatisch bei der digitalisierten Höhenmessung berücksichtigt. Zur Prüfung der Meßunsicherheit bestehen einfache Feldverfahren (DIN 1990, Staiger 1998, LVermA NRW 1999, Witte und

Schmidt 2000, ISO 2001). Desweiteren ist auf eine korrekte Libellenjustierung am Instrument und an den Latten zu achten.

6.4 GPS-Antennen

Der bevorstehende Endausbau des SAPOS-Dienstes in Deutschland hat heterogene GPS-Antennenfelder zur Folge, zum einen durch die Gruppe der SAPOS-Permanentstationen und zum anderen durch die Gruppe der Feldantennen (Roverantennen). Diese Antennenvielfalt erfordert eine entsprechend qualifizierte Kalibrierung, um das hohe Genauigkeitspotential des SAPOS-Dienstes (Tab. 2) auszuschöpfen (AdV 1998, www.sapos.de). Für die GPPS- und GHPS-Anforderungen ist ein Modell komplexer Antennenparameter zu berücksichtigen. Mit Bezug zu einem definierten Antennenreferenzpunkt (ARP) werden getrennt für die L1- und L2-Frequenz Nullpunktkorrektionen in Form von konstanten Lage- und Höhen-Offsets sowie richtungsabhängige (d.h. elevations- und azimutabhängige) Phasenzentrumsvariationen (PCV) ermittelt (Campbell und Görres 1999 und 2001, Seeber et al. 2000, Schupler und Clark 2001).

Es besteht derzeit ein AdV-weiter Konsens, daß die SAPOS-Permanentstationsantennen individuell zu kalibrieren sind, wohingegen für die Feldantennen aufgabenspezifische Lösungen in Form einer Typkalibrierung mit eingeschränktem PCV-Modell ausreichen. Typbezogene Antennenparameter des IGS (International GPS Service), des NGS (National Geodetic Survey in USA) und des SAPOS-Dienstes stehen im Internet frei zur Verfügung (http://igscb.jpl.nasa.gov/igscb/station/general/igs_01.pcv; www.ngs.noaa.gov/ANTCAL/index.shtml; www.sapos.de). Firmenangaben der Antennenparameter sind für präzise GPS-Messungen nicht zu empfehlen. Ein bestimmtes Verfahren der Antennenkalibrierung wird nicht vorgegeben, derzeit ist die Relativkalibrierung mit Bezug zu einer Dorne-Margolin-T-chokering-Antenne weltweit in Anwendung. Die Absolutkalibrierung ist stark in der Diskussion, sie ist aber noch kein allgemein anerkannter Standard. Die Standardabweichung der Offset-Parameter soll <1 mm und der PCV-Parameter <2 mm sein (AdV 1998, Elsner 2001).

Seit Ende 2000 nimmt das Landesvermessungsamt NRW die Aufgabe der GPS-Antennenkalibrierung selbst wahr und wird dabei vom Geodätischen Institut der Universität Bonn beraten. Die Relativkalibriermessungen werden auf einer Meßschiene auf dem Flachdach des LVermA-Gebäudes (SAPOS-Permanentstation Bonn, Abb. 3) vorgenommen und mit dem Programm WaSoft/Kalib (www.wasoft.de) ausgewertet. Es sind alle Antennen der SAPOS-

Stationen in NRW individuell kalibriert (Offsets und Elevations-PCV; www.lverma.nrw.de/sapos/SAPOSintern/saposINTERNentwicklung/antennen/pur_antennen.htm).

Die GPS-Empfänger selbst entziehen sich der Kalibrierung. Der Benutzer kann lediglich eine Prüfung auf Funktionstüchtigkeit durch einfache Feldverfahren mit Sollkoordinatenvergleich durchführen (IM NRW 1997).

Abb. 3: SAPOS-Permanentstation des Landesvermessungsamtes in Bonn

7 Schluß

Die Vermessungsverwaltungen der Bundesländer in Deutschland haben nach § 26 Bundeseichgesetz das Recht und die Pflicht, Eichvorschriften zu erlassen. Durch dieses Recht gestalten und beeinflussen die Vermessungsverwaltungen eigenverantwortlich und gegebenenfalls in Abstimmung innerhalb der AdV die Eichung der Vermessungsgerätschaften. Dadurch sind ergebnisorientierte, praxisnahe und wirtschaftliche Eichungen (Kalibrierung und Eichschein) gewährleistet, die wiederum zu qualifizierten Vermessungsergebnissen führen. Desgleichen ist die Prüfung der Meßausrüstungen hinsichtlich Funktionstüchtigkeit und Genauigkeit eine ständige Pflicht der Vermessungsverwaltungen. Hingegen bleibt die Untersuchung von Meßausrüstungen auf ihre Leistungsfähigkeit sowie die Entwicklung von Kalibrierverfahren anderen Stellen, insbesondere den Hochschulen, überlassen. Die Vermessungsverwaltungen beteiligen sich wohl an den zuständigen DIN- und ISO-Normungsgremien.

8 Literatur

ARBEITSGEMEINSCHAFT DER VERMESSUNGSVERWALTUNGEN DER LÄNDER DER BUNDESREPUBLIK DEUTSCHLAND (AdV) (1998): Bericht der Expertengruppe GPS-Referenzstationen im Arbeitskreis Grundlagenvermessung. Druck: Baubehörde der Freien und Hansestadt Hamburg.

CAMPBELL, J. und B. GÖRRES (1999): Workshop zur Festlegung des Phasenzentrums von GPS-Antennen. Geodätisches Institut der Universität Bonn, Bonn.

CAMPBELL, J. und B. GÖRRES (2001): 3. GPS-Antennen-Workshop. Geodätisches Institut der Universität Bonn, Bonn.

DEUTSCHER BEAMTENBUND (DBB) (1999): Qualitätsmanagement in der öffentlichen Verwaltung. DBB-Konzept zur Dienstrechts- und Verwaltungsreform. DBB-Reihe „Verwaltung 2000“, Band 5, Bonn.

DIN 1319-1 (1995): Grundlagen der Meßtechnik – Teil 1: Grundbegriffe. Beuth Verlag, Berlin.

DIN 6403 (1976): Meßbänder aus Stahl mit Aufrollrahmen oder Aufrollkapsel. Beuth Verlag, Berlin.

DIN 18 717 (1996): Präzisions-Nivellierlatten. Beuth Verlag, Berlin.

DIN 18 723 (1990): Feldverfahren zur Genauigkeitsuntersuchung geodätischer Instrumente. Teil 1 bis 8. Beuth Verlag, Berlin.

ELSNER, C., W. KNAPP, H.-D. SCHULER, M. SPATA (1999): Zur Eichung der Vermessungsinstrumente und –geräte beim Landesvermessunsamt Nordrhein-Westfalen. Nachrichten aus dem öffentlichen Vermessungsdienst Nordrhein-Westfalen, 32. Jg., S. 165-183.

ELSNER, C. (2001): Antennenkalibrierung in Nordrhein-Westfalen – Praktisches Vorgehen. In: 3. GPS-Antennen-Workshop 2001 (Hrsg.: J. Campbell und B. Görres), Geodätisches Institut der Universität Bonn, Bonn.

FRÖHLICH, H. (1992): Auswertung von Eichmessungen für EDM-Geräte mit AED. Begleitbuch mit Diskette. Dümmlers Verlag, Bonn.

HEISTER, H. (1994): Zur Überprüfung von Präzisions-Nivellierlatten mit digitalem Code. In: Schriftenreihe Studiengang Vermessungswesen, Universität der Bundeswehr München, Heft 46, S. 95-101.

HEISTER, H. (2000): Zur Überprüfung geodätischer Instrumente. In: Schriftenreihe Studiengang Vermessungswesen, Universität der Bundeswehr München, Heft 60, Band 1.

INNENMINISTERIUM NORDRHEIN-WESTFALEN (IM NRW 1996): Vermessungspunkterlaß vom 12.01.1996 (VPErl.). Druck: Landesvermessungsamt NRW, Bonn-Bad Godesberg.

INNENMINISTERIUM NORDRHEIN-WESTFALEN (IM NRW 1997): Richtlinien zum Einsatz von satellitengeodätischen Verfahren im Aufnahmepunktfeld und im nachgeordneten Vermessungspunktfeld vom 19.12.1997 (GPS-Richtlinien (AP)). Druck: Landesvermessungsamt NRW, Bonn.

INNENMINISTERIUM NORDRHEIN-WESTFALEN (IM NRW 2000): Richtlinien zur Eichung und Prüfung von EDM-Instrumenten (Eichrichtlinien EDM). Entwurf vom Mai 2000, Düsseldorf.

ISO 17123 (2001): Optics and optical instruments – Field procedures for testing geodetic and surveying instruments, Part 1-6. Final draft international standard (FDIS), Beuth Verlag, Berlin.

JOECKEL, R. und M. STOBER (1995): Elektronische Entfernungs- und Richtungsmessung. 3. erweiterte Auflage, Wittwer-Verlag, Stuttgart.

LANDESVERMESSUNGAMT NORDRHEIN-WESTFALEN (LVermA NRW 1991): Auswertung von Eichmessungen elektrooptischer Distanzmeßgeräte mit AED (Version 1990 – Handbuch. Bonn.

LANDESVERMESSUNGAMT NORDRHEIN-WESTFALEN (LVermA NRW 1993): Meßband-Eichung. 2. Auflage, Bonn.

LANDESVERMESSUNGAMT NORDRHEIN-WESTFALEN (LVermA NRW 1999): Richtlinien für die Durchführung von Präzisionsnivellements der Landesvermessung. Bonn.

MATTISECK, K. (1996): Die Bestimmung der Vermessungspunkte der Landesvermessung in Nordrhein-Westfalen – Der neue Vermessungspunkterlaß 1996. Nachrichten aus dem öffentlichen Vermessungsdienst Nordrhein-Westfalen, 29. Jg., S. 126-137.

MAURER, W. und K. SCHNÄDELBACH (1983): First Experiences with a Vertical Comparator for the Calibration of Invar Rods. In: Precise Levelling (Hrsg.: H. Pelzer und W. Niemeier), Dümmlers Verlag, Bonn, S. 155-163.

SCHAUERTE, W. und H. FAßBENDER (1997): Anpassung der Maßstabskalibrierung auf „rechnende" EDM-Instrumente. Vermessungswesen und Raumordnung, 59. Jg., S. 416-436.

SCHMIDT, H.-G. (1995): Die Kalibrierung elektrooptischer Distanzmesser am Geodätischen Institut der RWTH Aachen – Eine Bilanz aus 14 Jahren. Vermessungswesen und Raumordnung, 57. Jg., S. 320-334.

SCHUPLER, R. und A. CLARK (2001): Characterizing the Behavior of Geodetic GPS Antennas. GPS World, S. 48-55.

SEEBER, G., F. Menge, V. Böder (2000): GPS-Antennen-Workshop 2000. Institut für Erdmessung der Universität Hannover, Hannover.

STAIGER, R. (1998): Zur Überprüfung moderner Vermessungsinstrumente. Allgemeine Vermessungs-Nachrichten (AVN), S. 365-372.

Witte, B. und H. Schmidt (2000): Vermessungskunde und Grundlagen der Statistik für das Bauwesen. Vierte Auflage, Verlag Wittwer, Stuttgart.

Messunsicherheiten

Zur Angabe der Meßunsicherheit in der geodätischen Meßtechnik

Hans Heister
Institut für Geodäsie – UniBw München
Werner-Heisenberg-Weg 39
D – 85579 Neubiberg
E-mail: h.heister@unibw-muenchen.de

1 Einleitung

Bei der Durchführung von Vermessungsaufgaben ist es üblich, neben dem Ergebnis auch seine Genauigkeit anzugeben. Speziell bei hochgenauen Anforderungen oder Kalibrierungen ist eine zuverlässige und zutreffende Quantifizierung des Genauigkeitsmaßes gefordert. Benutzte der Vermessungsingenieur bislang vorrangig die *empirische Standardabweichung* als Genauigkeitsmaß seiner Messungen, so wird zunehmend, besonders in den meßtechnischen Nachbardisziplinen, der Begriff *Meßunsicherheit* benutzt. Dieses international eingeführte Konzept zur Ermittlung von Meßunsicherheiten soll im nachfolgenden Beitrag speziell im Zusammenhang mit Vermessungsaufgaben, der Überprüfung und Kalibrierung geodätischer Instrumente und den hiermit verbundenen Normen vorgestellt werden.
Die Problematik der Bestimmung der Meßunsicherheit ist eng damit verbunden, daß die unvollständige Kenntnis des Wertes einer Meßgröße heute nicht mehr ausschließlich daraus resultiert, daß bei einer Messung zufällig streuende Meßwerte beobachtet werden. Wäre dies der Fall, dann lieferten uns die bekannten, statistisch begründeten Verfahren ausreichend zuverlässige Genauigkeitsmaße. Vielmehr treten zusätzliche Einflüsse auf, die bei der Ermittlung des Wertes der gewünschten Meßgröße berücksichtigt werden müssen. Da solche Einflüsse oft unbekannt oder aber auch unzureichend modelliert werden können, tragen sie in einem nicht unerheblichen Maße zur Vergrößerung der Meßunsicherheit bei. Wegen des Fehlens von statistischen Informationen über diese Einflüsse kann ihr quantitative Beitrag mit Hilfe der konventionellen Statistik nicht erfaßt werden. Die Kombination und *einheitliche* Behandlung der unterschiedlichen Beiträge zur Meßunsicherheit – hervorgerufen durch zufällige und systematische Meßabweichungen – wurde somit vorrangiges Ziel in allen meßtechnisch orientierten Fachrichtungen.

Angesichts der bislang ungleichen Behandlung bei der Angabe der Meßunsicherheit erteilte bereits 1977 das Comité International des Poids et Mésures (CIPM) dem Bureau International des Poids et Mésures (BIPM) den Auftrag, mit den zuständigen nationalen Institutionen und Organisationen einen Leitfaden zur Angabe der Meßunsicherheit bei der Normung, Kalibrierung, Akkreditierung von Laboratorien und metrologischer Dienste zu erarbeiten. Der Zweck dieses Leitfadens sollte sein, vollständig darüber zu informieren, wie man zu einheitlichen Unsicherheitsangaben kommt, um eine Grundlage für den internationalen Vergleich aber auch für die gegenseitige Akzeptanz von Meßergebnissen zu gewährleisten. Das Ergebnis der Kommissionsarbeit, der *Guide to the Expression of Uncertainty in Measurement* (GUM) liegt seit 1995 in seiner berichtigten Fassung als ISO-Veröffentlichung vor (auch seit Mai 1999 als DIN V EN V 13005 erschienen) und kann allen zum vertieften Studium empfohlen werden.
Im Bereich des Vermessungswesens und der Geodäsie ist zur Angabe von Genauigkeiten ebenfalls ein Prozeß des Umdenkens zu beobachten (SCHMIDT, 1994 u. 1997, HEISTER, 2000, DIN 18710-TEIL 1, 1998, DIN 1319-TEIL 4, 1999), der sich jedoch bisher nur ansatzweise in der Praxis durchgesetzt hat. Wenn auch im Vermessungsalltag die Anforderungen an ein zuverlässiges und umfassendes Genauigkeitsmaß nicht immer von vorrangiger Bedeutung sind, so steigen sie doch mit der Komplexität und Größe eines Ingenieurprojektes. Besonders aber im Zusammenhang mit der Einführung eines modernen Qualitätsmanagementsystems (QMS) nach DIN EN ISO 9001, wo mit dem QM-Element 11 die Überprüfung und Spezifizierung der Meßmittel gefordert wird, ist eine verantwortliche quantitative Genauigkeitsangabe des eingesetzten Instrumentariums unumgänglich. Zu ihrer Bestimmung sind möglichst allgemein *definierte* und *akzeptierte* Verfahren einzuhalten, die zu einem repräsentativen und umfassenden quantitativen Qualitätsmaß führen sollten.
Die Verbesserung der Sensorik einerseits und die Unüberschaubarkeit des Meßprozesses andererseits haben auch bei geodätischen Instrumenten und Meßverfahren das Verhältnis zufälliger und systematischer Einflüsse entscheidend verändert; letztere bestimmen heutzutage die Qualität des Meßergebnisses wesentlich stärker als noch vor ca. 10 Jahren.
Mit dem GUM wurde nun erstmals ein international und interdisziplinär anerkannter Leitfaden erstellt, der es ermöglicht, diesen technischen Entwicklungen - auch in der Geodäsie - bei der Ermittlung und Angabe von Meßunsicherheiten Rechnung zu tragen. Da dieser Leitfaden hierfür nur *allgemeine* Regeln bereit stellt, die sowohl auf verschiedenen Genauigkeitsniveaus als auch in der alltäglichen Meßpraxis bis hin zur Grundlagenforschung Anwendung finden können,

wird im folgenden versucht, das grundlegende Gedankenmodell auf die geodätische Meßtechnik zu übertragen.

2 Allgemeine metrologische Begriffe zur Genauigkeit

Grundsätzlich kann die Genauigkeit einer Meßgröße *qualitativ* und *quantitativ* beschrieben werden. Der Überbegriff Meßgenauigkeit *bezeichnet die Nähe der Übereinstimmung eines Meßergebnisses zum wahren Wert.* Da dieser i.d.R. nicht bekannt ist, sollte dieser Begriff bei Genauigkeitsangaben vermieden werden.

Dahingegen gibt die Präzision *die Nähe der Übereinstimmung von Meßwerten (Meßergebnissen) an, die durch mehrmalige Anwendung eines Meßverfahrens und unter vorgegebenen Bedingungen erreicht wurde.* Die Streuung der Meßreihe wird hierbei *quantitativ* durch die empirische Standardabweichung angegeben. Diese Aussage bezieht sich somit lediglich auf statistische Informationen. In vielen Fällen werden dabei die Beobachtungsreihen unter Wiederholbedingungen durchgeführt. *Diese umfassen*

- *dasselbe Meßverfahren,*
- *denselben Beobachter,*
- *dasselbe Meßgerät,*
- *denselben Ort,*
- *Wiederholung innerhalb kurzer Zeitspanne.*

Qualitativ spricht man dann auch von Wiederholpräzision, die *quantitativ* durch die Wiederholstandardabweichung ausgedrückt werden kann.

Werden die Meßreihen unter *veränderten* Bedingungen, Einflußgrößen durchgeführt, so *kann* die Vergleichspräzision *quantitativ* durch die Vergleichsstandardabweichung angegeben werden.

Eine Messung wird also umso präziser ermittelt, je kleiner sich ihr *quantitatives* Genauigkeitsmaß (in o. beschriebenen Definitionen die empirische Standardabweichung) ergibt.

Das Vorhandensein von systematischen Meßabweichungen (grundsätzlich sollte der Begriff „Fehler" durch „Meßabweichung" ersetzt werden, s.a DIN 1319, TEIL 1) kann aber dazu führen, daß eine sehr präzise Messung sehr ungenau ist, nämlich dann, wenn nur geringe Informationen über die Einflußparameter vorliegen, die diese Meßabweichungen hervorrufen.

Ein umfassendere, qualitative Charakterisierung der Genauigkeit ist deshalb durch die Meßunsicherheit möglich: *Sie ist ein Maß für die durch unvollständige Information hervorgerufene Unvollständigkeit der Kenntnis der Meßgröße* (WEISE, K., WÖGER, W., 1999).

Diese etwas allgemeine und spröde Definition besagt, daß das Meßergebnis nach Korrektur aller bekannten systematischen Einflüsse immer nur ein *Schätzwert* der Meßgröße ist, die mit einer Unsicherheit behaftet ist, die sich aus zufälligen Meßabweichungen *und* unvollkommener Berichtigung des Ergebnisses bezüglich der systematischen Einflußparameter ableitet.

Die *quantitative* Ermittlung der *Meßunsicherheit* setzt sich deshalb in der Praxis aus mehreren Komponenten zusammen. Dabei unterscheidet der GUM zwei Kategorien:

A: Komponenten, die mit statistischen Methoden berechnet werden.

B. Komponenten, die auf andere Weise ermittelt werden.

Die Komponenten der Kategorie A werden wie bereits erwähnt durch die empirische Standardabweichung s_i sowie ihren Freiheitsgrad v_i angegeben. Berechnungsmethoden einschließlich ihrer Zusammenfassung sowie die Berücksichtigung von Korrelationen sind dem Geodäten wohlbekannt. Die auf dieser Basis ermittelte Unsicherheit u_i wird auch Standardunsicherheit bzw. bei einer Zusammenfassung nach dem Fehlerfortpflanzungsgesetz kombinierte Standardunsicherheit u_c genannt.

Die Komponenten der Kategorie B werden als *Näherungen* der entsprechenden Standardabweichungen betrachtet. Sie sind durch Größen u_j zu charakterisieren und können nach dem Unsicherheitenfortpflanzungsgesetz *wie* Standardabweichungen quadratisch zur kombinierten Meßunsicherheit u_c zusammengefaßt werden.

Somit kann die Meßunsicherheit nach WEISE, WÖGER (1999), die auch im GUM international vereinbart wurde, unter statistischer Betrachtung als Kennwert einer Verteilung definiert werden:

Die Meßunsicherheit *einer Meßgröße ist ein Parameter, der dem Meßergebnis beigeordnet ist und der die Streuung derjenigen Schätzwerte kennzeichnet, die der Meßgröße auf der Basis vorliegender Informationen vernünftigerweise zugewiesen werden können.*

Die Meßunsicherheit wird dabei als Maß einer Streuung immer als positiver Wert (ohne Vorzeichen) zusammen mit dem Meßergebnis angegeben.

In der Regel wird es genügen u_c zur Angabe der Unsicherheit des Meßergebnisses zu verwenden. In vielen Fällen besonders bei industriellen Anwendungen, wo auch die Beziehung zu Toleranzen herzustellen ist, ist es vorzuziehen, einen *Bereich* für die Meßunsicherheit festzulegen. Somit gelangt man über die Festlegung eines *Erweiterungsfaktors* $\boldsymbol{k}$ zur erweiterten Meßunsicherheit $U = k \cdot u_c$. Häufig wird dabei $k = 2$ gewählt, was zu einem Intervall $\pm U$ führt und in statistischer Analogie einen Vertrauensbereich von ~ 95 % Sicherheitswahrscheinlichkeit festlegen würde.

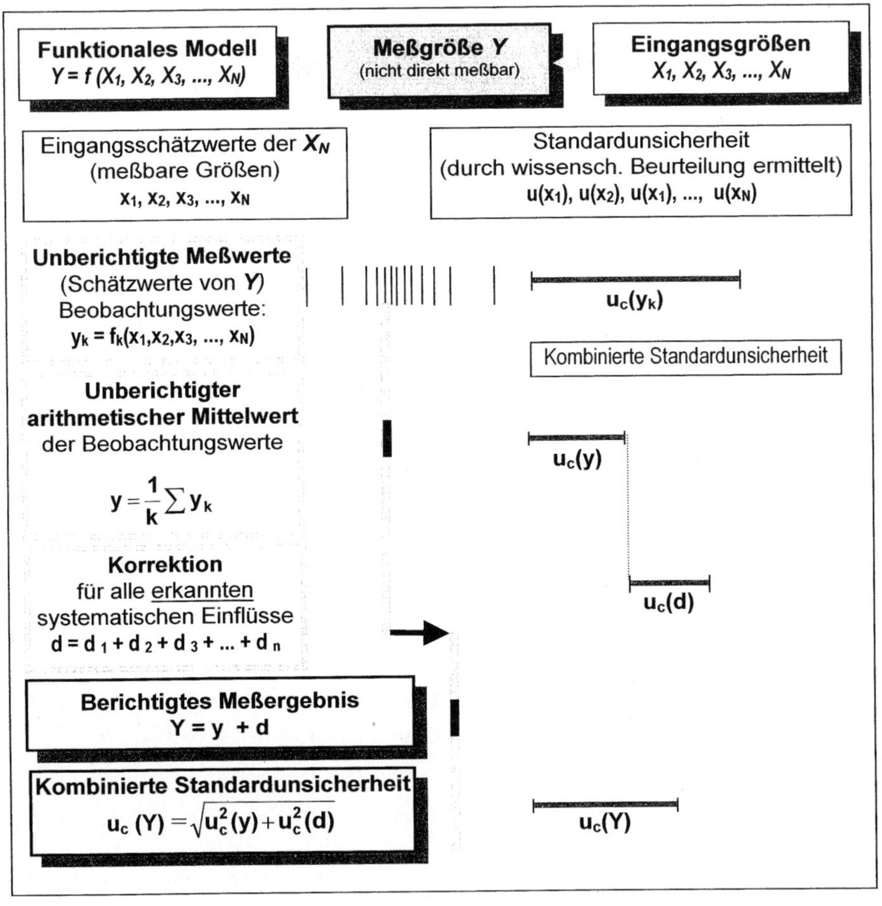

Abb. 1 : Vom unberichtigten Meßwert bis zur kombinierten Meßunsicherheit

3 Zur Theorie der Meßunsicherheit

Im Überblick läßt sich das Konzept der Meßunsicherheit von der möglichst exakt zu definierenden Meßgröße **Y** bis hin zum vollständigen Meßergebnis $\mathbf{Y} \pm \mathbf{U}$ in den Abbildungen 1 und 2 (s.a. GUM,1995) verfolgen. Grundsätzlich ist ohne eine unendliche Menge an Informationen die Definition der Meßgröße immer unvollständig und verursacht somit eine Unsicherheitskomponente.
Über eine endliche Menge an Eingangsgößen X_N, deren Werte durch die Beobachtungen x_N geschätzt werden, läßt sich über einen funktionalen Zusammenhang f der unberichtigte Meßwert y_k bestimmen. Seine kombinierte Meßunsicherheit $u_c(y_k)$ wird entweder als empirische Standardabweichung aus Wiederholungsmessungen abgeleitet (Standardunsicherheit vom Typ A) oder aus den abgeschätzten Standardunsicherheiten $u(x_N)$ der Eingangsschätzwerte x_N über eine Unsicherheitenfortpflanzung berechnet (kombinierte Standardunsicherheit vom Typ B). Liegen Mehrfachmessungen (möglichst unabhängig) vor, so läßt sich der unberichtigte arithmetische Mittelwert y und seine Standardunsicherheit $u_c(y)$ angeben.
Alle systematischen und reproduzierbaren Meßabweichungen d_n, die erkannt werden können, sind als Korrektion d zu berücksichtigen und führen zum berichtigten Meßergebnis Y. Unter Berücksichtigung der Standardunsicherheit $u_c(d)$ des Korrekturgliedes d und unter Festlegung eines Wertes für k wird die erweiterte Meßunsicherheit U_I bestimmt. Sie kennzeichnet einen Bereich, von dem erwartet wird, daß er einen großen Teil der Verteilung der Werte umfaßt, die der Meßgröße zugeordnet werden können. In der Praxis wird häufig $k = 2$ vereinbart. Dieser Wert entspricht bei normalverteilten Beobachtungen einem Vertrauensniveau (Grad des Vertrauens) von 95%.
In vielen Fällen verursachen nicht reproduzierbare oder nicht erkannte systematische Meßabweichungen (Modellfehler) weitere nicht bestimmbare Restabweichungen. Ihre Abschätzung erfordert meßtechnische Erfahrung und sollte, nur soweit dies verantwortet werden kann, durch den Wert U_{II} quantitativ möglichst realistisch beschrieben werden. Die Zusammenfassung der beiden Komponenten U_I und U_{II} zur Meßunsicherheit U ermöglicht schließlich die Angabe des vollständigen Meßergebnisses $Y \pm U$.

4 Angabe der Meßunsicherheit

Die Bestimmung der Meßunsicherheit wird sich in der geodätischen Meßpraxis mehrstufig entwickeln:

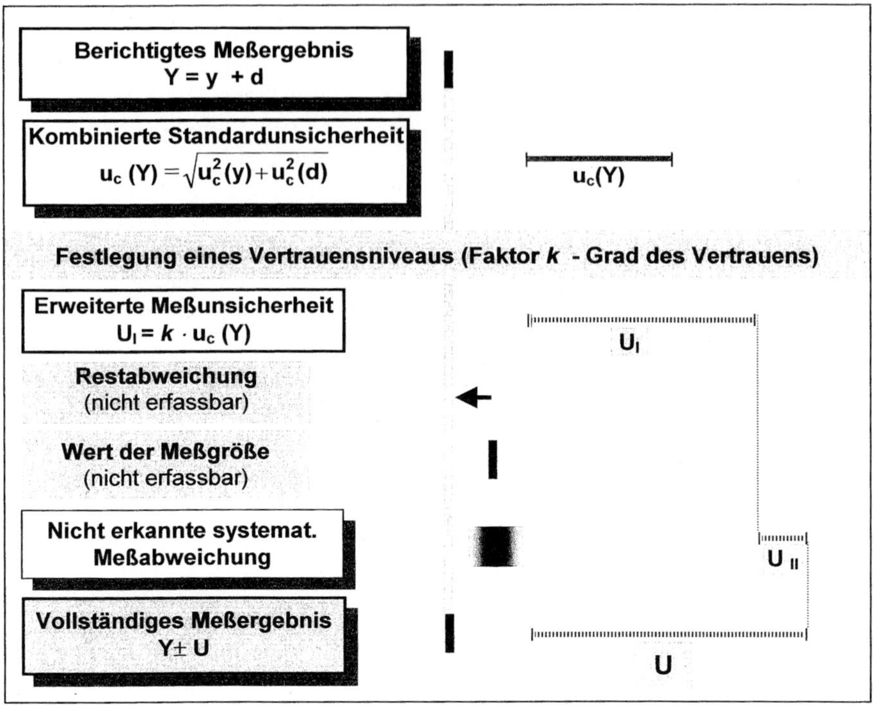

Abb. 2: Vollständiges Meßergebnis und erweiterte Meßunsicherheit

Die Ermittlung der Standardunsicherheiten vom Typ A entspricht in den meisten Fällen der bisherigen Praxis - nämlich der Anwendung der Methode der kleinsten Quadrate - und bedarf deshalb an dieser Stelle keiner weiteren Behandlung.

Dahingegen ist das Vorgehen zur Bestimmung der Unsicherheiten vom Typ B bisher bei geodätischen Meßverfahren kaum angewendet worden. Hier besteht erstmals die Möglichkeit für den Schätzwert $\mathbf{x}_j$ weiterer Eingangsgrößen $\boldsymbol{X_j}$, die systematische Abweichungen verursachen können, die *Standardunsicherheit abzuschätzen*. Dabei sollen alle verfügbaren Informationen – also auch die in langjähriger Meßerfahrung erworbenen - über die Streuung von $\boldsymbol{X_j}$ einfließen.

Bei vielen Abschätzungen wird sich eine obere Grenze a_+ und eine untere Grenze a_- für die Eingangsgröße X_j festlegen lassen. Als bester Schätzer gilt

$$x_j = \frac{1}{2}(a_+ + a_-) \qquad (1)$$

und die Standardunsicherheit

$$u(x_j) = \frac{1}{\sqrt{12}}(a_+ - a_-) . \qquad (2)$$

In den meisten Fällen wird $x_j = 0$ sein. Dann wird $a_+ - a_- = 2\,a$ und somit

$$u(x_j) = \frac{1}{\sqrt{3}}\,a \approx 0{,}58 \cdot a . \qquad (3)$$

Ein Beispiel möge diesen Sachverhalt etwas näher erläutern:

Bei einer elektrooptischen Distanzmessung wird die Mitteltemperatur von Stand- und Zielpunkt zu $x_t = 18°C$ *gemessen. Der Beobachter gab als Schwankungsbreite* $a = 2°C$ *an. Daraus leitet sich somit eine Standardunsicherheit ab:*

$$u(x_t) = 0{,}58 \cdot a = 1{,}2\ °C .$$

Geht man davon aus, daß die meteorologische Korrektur für die ermittelte Temperatur von **18°C** *berücksichtigt wurde, so verbleibt für die aus* $u(x_t)$ *resultierende Maßstabsunsicherheit (denn eine Temperaturunsicherheit bewirkt eine Maßstabsabweichung)*

$$u(x_m) = 1{,}2 \text{ ppm} .$$

Ist die Standardunsicherheit der gemessenen Strecke $S = 1000$ m *nach Kategorie A statistisch zu*

$$u(x_s) = 3{,}8 \text{ mm}$$

geschätzt worden, so ergibt sich die kombinierte Standardunsicherheit zu

$$u_c(S) = \sqrt{u(x_s)^2 + u(x_m)^2} = \sqrt{3{,}8^2 + 1{,}2^2} \quad ,$$

$$u_c(S) = 4{,}0 \text{ mm} .$$

Die Formeln (1) bis (3) sind statistisch begründbar (GUM, 1995 und WEISE, WÖGER, 1999) und beruhen auf der Annahme, daß die nicht statistischen Informationen (obere und untere Grenze) über die Einflußgröße durch eine Rechteckverteilung seines Schätzers im Intervall dieser Grenzen beschrieben werden können.

Wie das o.a. kleine Beispiel zeigt, werden in der geodätischen Meßpraxis durch diesen Ansatz die Unsicherheiten von zahlreichen systematischen Einflüssen quantifizierbar, so etwa

- Zentrierfehler bei der Aufstellung des Meßgerätes,
- Ausdehnungskoeffizient bei verschiedenen Meßmitteln (z.B. Invar-Nivellierlatte),
- Refraktion bei unterschiedlichen Meßverfahren,
- Rechenschärfe von Korrekturformeln (z.B. meteorologische Korrektur bei EDM).

Der Ansatz (1) setzt jedoch voraus, daß die abgeschätzten Grenzen symmetrisch zu x_j liegen. In manchen Fällen wird dies jedoch nicht zutreffen. Kann die *Asymmetrie* durch

$$\Delta = \left| x'_j - \frac{1}{2}(a_+ + a_-) \right| , \qquad (4)$$

beschrieben werden, wobei x'_j die nicht korrigierte Einflußgröße ist, so muß die nach (2) berechnete Standardunsicherheit beaufschlagt werden:

$$u(x'_j) = \sqrt{u(x_j)^2 + \Delta^2} \; . \qquad (5)$$

Auch dieser Fall soll durch ein numerisches Beispiel aus der vermessungstechnischen Praxis erläutert werden:

Ein Tunnelazimut wurde durch Wiederholungsmessungen zu

$$A = 136{,}3421 \text{ gon} \quad \textit{mit} \quad u(x_a) = 0{,}6 \text{ mgon}, \; \nu_i = 6$$

bestimmt. Die Beobachtungsverhältnisse wurden so beschrieben, daß mit Horizontalrefraktion zu rechnen ist, die sich vorrangig einseitig auf die Messung auswirkte. Eine Abschätzung über den horizontalen Temperaturgradienten führte zu folgenden Grenzen:

$$a_+ = A + 0{,}5 \text{ mgon} \quad \textit{und} \quad a_- = A - 4{,}0 \text{ mgon} .$$

Die Standardunsicherheit dieses systematischen Refraktionseinflusses kann dann nach Formel (2), (4) und (5)berechnet werde:

$$u(x_A) = 1{,}3 \text{ mgon} \quad \textit{und} \quad \Delta = 1{,}8 \text{ mgon} .$$

Somit

$$u(x'_A) = \sqrt{1{,}3^2 + 1{,}8^2} = 2{,}2 \text{ mgon} .$$

Geht man noch zur kombinierten Standardabweichung über, die wieder die Unsicherheiten aus den Wiederholungsmessungen und dem systematischen Einfluß zusammenfaßt, dann ergibt sich

$$u_c(A) = \sqrt{u(x'_A)^2 + u(x_a)^2} = 2{,}3 \text{ mgon}.$$

Diese Rechenbeispiele mögen nur exemplarisch das Vorgehen zur Bestimmung der Meßunsicherheit erläutern; in der Meßpraxis werden häufig eine Vielzahl weiterer systematischer Einflußgrößen zu berücksichtigen sein.

Je komplexer der Meßvorgang ist, insbesondere bei Prüfungen und Kalibrierungen, umso detaillierter und aufwendiger werden auch die Nachweise und Informationen zur Bestimmung der Meßunsicherheit. In der Regel wird die *kombinierte Meßunsicherheit* ausreichen, um die Genauigkeit des vollständigen Meßergebnisses quantitativ zu beschreiben. Der Übergang zur *erweiterten Meßunsicherheit* **U** ist immer dann sinnvoll, wenn das Meßergebnis in Nachbardisziplinen weitere Verwendung findet. Da mit **U** ein *Intervall* festgelegt wird, dem z.B. mit ***k* = 2** ein Grad des Vertrauens von ~ 95% zugeordnet wird, entspricht dies dem Vorgehen zur Bestimmung eines statistisch definierten Vertrauensintervalls. Bei Kalibrierungen ist die Angabe der erweiterten Meßunsicherheit nach DKD-Richtlinien verbindlich.

In Fortführung des zweiten Beispieles würde dann die Angabe des vollständigen Meßergebnisses, nämlich das Azimut und die erweiterte Meßunsicherheit (für k=2) lauten:

$$A = 136{,}3421 \text{ gon} \pm 4{,}6 \text{ mgon}.$$

Dieser kurze Abriß über die Angabe und Berechnung der Meßunsicherheit sollte ohne Ausbreitung des theoretischen Hintergrundes die Übertragung des Konzeptes der Meßunsicherheit, so wie sie im GUM definiert wurde, auf geodätische Messungen dem praxisnahen Anwender verständlich machen. Dabei sollte auch deutlich herausgestellt werden, wie unbekannte, nur durch die Meßerfahrung quantifizierbare systematische Abweichungen in das Genauigkeitsmaß *Meßunsicherheit* eingebracht werden können.

5 Zusammenfassung und Ausblick

Es gibt mehrere Gründe, die dazu veranlassen, die quantitativen Genauigkeitsangaben in der geodätischen Meßpraxis neu zu überdenken:

(1) Neue Technologien haben Funktionsprinzipien, Bedienung, Meßverfahren sowie die Sensorgenauigkeiten grundlegend geändert.

(2) Ein modernes Qualitätsmanagementsystem umfaßt auch ein Bestätigungssystem für Meßmittel, in dem Meßgenauigkeiten zu spezifizieren sind, die nach anerkannten, standardisierten Verfahren zu ermitteln sind.

Mit dem GUM liegt erstmals ein Leitfaden vor, der international von allen metrologischen Disziplinen anerkannt wurde und die Möglichkeit eröffnet, nach einer objektivierten Metode, zufällige und systematische Einflußgrößen in *einem* Genauigkeitsmaß zu berücksichtigen. Das weitgehend auf statistischen Theorien beruhende Verfahren wurde dort so aufgearbeitet, daß es auch für die Praxis zugänglich geworden ist. Sicherlich wird es noch hier und da bei der Einführung Diskussionen geben, ob die Voraussetzungen, die dem theoretischen Hintergrund - der Bayes-Statistik - genügen sollten, erfüllt sind. Ob Vernachlässigungen hierbei numerische Auswirkungen haben können sei dahingestellt. Der besondere Vorteil des im GUM dargestellten Berechnungsverfahrens zur Meßunsicherheit ist darin zu sehen, daß es sich mit internationalen Empfehlungen identifiziert und subjektiven Vorgehensweisen – mögen sie auch im Einzelfall theoretisch exakter sein – keinen Spielraum läßt. Die Genauigkeitsangabe ist somit für den Nutzer eindeutig interpretierbar. – Bezog sich der Geodät bisher bei seinen Genauigkeitsberechnungen vorrangig weitgehend nur auf Unsicherheiten, hervorgerufen durch zufällige Einflußgrößen, so sollte er zukünftig auch den zweiten Schritt vollziehen, nämlich die Berücksichtigung der Unsicherheiten von systematischen Einflußgrößen. Die quantitative Größe ist durch die Meßunsicherheit definiert, das Handwerkszeug zu ihrer Berechnung wird durch den GUM bereitgestellt.

6 Literatur

HEISTER, H. (2000): The Expression „Unvertainty of Measurement" in Geodetic Metrology. Proceedings (on CD): Mediterranean Surveyors in the new Millennium, FIG Seminar, Malta

HEISTER, H. (2000): Zur Überprüfung Geodätischer Instrumente. Schriftenreihe Studiengang Geodäsie und Geoinformation der UniBw München, Heft 60, Teil 1, S. 21 ff.

SCHMIDT, H. (1994): Meßunsicherheit und Vermessungstoleranz bei Ingenieurvermessungen. Veröffentlichungen des Geodätischen Instituts der RWTH Aachen, Nr. 51

SCHMIDT, H. (1997): Was ist Genauigkeit? Zum Einfluß systematischer Abweichungen auf Meß- und Ausgleichungsergebnisse. Vermessungswesen und Raumordnung (VR) 59

WEISE, KLAUS, WÖGER, WOLFGANG (1999): Meßunsicherheit und Meßdatenauswertung. Wiley-VCH, Weinheim

NORMEN:

DIN 1319 – TEIL 4(1999): *Grundbegriffe der Meßtechnik – Behandlung von Unsicherheiten bei der Auswertung von Messungen.*

DIN V ENV 13005(1999): *Leitfaden zur Angabe der Unsicherheit beim Messen.*

DIN 18710 – TEIL 1(1998): *Ingenieurvermessung – Allgemeine Anforderungen.*

DIN EN ISO 9000-1, ... , 4 ff. (1994): *Normen zum Qualitätsmanagement und zur Qualitätssicherung/ QM-Darlegung.*

DIN ISO 10012-1(1992): *Forderungen an die Qualitätssicherung für Meßmittel – Bestätigungssystem für Meßmittel.*

TECHNISCHE MONOGRAPHIEN:

DIN (1995): *Leitfaden zur Angabe der Unsicherheit beim Messen.* Beuth Verlag, Berlin

ISO (1995): *Guide to the Expression of Uncertainty in Measurement.* International Organization for Standardization, Genève

Systematische Einflüsse auf praktische Messungen mit dem Tachymeter und Digitalnivellier

Hilmar Ingensand
Institut für Geodäsie und Photogrammetrie
Eidgenössische Technische Hochschule
ETH Hönggerberg
CH – 8093 Zürich
Email: hilmar.ingensand@geod.baug.ethz.ch

1 Einleitung

Auch wenn die neuesten Entwicklungen von selbstzielenden Tachymetern und Digitalnivellieren die Arbeit der Geodäten erleichtern, so sind doch z.T. spezielle Vorsichtsmassnahmen und Besonderheiten zu berücksichtigen. Moderne roboterisierte Systeme auf der Basis von CCD- oder PSD- Technologien können zusätzliche Hardware- und Softwaresystematiken aufweisen.
Eine weitere Tatsache ist es, dass der direkte Zugang zu den originären Messdaten kaum noch gegeben ist, da die für den Benutzer verständlichen Daten bereits aus analogen elektrischen und digitalen Daten umgeformt wurden. Herstellerspezifische interne Sensorkorrekturen sind in ihrem funktionalen Ansatz ebenso nicht zugänglich. Daher müssen heutzutage Laboruntersuchungen als Blackboxtest aufgefasst werden. Der vorliegende Artikel soll daher neue Problematiken, wie sie mit motorisierten selbstzielenden Tachymetern und Digitalnivellieren auftreten können, vorstellen.

2 Besonderheiten bei der Messung mit motorisierten Tachymetern

2.1 Evolution der Distanzmessung

Die Distanzmessung heutiger Tachymeter erfolgt in den meisten Fällen mit kombinierten Modulationsformen der Trägerfrequenzen im Infrarot- oder sichtbaren Bereich. Die Vorstellung eines sequentiellen Ablaufs von Grob- und Feindistanzmessung, sowie die digitale Phasenmessung mit Referenzimpulsen muss im Zeitalter schneller Digitalbausteine als historisch betrachtet werden.

Ebenso ist eine Charakterisierung nach Laufzeit und Phasenmesserprinzip nur noch bedingt möglich, diese Distanzmessergeneration zwischen beiden Verfahren optimiert. Zyklische Phasenfehler sind nur noch schwer nachzuweisen, da die Hersteller diese und andere spezifische Fehler, wie z.B. die Temperaturabhängigkeit von Quarzen, softwaremässig korrigieren. Trotzdem zeigen Untersuchungen auf Kalibriereinrichtungen, wie interferometer-kontrollierte Messbahnen weiterhin eindeutige systematische Effekte (s. Abb. 6). Ebenso lassen sich temperaturbedingte Einlaufeffekte nachweisen (s. Abb. 1 und 2).

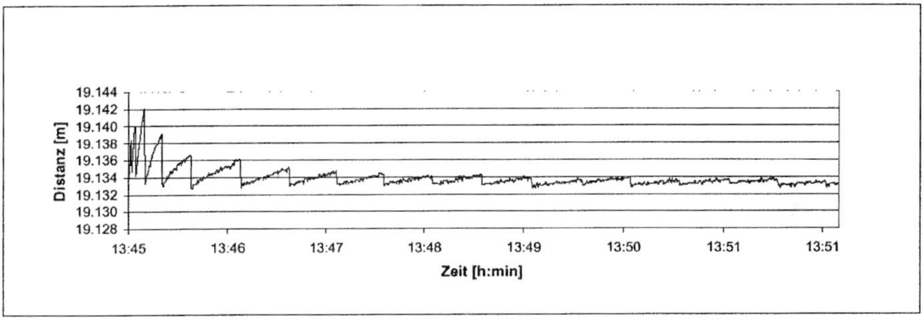

Abb.1: Einlaufeffekte eines EDM's Leica TCA 1800 [Holenstein, 1999]

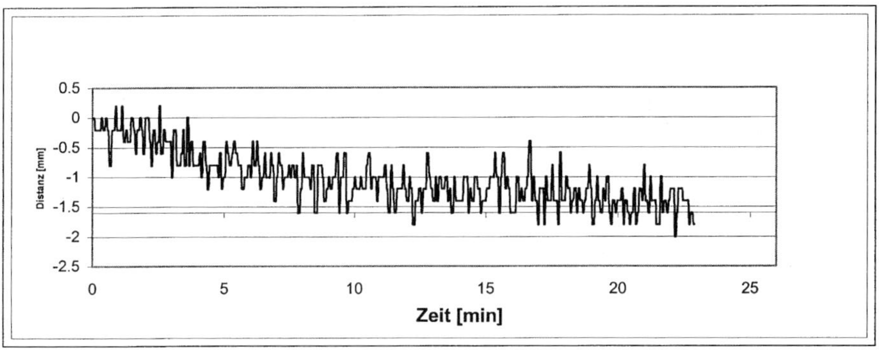

Abb.: 2 Einlaufeffekte Topcon AP-L1A [Christen, 1999]

Bei Distanzmessern ist zusätzlich zu berücksichtigen, dass viele Abweichungen zudem vom Signal-Rauschverhältnis abhängig sein können.

2.2 Systematische Effekte bei Reflektoren

Neben den Standardreflektoren werden Spezialreflektoren in der Form von aktiven bzw. passiven 360°-Prismen oder in der industriellen Messtechnik Minireflektoren zusammen mit Taylor&Hobson-Kugelzentrierung eingesetzt. Grundsätzlich sollte jedoch darauf geachtet werden, dass nur die vom Hersteller freigegebenen Reflektoren benutzt werden. Die nachfolgende Abbildung zeigt in einer Seitenansicht die möglichen Strahlengänge eines Reflektors.

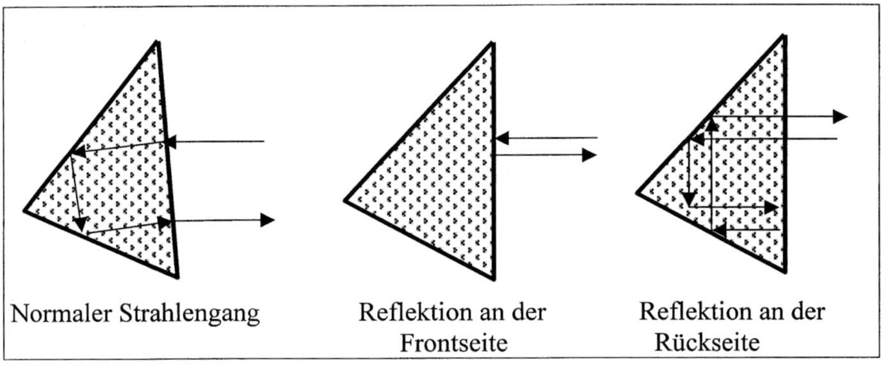

Abb. 3: Reflektionsformen

Insbesondere Reflektionen an Oberfläche (Front- oder Rückseite) sowie Überlagerungen mehrerer Reflektionsformen können zu systematischen Fehlern im Zentimeter-Bereich führen. Die Hersteller versuchen diese Fehler dadurch zu eliminieren, dass die Reflektoren bewusst aus der Normalen ausgerichtet und die Glasoberflächen mit speziellen Antireflexbeschichtungen versehen werden. In der EDM-Software werden Mehrfachreflektionen bis hin zum sogenannten "Boomerang-Effekt", bei dem es zu Mehrfachreflektionen zwischen Reflektor und Tachymeterobjektiv kommt, analysiert und die Messung mit einer Fehlermeldung abgebrochen.

Für kinematische Messungen mit selbstzielenden trackingfähigen Tachymetern werden vorzugsweise 360°-Reflektoren eingesetzt, die aus mehreren Einzelprismen zusammengesetzt sind (s. Abb. 4).

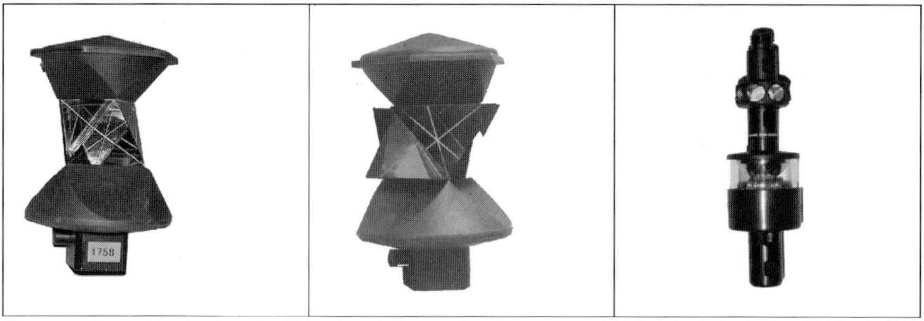

Abb. 4: 360°-Reflektoren, Leica GRZ4 Standard und modifiziert, RMT-Reflektor (Trimble)

Untersuchungen an der ETH (Favre et al. [1999]) zeigen jedoch, dass es als Funktion der Ausrichtung durch Überlagerungen benachbarter Reflektorsignale zu systematischen Richtungs- und Distanzabweichungen kommt.

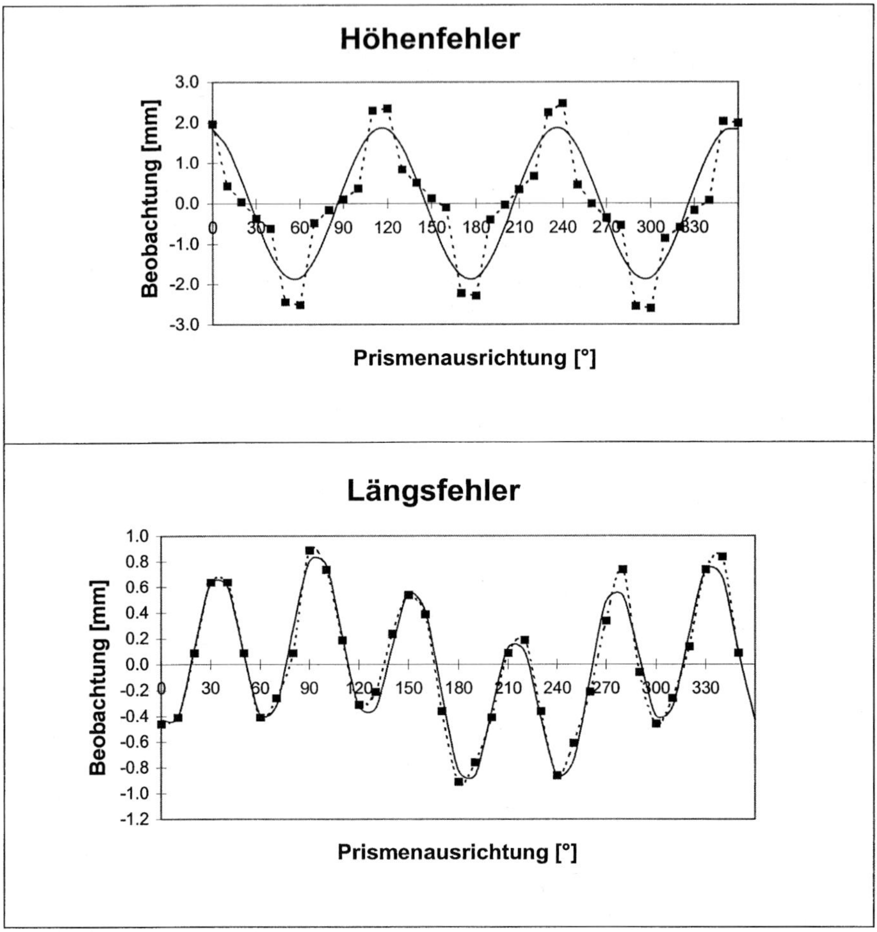

Abb. 5: Systematische azimutale Fehler bei 360°-Reflektoren (Leica GRZ4)

Obwohl diese Systematiken bei Leica durch eine modifizierte Konstruktion (GRZ4 mod) auf ein Drittel reduziert wurde, ist bei Präzisionsmessungen auf diese Prismenbauform zu verzichten. Prismenkränze, wie sie von Topcon und Trimble (vormals Geotronics) eingesetzt werden, können zu ähnlichen systematischen Effekten führen. Auch die Verwendung von Minireflektoren der industriellen Messtechnik kann, insbesondere im Nahbereich, zu systematischen Abweichungen führen, da der Sender nur unvollständig auf dem Empfänger abgebildet wird. Bei einem untersuchten Leica TDA5005 tritt dieses Phänomen bis zu einer Distanz von 12 m auf. Der Hersteller empfiehlt in diesem Fall spezielle Vorsatzkeile.

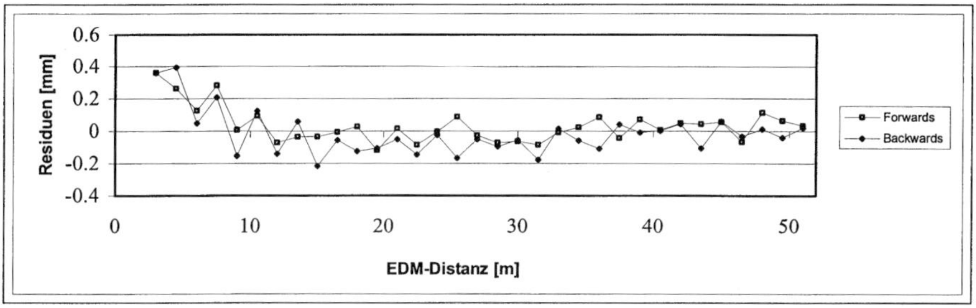

Abb. 6: Systematische Abweichungen (Leica TDA 5005 mit Minireflektor)

2.3 Besonderheiten bei Messungen mit trackingfähigen motorisierten Tachymetern

Auch zur dieser Thematik gibt es inzwischen eine Vielzahl von Untersuchungen (s. Literaturverzeichnis). Im Folgenden sollen daher zwei weitere Aspekte aufgezeigt werden:

- Angabe der Genauigkeit der automatisierten Richtungsmessung als Funktion der Distanz
- Wechselwirkungen zwischen Stativ und motorisierten Tachymetern.

2.3.1 Die Genauigkeit der automatischen Richtungsmessung

In vielen Präanalysen wird mangels anderer Angaben oftmals die Laborgenauigkeit der Richtungsmessung angenommen, die im Wesentlichen die Encodergenauigkeit wiedergibt. Für tatsächliche Genauigkeit der ATR-Messungen ist eine Funktionalität von Distanz und Turbulenz zu erwarten, die zudem von systematischen Effekten wie Driften der elektronischen Ziellinie, Refraktion, Einsinken der Stative etc. überlagert wird. Untersuchungen an der ETH lassen bei moderaten Turbulenzen eine Distanzabhängigkeit erkennen, aus der eine Genauigkeitsangabe analog zu EDM Angaben abgeleitet werden kann.

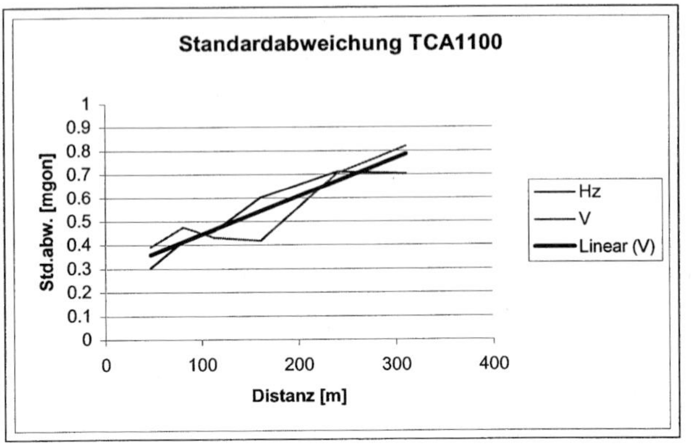

Abb.7: Empirische Standardabweichung als Funktion der Distanz (Waldvogel et al. [2001])

In die Messwerte wurden Regressionsgeraden gelegt, um die nachfolgenden Funktionen zu ermitteln. Es handelt sich dabei um lineare Abschätzungsformeln, analog zur Distanzgenauigkeit in "mm + mm/km".
Aus den vorliegenden Versuchen kann man folgende Genauigkeitsangabe ableiten:

TCA1100: Hz 0.3 mgon + 1.3 mgon/km
V 0.3 mgon + 1.3 mgon/km

2.3.2 Stativstabilität, Stativschwingungen und Einflüsse auf elektronische Neigungsmesser

Der Stabilität und damit der Wahl von Stativen schenkt man im Zeitalter motorisierter Systeme, die oftmals mit Reibungskupplungen ausgerüstet sind, zu wenig Beachtung. Insbesondere bei motorisierten Tachymetern wird der Gesamtaufbau, zusammen mit den eingebauten Neigungssensoren, durch Beschleunigungs- und Bremsvorgänge der Motoren zu Einschwingvorgängen angeregt. Da es sich bei den vorgenannten Systemen um gedämpfte Systeme handelt, klingen diese Schwingungen normalerweise aperiodisch ab. Die Auswirkungen bei automatisierten Richtungsmessungen sind mindestens eine Erhöhung der Standardabweichung, wenn bereits während des abklingenden Schwingungsvorgangs gemessen wird.

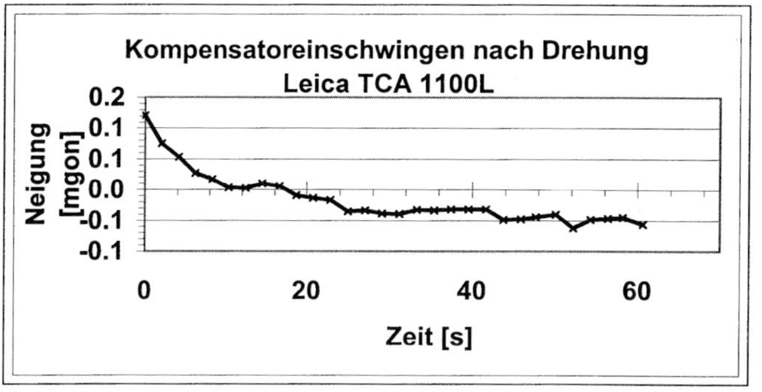

Abb. 8: Einschwingverhalten eines Flüssigkeitshorizontes nach einer Drehung

Zusätzlich zu berücksichtigen ist, dass in einigen Tachymetern der elektronische Neigungssensor exzentrisch zur vertikalen Rotationsachse eingebaut ist. Diese Einschwingvorgänge werden zudem durch die unterschiedliche Schwingungscharakteristik der jeweiligen Stativbauformen beeinflusst. Kritisch wird es vor allem dann, wenn es zu Kreuzkopplungseffekten kommt, bei denen zwei Schwingungssysteme miteinander gekoppelt sind. Dabei kann es sogar zu einer Veränderung der Gleichgewichtsposition eines Pendels oder einer Flüssigkeit kommen (Wetzig [1976]).

Für die Beurteilung von Stativen sind die effektiven Torsionsschwingungen und Bewegungen des Stativkopfes zu beachten. Die vertikalen Torsionsschwingungen des Stativkopfes werden im Wesentlichen durch Transversalschwingungen der Stativbeine - senkrecht zur flachen Seite - hervorgerufen. Schwingungstheoretisch ist ein Stativbein als ein beidseitig eingespannter Stab zu betrachten. Zu einer ersten Beurteilung wurde an der ETH ein Versuchsaufbau mit optischer Abtastung gewählt, da mit dieser Anordnung, abgesehen von der Befestigung eines Autokollimationsspiegels, keine massebeeinflussende Veränderung des regulären Messsaufbaus erfolgt.

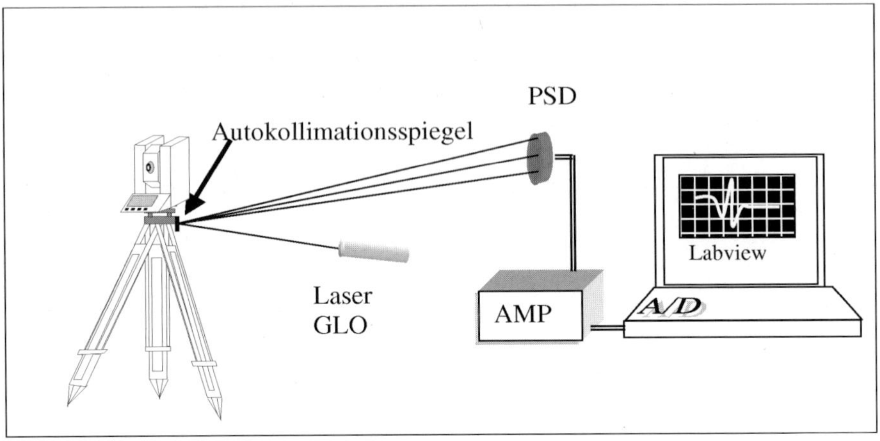

Abb. 9 : ETH-Versuchsanordnung zur Bestimmung von Stativbewegungen

2.3.2.1 Eigenfrequenzen von Stativen

Die Eigenfrequenzen von Stativen sind im Wesentlichen abhängig von der Stativbauform und der Beinlänge. Ein wesentlicher Parameter ist die Dämpfung, wobei Holz aufgrund seiner Faserstruktur eine höhere Eigendämpfung aufweist als Leichtmetall. Ebenso spielt die Reibungsdämpfung der Stativgelenke sowie das Eindringen der Stativspitzen in den Boden eine entscheidende Rolle. Die nachfolgenden Graphen zeigen die Ergebnisse der Untersuchungen, wobei jeweils ein Stativbein durch einen gezielten Impuls (Diracstoss) zu Schwingungen angeregt wurde.

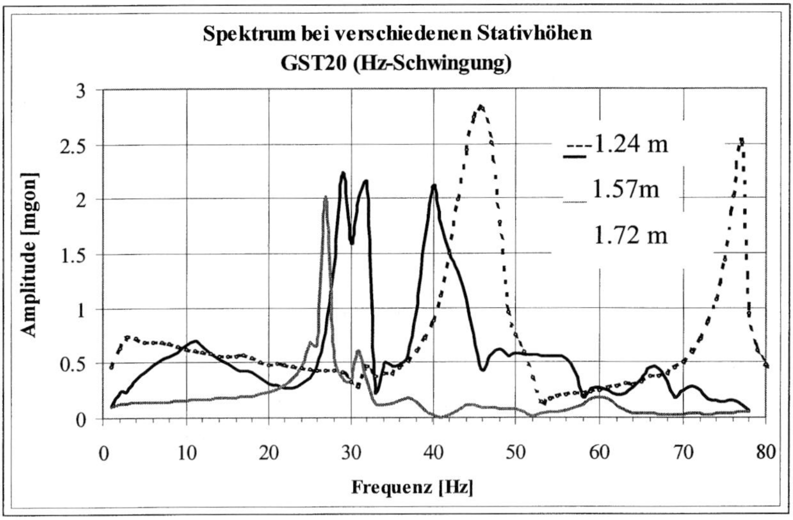

Abb. 10: Spektren bei verschiedenen Stativhöhen (Hz)

Erwartungsgemäss erhöhte sich die Hauptfrequenz bei kürzeren Beinlängen. Dabei zeigten sich bei einer Höhe von 1.24 m und 1.57 m neben dem Hauptmaximum weitere Nebenmaxima, die darin begründet sind, dass der verschiebbare Teil des Beins, oberhalb der Klemme, nicht an den Stativstreben anliegt, sondern frei schwingen kann. Eine versuchsweise weitere Fixierung dieses frei schwingenden Teils eliminierte die Schwingungen, wie auch bei einer Stativhöhe von 1.72 m diese höheren Frequenzen nicht mehr vorhanden waren. Noch genauer ist zu untersuchen, ob es durch leicht differierende Eigenfrequenzen der drei Stativbeine, z.B. aufgrund von unterschiedlichen Beinlängen, zu Schwebungsfrequenzen kommen kann.

2.3.2.2 Erzwungene Schwingungen

Neben den Eigenfrequenzen ist es ebenso relevant, die durch die Motorisierung erzwungenen Schwingungen zu untersuchen. Bei allen drei Stativlängen war es auffallend, dass es durch den Vertikalmotor des Leica TCA 1800 zu einer charakteristischen Frequenzanregung in Vertikalrichtung von 35 Hz kam, bei den Horizontalbewegungen jedoch unterschiedliche Frequenzen zwischen 20 und 40 Hz auftraten.

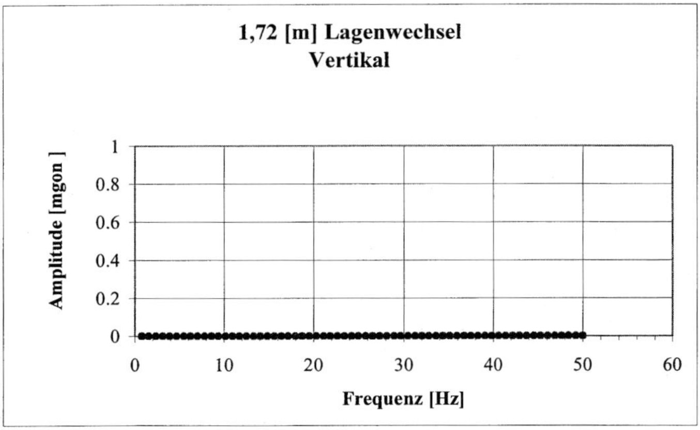

Abb.11 : Frequenzanregung bei Lagenwechsel in Vertikalrichtung

2.3.2.3 Systematische Stativverdrehungen

Ebenso wurde untersucht, inwieweit die Reibungskupplungen der Tachymeter zu systematischen Stativverdrehungen führen.

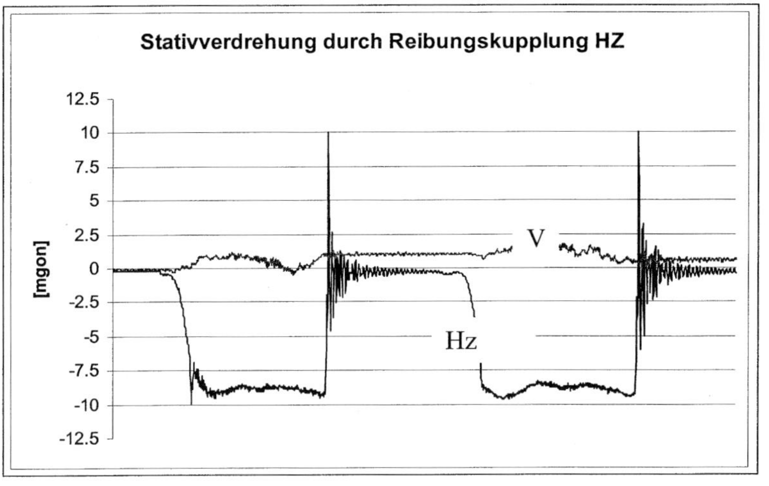

Abb. 12: Systematische Auswirkungen der Reibungskupplung auf die Orientierung bei einer alternierenden Drehung

Die vorliegenden Ergebnisse zeigen, dass sich das Stativ nach einer Rechts- bzw. Linksdrehung mit einer Differenz von ca. 4 mgon stabilisiert. Daraus ist zu schliessen, dass manuelle Richtungsmessungen über Reibungskupplungen nicht zu empfehlen sind. Auch bei motorisierten automatischen Richtungsmessungen kann es beim Lagenwechsel zu systematischen Verdrehungseffekten kommen.

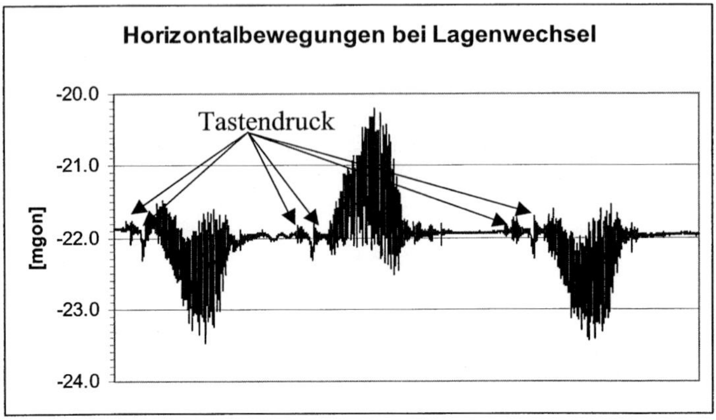

Abb. 13: Motorisierter Lagenwechsel

Aus den Untersuchungen lässt sich eine, wenn auch geringe Variation von ca. 0.1 mgon ableiten. Auffallend sind aber wiederum die deutlichen Schwingungen während des Motorlaufs.

Alle Stativuntersuchungen haben gezeigt, dass auf diesem Gebiet weitere eingehendere Arbeiten notwendig sind, die zu Empfehlungen bei verschiedenen Messgenauigkeiten führen sollten. Bereits aus diesen Untersuchungen konnte festgestellt werden, dass es durchaus kritisch sein kann, für Präzisionsmessungen mit motorisierten Systemen Standardstative zu verwenden. Bereits eine Umrüstung mit Doppelklemmen kann zu einer Stabilitätserhöhung führen.

3 Systematische Effekte bei Digitalnivellieren

Neben den bekannten Problemen der Lattenschiefstellung durch exzentrische Bandlage, Überlagerung des Codebilds und der Codefrequenz bei bestimmten Distanzen (Leica) sind die weiteren spezifische Effekte in einer Vielzahl von Publikationen (s. Literaturverzeichnis) beschrieben worden.
An der ETH sind in den letzten zwei Jahren im Auftrag von AlpTransit gezielte Untersuchungen zur Messung in Tunneln bei Spotstrahlerbeleuchtung mit dem Zeiss DiNi Digitalnivellier gemacht worden, da es Zweifel an der Aussagekraft

der Deformationsmessungen gab. Bei der Untersuchung der Lattenendablesung bei 2-m-Latten sind bisher wenig bekannte Effekte festgestellt worden, die im Wesentlichen darauf zurückzuführen sind, dass jegliche asymmetrische Codeabbildung bei gleichzeitig minimaler Codeinformation (+/-15 cm) beim Zeiss Digitalnivellierverfahren zu systematischen Abweichungen führen kann. In der Bedienungsanleitung wird darauf hingewiesen, dass der Lattenendbereich ab 2.85 m bzw. 1.85 m bei Präzisionsmessungen nicht benutzt werden sollte. Bei Präzisionsinvarlatten wird jedoch der obere Teil der Latte zusätzlich auf einer Länge von 5 cm durch die Lattenkappe abgedeckt, so dass konsequenterweise bereits der Bereich ab 1.80 m bzw. 2.80 m ausgeschlossen werden sollte. Im Zusammenhang mit diesen Untersuchungen wurde gleichzeitig ein erheblicher Einfluss von der Ausrichtung bzw. der Homogenität der Spotstrahler festgestellt. Die bisherige Verwendung von inhomogenen Beleuchtungen kann zu systematischen Verfälschungen führen, wenn keine radiometrische Korrektur in der Bildverarbeitungssoftware eines Digitalnivelliers vorgenommen wird.

Die nachfolgenden Untersuchungsergebnisse sind mit einer Versuchsanordnung festgestellt worden, bei der alternierend ein homogen-ausgeleuchtetes ungestörtes Lattenbild mit einem Lattenendbereich unter verschiedenen Beleuchtungen verglichen wurde. Zusätzlich wurde das Digitalnivellier auf in Vertikalrichtung in 5-cm-Intervallen bis zum Lattenende verschoben. Dabei zeigte es sich, dass es zu systematischen Abweichungen bis zu 0.15 mm kommen kann, die bei einem Liniennivellement insbesondere dann akkumulieren, wenn die Nivellementsstrecke konstant geneigt ist und mit einer streng symmetrischen Anordnung gemessen wird.

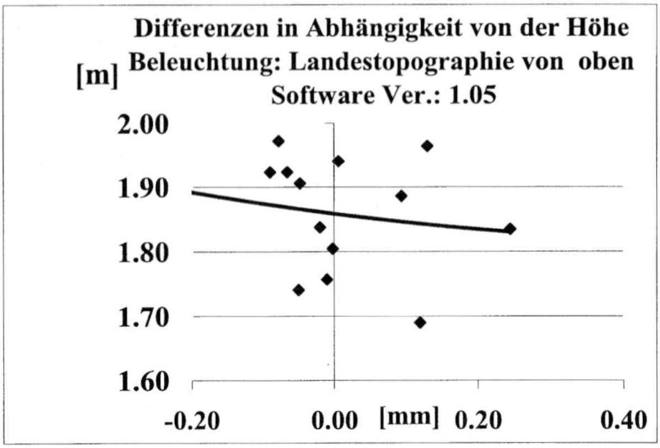

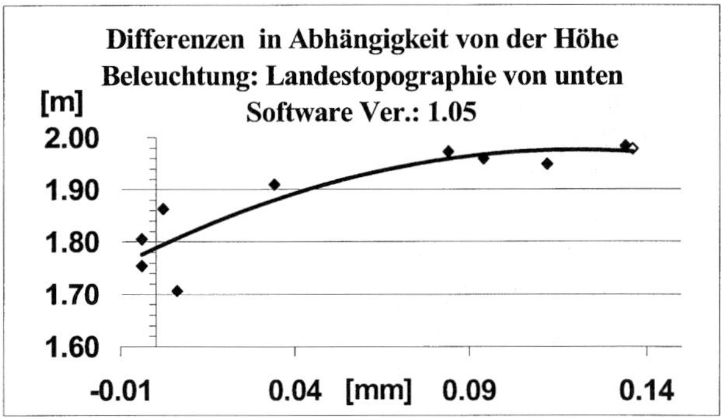

Abb. 14: Systematische Abweichungen am Lattenende als Funktion der Lattenbeleuchtung und der Höhe aus Ingensand [2001]

Die vorliegenden Ergebnisse, die inzwischen auch an von UNIBW, TU Graz und dem Bundesamt für Landestopographie bestätigt wurden und auch für nachfolgende Softwareversionen gelten, lassen den Schluss zu, dass die radiometrische Korrektur beim Zeiss DiNi-Verfahren, sofern sie überhaupt implementiert ist, noch optimiert werden könnte. Ebenso wäre zu wünschen, dass der Benutzer auf ein asymmetrisches Lattenbild, welches das Messergebnis verfälschen kann, hingewiesen wird. Laut Aussagen der Firma Trimble (Zeiss), sind diese Softwareverbesserungen in Arbeit.

4 Schlussbemerkung

Auch wenn das Vertrauen zu modernen terrestrischen Messverfahren und Instrumenten aufgrund der Qualität und Zuverlässigkeit der Instrumente gewachsen ist, so dürfen doch neue, zusätzliche Effekte wie sie durch weitere Automatisierung und Motorisierung festgestellt werden, nicht ausser Acht gelassen werden. In diesem Artikel wurden daher einige, bisher weniger untersuchte Effekte aufgezeigt, die in weiteren Untersuchungen erhärtet werden sollten. Insbesondere die Wechselwirkungen zwischen Stativen und den ebenso schwingungsanfälligen Komponenten wie Kompensatoren bzw. elektronischen Neigungsmessern sollte bei Präzisionsmessungen mehr Beachtung geschenkt werden. Ebenso sollte der Vorschlag einer entfernungsabhängigen Richtungsgenauigkeit an dieser Stelle zur Diskussion gestellt werden. Auch bei den bisher eingehend untersuchten digitalen Nivelliertechniken finden sich immer noch Systematiken und Entwicklungsmöglichkeiten.

5 Literatur

Christen, A. [1999]	Labortechnische Voraussetzungen zur Bestimmung von Leistungsmerkmalen trackender Tachymeter Interner Bericht Vertiefungsblockarbeit WS 98/99, IGP/ETHZ (unveröffentlicht).
Favre, C. Hennes, M. [2000]	Zum Einfluss der geometrischen Ausrichtung von 360°-Reflektoren bei Messungen mit automatischer Zielerfassung. Vermessung, Photogrammetrie, Kulturtechnik 2/2000 , S. 72 – 78.
Gottwald, R. Müller, I. Obrist, M. [1998]	Leica TDA 5000 – Distanzmessung und automatische Zielerfassung im Nahbereich. AVN 2/1998 , S. 50 – 57.
Heister, H. [1995]	Zur Überprüfung von Präzisionsnivellierlatten mit digitalem Code. Festschrift Dorrer, Schriftenreihe der Universität der Bundeswehr , Heft 46, München 1994, S. 95 - 101.
Hennes, M. [1999]	Grundlegende Aspekte zur Bestimmung der Leistungsfähigkeit von Robottachymetern. AVN 106, S. 374 - 385.
Hollenstein, C. [1999]	Leistungsmerkmale der trackenden Tachymeter der TPS1000 Serie am Beispiel des TCA 1800. Vertiefungsblockarbeit WS 98/99, IGP/ETHZ (unveröffentlicht).
Ingensand, H. Boeckem, B. [1997]	Automatic Location and Pointing Techniques in Local Positioning Systems. 4th Conference on Optical 3-D Measurement Techniques, Zürich 1997.
Ingensand, H. Meissl, A. [1995]	Digital Levels on the Way to 3D-Measurement. Proceedings of 3rd Conference on Optical 3-D Measurement Techniques, Wien 1995, Wichmann-Verlag S. 139 – 148.
Ingensand,H. [2001]	AlpTransit. Bericht zur Untersuchung und Verwendung von Digitalnivellieren Zeiss-DiNi für Präzisionsmessungen in Stollen. Zürich 2001.
Meier-Hirmer, B. und R. [1997]	Untersuchungen zur intrinsischen Genauigkeit der Digitalnivelliere NA 2000 / NA 3003 und DiNi 20 / DiNi 10. VR 59/5+6 (August 1997), S. 286 – 295.

Resnik, B. [1996]	Die Berücksichtigung von Lattenschiefstellungen beim Nivellement VR 58/8 (Dezember 1996), S. 428 – 435.
Rüeger, J. M. Brunner, F. K. [2000]	On System Calibration and Type Testing of Digital Levels. ZfV, 125. Jahrgang, 4/2000, S. 120 – 130.
Schauerte, W. [1995]	Auswirkungen spezieller Fehlereinflüsse auf NA-3000-Messungen. BDVI-FORUM 1/1995 , S. 17 – 28.
Staiger, R. (1998)	Zur Überprüfung moderner Vermessungsinstrumente. Allgemeine Vermessungsnachrichten, 11 - 12/1998 , S. 365 – 372.
Stempfhuber, W. Schnädelbach, K. Maurer, W. [2000]	Genaue Positionierung von bewegten Objekten mit zielverfolgenden Tachymetern. Ingenieurvermessung 2000, XIII. International Course on Engineering Surveying, München, 13.-17.3.2000 in: Schnädelbach, K.; Schilcher, M. (Hrsg.): Ingenieurvermessung 2000, Wittwer Verlag, Stuttgart, S. 144 – 154.
Troller, M. [1999]	Szintillometrische Refraktionsbeobachtung. Diplomarbeit IGP ETHZ, 1999. www.geometh.ethz.ch.
Waldvogel, C. Dobler, M. [2001]	Untersuchungen zu ATR-Messungen mit einem TCA1100 und TCA180. Semesterarbeit SS2001 IGP ETHZ, unveröffentlicht.
Wetzig,V.[1976]	Vergleichende Vibrationsuntersuchungen an Elektrolyt-Libellen und Quecksilberschaltern. Deutsche Luft- und Raumfahrt. Forschungsbericht 67-76, Braunschweig 1976.

Die Bestimmung von Messunsicherheiten an praktischen Beispielen

Martin Lang
Institut für Geodäsie
Universität der Bundeswehr München
Werner-Heisenberg Weg 39
D-85579 Neubiberg
E-Mail: Martin.Lang@unibw-muenchen.de

1 Einleitung

Zwei Entwicklungen der jüngeren Zeit haben dazu geführt, dass die im Bereich der Geodäsie gebräuchlichen Genauigkeitsmaße überdacht werden sollten.
Zum einen hat die Weiterentwicklung der geodätischen Instrumente und die Entwicklung komplexer Meßverfahren dazu geführt, dass die systematischen Einflüsse auf das Ergebnis des Meßprozesses stark an Bedeutung gewonnen haben. Ein Genauigkeitsmaß, das wie die empirische Standardabweichung *zufällig* streuende Werte implizit voraussetzt, wird daher in solchen Fällen kaum eine zuverlässige Genauigkeitsaussage liefern. Zum anderen macht die zunehmende internationale Verflechtung aller Disziplinen der Metrologie eine einheitliche, allgemein akzeptierte und nach festgelegten Regeln abgeleitete Genauigkeitsangabe erforderlich.
Das Konzept der *Meßunsicherheit* und deren Bestimmung ist nach langer Diskussion zu Beginn der neunziger Jahre im *Guide to the Expression of Uncertainty in Measurement* (GUM, 1993) niedergelegt worden. Mittlerweile hat der GUM Eingang in viele internationale und nationale Richtlinien der verschiedensten Fachdisziplinen (z. B. DIN V ENV 13005(1999), EURACHEM (2001)) gefunden. Im folgenden wird die Ermittlung der Meßunsicherheit zunächst schematisch dargestellt und anschließend anhand praktischer Beispiele vertieft.

2 Auswerteschema

Die Auswertung von Meßdaten läßt sich nach DIN 1319-3 in vier Schritte gliedern:

1. Aufstellung des Auswertemodells
2. Aufbereitung der Eingangsdaten
3. Berechnung des Meßergebnisses und der zugehörigen Meßunsicherheit
4. Angabe des *vollständigen* Meßergebnisses, d. h. dem Schätzwert für die Meßgröße und die zugehörige Meßunsicherheit

Der erste Schritt beinhaltet die Aufstellung eines Modells, mit dem der Zusammenhang zwischen der Meßgröße Y und den Eingangsgrößen X_i funktional beschrieben wird:

$$Y = \mathrm{f}(X_1, X_2, \ldots X_n).$$

Dabei ist zu beachten, dass auch alle Einflußgrößen, dies sind Größen, die nicht Gegenstand der Messung sind, aber die Meßgröße oder den Ausgabewert eines Meßgerätes beeinflussen (z. B. Temperatur und Luftdruck bei der elektrooptischen Streckenmessung) erfaßt werden. Die Einflußgrößen lassen sich in 10 Gruppen (SCHALLER, 1999) einteilen. Ein Blick auf diese Einteilung zeigt, dass eine exakte Berücksichtigung der Einflüsse dieser Größen nicht immer möglich sein wird, zählen z. B. auch der Ausführende der Messungen oder der Prüfgegenstand selbst zu den Einflußgrößen.
Der zweite Schritt dient der Vorbereitung der Meßwerte und anderer verfügbarer Daten, die zur Ermittlung des vollständigen Meßergebnisses von Relevanz sind. Dazu zählen (tabellarische) Aufstellungen der Messwerte und daraus ermittelte Standardunsicherheiten, Angaben über die Quellen denen Standardunsicherheiten von nicht gemessenen Größen entnommen wurden (z. B. Herstellerangaben, Kalibrierschein o. ä.) und Einschätzungen über die Variationsbreiten von bekannten und unbekannten systematischen Meßabweichungen.
Zur Ermittlung der Meßunsicherheit werden im GUM zwei Möglichkeiten vorgegeben:

Typ A: Ermittlung der Standardunsicherheit durch statistische Analyse einer Beobachtungsreihe

Typ B: Ermittlung der Standardunsicherheit auf andere Weise (als durch statistische Analyse einer Beobachtungsreihe)

Die Typ A Methode mit der Berechnung von Schätzwerten, empirischen Standardabweichungen und Freiheitsgraden sowie die Berücksichtigung von Korrelationen der Beobachtungen ist hinreichend bekannt und bedarf keiner weiteren Erläuterung.
Bei der Typ B Methode werden, nachdem keine empirische Standardabweichung ermittelt werden kann, Näherungen für diese Werte aus allen verfügbaren Informationen bestimmt. Diese können z. B. Herstellerangaben, Daten aus Kalibrierscheinen oder früheren Messungen, aber auch Erfahrungen über das Verhalten der Meßgeräte sein. In vielen Fällen kann eine obere Grenze a_o und eine untere Grenze a_u festgelegt werden zwischen denen sich die Werte für eine Eingangsgröße bewegen. Daraus lassen sich mit Hilfe der entsprechenden Wahrscheinlichkeitsverteilungen die Standardunsicherheiten für die Eingangsgröße bestimmen. Ist z. B. die Größe X die Differenz der Größen X_1 und X_2, deren oberen und unteren Grenzen bekannt sind , so kann der Schätzwert x für die Größe X zu

$$x = E(X) = E(X_1) - E(X_2) = \frac{a_{1o} + a_{1u}}{2} - \frac{a_{2o} + a_{2u}}{2} \qquad (1)$$

und die Standardunsicherheit zu

$$u(x) = \left(\frac{(\Delta a_1)^2}{3} + \frac{(\Delta a_2)^2}{3} \right)^{\frac{1}{2}} \qquad \text{mit } \Delta a_i = a_{oi} - a_{ui} \qquad (2)$$

ermittelt werden.
Im dritten Schritt wird das Meßunsicherheitsbudget aufgestellt. Dazu werden zunächst die von den einzelnen Eingangsgrößen herrührenden Unsicherheitsbeträge $u_i(y) = c_i \cdot u(x_i)$ berechnet, wozu die Sensitivitätskoeffizienten c_i als partielle Ableitungen der Modellfunktion an der Stelle der Erwartungswerte zu bestimmen sind. Die Standardunsicherheit $u(y)$ für die Meßgröße Y ist dann die Quadratwurzel der quadratischen Summe aller Unsicherheitsbeträge

$$u(y) = \sqrt{\sum_{i,j=1}^{n} u_i(y) \cdot r(x_i, x_j) \cdot u_j(y)} \qquad (3)$$

Im Regelfall können die Eingangsgrößen als unkorreliert angenommen werden, so dass (3) in die vielfach zitierte Form

$$u(y) = \sqrt{u_1^2(y) + u_2^2(y) + \ldots + u_n^2(y)} \qquad (4)$$

umgeschrieben werden kann.

Bevor das vollständige Meßergebnis angegeben werden kann ist noch der effektive Freiheitsgrad für den Schätzwert y der Ergebnisgröße zu berechnen. Ohne den theoretischen Hintergrund auszuleuchten kann dazu die WELCH-SATTERTHWAITE-Formel

$$\nu_{eff} = \frac{u^4(y)}{\sum_{i=1}^{n} \frac{u_i^4(y)}{\nu_i}} \qquad (5)$$

verwendet werden. Während die Bestimmung des individuellen Freiheitsgrades ν_i für „Typ A Größen" unproblematisch ist, ist die Ermittlung bzw. Festlegung eines zutreffenden Freiheitsgrades bei der Typ B Methode nur hypothetisch möglich. Mittels der relativen Standardunsicherheit $\Delta\, u_i(y)/u_i(y)$ ist die Bestimmung eines Freiheitsgrades für „Typ B Größen" zu

$$\nu_i \approx \frac{1}{2} \cdot \left(\frac{\Delta u(x_i)}{u(x_i)} \right)^{-2} \qquad (6)$$

möglich.

Es empfiehlt sich das Messunsicherheitsbudget in tabellarischer Form zu erstellen (Tab. 1) und in der Tabelle für jede Größe deren Wert, die beigeordnete Standardunsicherheit, den Freiheitsgrad, den Sensitivitätskoeffizienten und den Unsicherheitsbeitrag anzugeben. Sofern die Form der Wahrscheinlichkeitsverteilung und die Ermittlungsart (A oder B) für die Standardunsicherheit nicht bereits im zweiten Schritt dokumentiert wurde, kann die Tabelle um eben solche Spalten erweitert werden.

Größe	Wert	Standardunsicherheit	Freiheitsgrad	Ermittlungstyp	Verteilung	Sensitivitätskoeffizient	Unsicherheitsbeitrag
X_1	x_1	$u(x_1)$	v_1	A	normal	c_1	$u_1(y)$
:	:	:	:	:	:	:	:
X_n	x_n	$u(x_n)$	v_n	B	Rechteck	c_n	$u_n(y)$
Y	y	$u(y)$	v_{eff}				

Tab. 1: Schematische Darstellung des Meßunsicherheitsbudgets

In Analogie zu vielen Bereichen der Metrologie schlägt der GUM vor, die Unsicherheit als einen erweiterten Bereich um das Meßergebnis anzugeben. Dazu wird die nach (4) ermittelte Meßunsicherheit mit einem Faktor k multipliziert. Das Resultat

$$U = k \cdot u(y)$$

wird als erweiterte Meßunsicherheit bezeichnet. Der zur Erweiterung benutzte Faktor k wird entweder zu $k = 2$ angenommen, was in der Regel einer Wahrscheinlichkeit von ca. 95% entspricht oder der Erweiterungsfaktor wird unter Zugrundelegung einer Wahrscheinlichkeit von 95% und dem effektiven Freiheitsgrad für die Standardunsicherheit nach (5) aus einer Student t-Verteilung ermittelt. Nach den Definitionen der Statistik sind die erweiterte Meßunsicherheit U und der Vertrauensbereich dann und nur dann identisch, wenn alle Komponenten der Meßunsicherheit nach der Typ A Methode bestimmt worden sind. Zur Verdeutlichung des Unterschiedes wird die zu U gehörige Wahrscheinlichkeit p als Überdeckungswahrscheinlichkeit oder Grad des Vertrauens des Überdeckungsbereichs bezeichnet.
Zur Angabe des *vollständigen* Meßergebnisses gehört neben dem Meßergebnis und der erweiterten Meßunsicherheit auch der Erweiterungsfaktor k und der damit einhergehende Grad des Vertrauens.

3 Beispiele

Die nachfolgenden Beispiele sind bewusst einfach gehalten, um die Ableitung der Messunsicherheiten transparenter zu halten.

3.1 Längenmessung

Zur Ermittlung der Körpergröße werden im medizinischen Bereich oft einfache Maßstäbe, die an der Wand montiert sind, verwendet. Die Person, deren Körpergröße ermittelt werden soll, stellt sich rücklings vor diesen Maßstab und mit einem Schiebers der entlang des Maßstabs bewegt werden kann, wird dann die Ablesung ermittelt (Abb. 1).

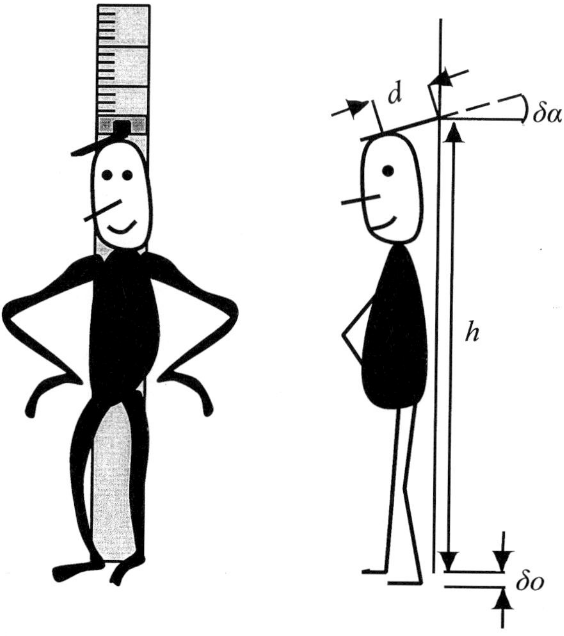

Abb. 1: Schematische Meßanordnung Längenmessung

Als Unsicherheitsquellen kommen hier zunächst die Abweichung des Maßstabes δm von einem Normal, ein Offset δo zwischen dem Nullpunkt des Maßstabs und der Standfläche der zu messenden Person, die Nichtrechtwinkligkeit $\delta\alpha$ des

Schiebers zum Maßstab, der Abstand d des Auflagepunktes des Schiebers vom Maßstab und die Ablesung h am Maßstab selbst in Frage. Nicht erkannte systematische Abweichungen wie z. B. ortsabhängige Teilungsfehler des Maßstabes werden im Term U_v zusammengefaßt. Einen weiteren Unsicherheitseinfluß U_p stellt die zu vermessende Person selbst dar. Es gibt vielerlei Verhaltensweisen, die die Ablesung für die Größe h verfälschen können: „krumm“ vor dem Maßstab stehen, den Kopf nach oben strecken oder mit den Fersen nicht die Wand mit dem Maßstab berühren um nur einige zu nennen. Das resultierende mathematische Modell lautet somit

$$l = h \cdot (1 + \delta m) + \delta o - d \cdot \sin\delta\alpha + U_v + U_p \tag{7}$$

Die Eingangsgröße h ist insgesamt fünfmal bestimmt worden (Tab. 2), womit eine empirische Standardabweichung aus Wiederholungsmessungen nach der Ermittlungsmethode A berechnet werden kann.

Beobachtung	Ablesung
1	1,740 m
2	1,737 m
3	1,741 m
4	1,739 m
5	1,743 m

Tab. 2: Messwerte für die Eingangsgröße h

Für alle anderen Werte stehen keine Beobachtungen zur Verfügung; die zugehörigen Standardunsicherheiten sind daher nach der Ermittlungsmethode B zu bestimmen.

Als Schätzwert für die Maßstabsabweichung δm wird 0 ppm angenommen mit einer Rechteckverteilung in den Grenzen a_o, a_u von = ±1000 ppm (= 1 mm/m). Der Nullpunkt des Maßstabes liegt erfahrungsgemäß 2 mm über der Standfläche, hier sind die Grenzen a_o, a_u der zugehörigen Rechtecksverteilung ± 5 mm. Der Auflagepunkt des Meßschiebers auf dem Kopf der zu vermessenden Person befindet sich 150 mm vom Maßstab entfernt; hier betragen die Grenzen a_o, a_u der

Rechtecksverteilung ± 20 mm. Durch den Gebrauch hat sich der Meßschieber aus der Horizontalen bewegt. Man nimmt an, dass ein $\delta\alpha$ von 2 gon in den Grenzen von ± 1 gon vorliegt. Der Erwartungswert für die Unsicherheit aus dem Verfahren U_v sowie der zu vermessenden Person U_p wird mit Null angenommen. Für beide Einflüsse wird eine Rechteckverteilung angenommen. Die Grenzen a_o, a_u betragen dabei für U_p ± 1 cm und für U_v ± 0,5 mm. Alle Eingangsgrößen werden als unkorreliert angenommen. Das daraus resultierende Meßunsicherheitsbudget ist in Tab. 3 wiedergegeben, die Winkelwerte sind dabei in Radiant dargestellt.

Größe	Wert	Standardunsicherheit	Freiheitsgrad	Ermittlungstyp	Sensitivitätskoeffizient	Unsicherheitsbeitrag
h	1,7400 m	1,00 mm	4	A	1,00	1,00 mm
δm	0,0	0,000577	∞	B	1,74	1,00 mm
δo	0,002 m	2,89 mm	∞	B	1,00	2,89 mm
d	0,150 m	11,55 mm	∞	B	-0,03	0,36 mm
$\delta\alpha$	0,0314 rad	0,906 mrad	∞	B	-0,15	-1,36 mm
U_p	0,0 mm	5,8 mm	∞	B	1,00	5,8 mm
U_v	0,0 mm	0,3 mm	∞	B	1,00	0,3 mm
l	1,7373 m	6,76 mm	8370			

Tab. 3: Meßunsicherheitsbudget Längenmessung

Mit dem Erweiterungsfaktor $k = 2$, der im vorliegenden Fall (Freiheitsgrad $f = 8370$) einer Überdeckung von 95% entspricht, ergibt sich eine erweiterte Meßunsicherheit U von 13,52 mm. Das vollständige Meßergebnis kann somit exemplarisch angegeben werden als

> l = 1,737 m ± 0,014 m, wobei die auf das Zeichen ± folgende Zahl der Wert der erweiterten Meßunsicherheit U ist, die aus einer Standardunsicherheit u = 6,76 mm und einem Erweiterungsfaktor k = 2 auf der Grundlage einer t-Verteilung mit Freiheitsgrad 8370 ermittelt wurde. Die erweiterte Meßunsicherheit definiert einen Bereich mit einem geschätzten Grad des Vertrauens von 95% .

Abschließend soll das Konzept der Meßunsicherheitsermittlung an einem vermessungstypischen Beispiel gezeigt werden.

3.2 Koordinatenbestimmung

Das polare Anhängen stellt eine der einfachsten, aber zugleich auch wichtigsten Möglichkeiten der Koordinatenbestimmung eines Punktes dar. Dazu werden von einem koordinatenmäßig bekannten Punkt unter Verwendung von Richtungswinkel t und Horizontalstrecke s die Koordinaten des Neupunktes berechnet (Abb. 2). In vielen Anwendungsfällen werden dazu die Beobachtungen heute nur noch in einer Lage ausgeführt, da moderne Tachymeter die gemessenen Richtungen rechnerisch um viele systematische Einflüsse korrigieren.

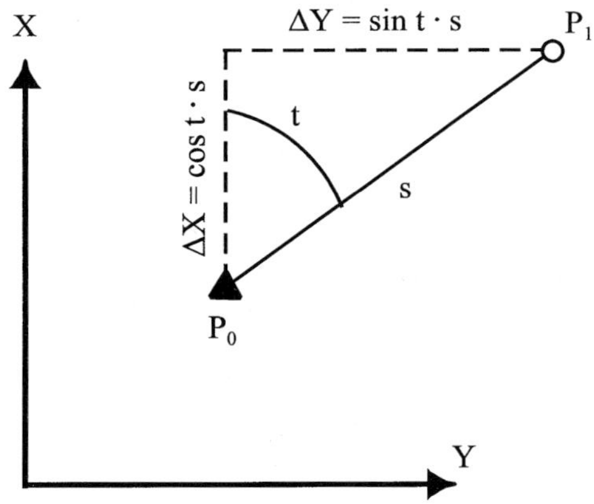

Abb. 2: Polares Anhängen

Für das nachfolgende Beispiel wird angenommen, dass der Tachymeter bereits orientiert ist, so dass die gemessene Richtung gleich dem Richtungswinkel ist. Zur weiteren Vereinfachung wird nur die Messunsicherheit für die X-Koordinate des Neupunktes ausführlich betrachtet. Das funktionale Modell hat die Form

$$x_n = x_0 + \cos(r + \frac{c}{\sin z} + i \cdot \cot z + \delta k) \cdot (s + add) \cdot m \cdot \sin z + U_I + U_V \quad (8)$$

mit	x_0	= 145,352 m	X-Koordinate des Standpunktes
	x_n		X-Koordinate des Neupunktes
	r	= 247,1306 gon	unkorrigierte Richtung
	c	= 2,8 mgon	Zielachsfehler
	i	= -3,6 mgon	Kippachsfehler
	δk	= -1,1 mgon	Richtungskorrektur aus Kompensator
	s	= 211,326 m	rohe Schrägstrecke
	add	= -0,035 m	Additionskonstante
	m	= 0,999971	Maßstabsfaktor
	z	= 98,4538 gon	gemessener Zenitwinkel
	U_V	= 0	Schätzwert Unsicherheitsbeitrag Meßverfahren
	U_I	= 0	Schätzwert Unsicherheitsbeitrag Instrument

Die Standardunsicherheiten für die Winkelmessung betragen nach Herstellerangaben 0,5 mgon, die Streckenmeßgenauigkeit wird mit 2 mm + 2 ppm angegeben. Die Achsfehler entstammen einem Kalibrierschein, dort sind die zugehörigen Standardunsicherheiten mit 0,3 mgon angegeben. Die Einspielgenauigkeit des Kompensators wird in der Instrumentenbeschreibung mit einer Standardunsicherheit von 0,3 mgon angegeben. Aus dem Ausgleichungsprotokoll der Bestimmung des Standpunktes kann eine Standardunsicherheit für die x-Koordinate von 2,2 mm bei einem Freiheitsgrad von $f = 17$ entnommen werden. Die Additionskonstante entstammt einer Laborkalibrierung, die Standardunsicherheit wird mit 1,2 mm bei einem Freiheitsgrad von $f = 3$ angegeben. Zur Bestimmung des Maßstabsfaktors m sind der Luftdruck und die Temperatur am Standpunkt gemessen worden und der aktuelle Maßstabsfaktor mit Hilfe eines Nomogramms ermittelt worden. Die ermittelte Temperatur liegt in den Grenzen a_o, a_u = ± 1,5°C, die Grenzen a_o, a_u bei der Luftdruckermittlung betragen ± 2 mbar. Unter Annahme einer Rechteckverteilung ergibt sich für die Temperatur eine in ppm umgerechnete Standardunsicherheit von 0,7 ppm, für den Luftdruck 0,23 ppm. Unterstellt man noch eine Ablesegenauigkeit im Nomogramm in den Grenzen ±1 ppm, so ergibt sich eine Standardunsicherheit des Maßstabsfaktors durch quadratische Summation der Einzelwerte von 0,94 ppm. Diesem Wert wird eine relative Unsicherheit von 10% zugerechnet, womit sich unter Verwendung von (6) ein zugehöriger Freiheitsgrad $f = 50$ ergibt. In den Unsicherheitsbeitrag des Meßverfahrens U_V fließen die Zentrierfehler an Stand- und Zielpunkt, die Unsicherheit der Orientierungsbestimmung und Anteile von unbekannten systematischen Einflüssen wie z. B. Horizontalrefraktion ein. Aus Erfahrungswerten wird für die Summe aller Einflüsse ein Bereich in den Grenzen a_o, a_u von ± 2 mm abgeschätzt, was zu einer Standardunsicherheit von 1,15 mm führt. Im Unsicherheitsbeitrag des Instruments U_I werden nicht korrigierte Restfehler der Achseneinflüsse und des Kompensators, unbekannte systematische Einflüsse bei der Streckenmessung wie Drift und Frequenzabweichung sowie unbekannte systematische Einflüsse bei der Richtungsmessung zusammengefaßt. Die Grenzen a_o, a_u des Bereichs aller Einflüsse zusammen wird zu ± 0,5 mm abgeschätzt, dies ergibt eine Standardunsicherheit von 0,29 mm. Aus diesen Werten ergibt sich das in Tab. 4 zusammengestellte Messunsicherheitsbudget (Winkelwerte wiederum in Radiant):

Größe	Wert	Standard-unsicherheit	Frei-heits-grad	Typ und Ver-teilung	Sen-sitivi-täts-koef-fi-zient	Unsicher-heitsbeitrag
x_0	145,354 m	2,20 mm	17	A, N	1,00	2,20 mm
r	3,881918 rad	0,0078 mrad	∞	B, N	136	1,12 mm
c	0,044 mrad	0,0047 mrad	∞	B, N	143	0,67 mm
z	1,546509 rad	0,0078 mrad	∞	B, N	-3,78	-0,03 mm
i	-0,056 mrad	0,0047 mrad	∞	B, N	3,46	0,02 mm
δk	- 0,017 mrad	0,0047 mrad	∞	B, N	142	0,67 mm
s	211,326 m	2,42 mm	∞	B, N	-0,74	-1,79 mm
add	-0,035 m	0,80 mm	3	A, N	-0,74	-0,89 mm
m	0,999971	0,94 ppm	50	B, N	-156	-1,47 mm
U_I	0 m	1,15 mm	∞	B, R	1,00	1,15 mm
U_V	0 m	0,29 mm	∞	B, R	1,00	0,29 mm
x_1	-10,5792 m	3,81 mm	109			

Tab. 4: Meßunsicherheitsbudget Längenmessung (N =Normal-, R = Rechteckverteilung)

Mit dem Erweiterungsfaktor k = 2, der im vorliegenden Fall (Freiheitsgrad *f* = 109) einer Überdeckung von 95% entspricht, ergibt sich eine erweiterte Meßunsicherheit *U* von 7,62 mm. Das vollständige Meßergebnis kann somit angegeben werden als

> x_1 = -10,5792 m ± 0,008 m, wobei die auf das Zeichen ± folgende Zahl der Wert der erweiterten Meßunsicherheit *U* ist, die aus einer Standardunsicherheit *u* = 3,81 mm und einem Erweiterungsfaktor k = 2 auf der Grundlage einer t-Verteilung mit Freiheitsgrad 109 ermittelt wurde. Die erweiterte Meßunsicherheit definiert einen Bereich mit einem geschätzten Grad des Vertrauens von 95% .

4 Zusammenfassung

Die in der Geodäsie gebräuchlichen quantitativen Genauigkeitsmaße sind im Hinblick auf die internationalen Verflechtungen und der damit einhergehenden Verbreitung von Qualitätsmanagementsystemen, in denen explizit die Spezifikation der Messunsicherheiten nach einem anerkannten, standardisierten Verfahren verlangt wird nicht mehr zeitgemäß. Vorallem die Weiterentwicklung der Meßsysteme und weitgehende Automatisierung ganzer Meßprozesse hat den Anteil der unbekannten oder nur unzureichend modellierbaren Einflüsse deutlich erhöht. Deren Beitrag zur Messunsicherheit ist mit den Mitteln der klassischen Statistik *nicht* erfaßbar. Aus diesen Gründen bietet sich die im GUM niedergelegte Verfahrensweise zur Ermittlung von Messunsicherheiten an, da damit die von zufälligen und systematischen Einflüssen verursachten Beiträge zur Messunsicherheit in einer standardisierten und einheitlichen Weise behandelt werden können. Anhand von Beispielen wurde die zuvor beschriebene Vorgehensweise detailliert vorgestellt.

5 Literatur

EURACHEM (2001): *Quantifying Uncertainty in Analytical Measurement.* Second edition 2001. Laboratory of the Government Chemist, London.

INTERNATIONAL STANDARDISATION ORGANISATION (1995): *Guide to the Expression of Uncertainty in Measurement.* Geneva: ISO, 1995

Norm DIN 1319-3 Teil 3 05.96. *Grundlagen der Meßtechnik - Teil 3: Auswertung von Messungen einer einzelnen Meßgröße, Meßunsicherheit*

Norm DIN V ENV 13005 07.99. *Leitfaden zur Angabe der Unsicherheit beim Messen*

Schaller, M. (1999): Bedeutung des Leitfadens zur Angabe der Unsicherheitbeim Messen (GUM) für die insustrielle Meßpraxis - Umsetzung des GUM an Beispielen aus der Längenmeßtechnik. *Mitteilungen des Deutschen Instituts für Normung* 78(1999), Heft 11, S. 795-801

Überwachung geodätischer Messmittel

Normen zur Überprüfung der Genauigkeit geodätischer Instrumente – Stand und Ausblick

Wolfgang Huep
Fachbereich Vermessung und Geoinformatik
Fachhochschule Stuttgart – Hochschule für Technik
Schellingstraße 24
70174 Stuttgart
e-mail: huep.fbv@fht-stuttgart.de

1 Einleitung

Der Geodät ist es grundsätzlich gewohnt, für seine Messaufgaben qualitätssichernde Maßnahmen durchzuführen (regelmäßige Instrumentenprüfungen und -kalibrierungen, kontrollierte Messkonfigurationen, durchgängige Dokumentationen usw.). Dabei ist eine der Hauptfragen, ob eine geforderte Genauigkeit zuverlässig erzielt werden kann. Die Genauigkeit bezieht sich meist auf ein- bis dreidimensionale Punktkoordinaten; sie kann aber auch Linien- und Flächenparameter, zeitabhängige Größen usw. betreffen. Zurückgeführt werden diese Genauigkeiten auf die Genauigkeiten von Messgrößen der verwendeten geodätischen Instrumente.

Für eine objektive, d.h. zeitlich, räumlich und persönlich unabhängige, Genauigkeitsprüfung geodätischer Instrumente existieren seit langem Industrie-Normen – in unserem Bereich durch das Deutsche Institut für Normung (DIN) und durch die International Standard Organisation (ISO). Unser aktuelles Arbeitsumfeld bedingt sicherlich eine Fortschreibung dieser Normenwerke, beispielsweise für:

- die Zertifizierung von produzierenden und Dienstleistungs-Unternehmen gemäß DIN ISO 900x (Qualitätssicherungssysteme)
- eine bessere Berücksichtigung von zufälligen *und* systematischen Fehlern
- eine Betonung der Anwendersicht (Feldprüfung; Aufwand/Akzeptanz)
- neuere Instrumente (Automatisierung; Komplexität; Satellitenmessverfahren)
- neue Messprozesse (kinematisch; Maschinensteuerung).

Der vorliegende Beitrag soll den Stand und die Entwicklungen von Normen zur instrumentellen Genauigkeitsprüfung umreißen. Zur Abgrenzung von Prüfungen etwa gegenüber Kalibrierungen sei z.B. auf [Gottwald 1998] verwiesen.

2 Einige Eckpunkte für Genauigkeitsprüfungen

2.1 Instrumentenentwicklung und -produktion

Für den Anwender kaum beeinflussbar ist zunächst die Herstellersicht:

- Ein Vermessungsinstrument wird auf eine bestimmte Genauigkeitsspezifikation hin entwickelt. Dabei stellen entwicklungsbegleitende Prüfungen die Einhaltung der Forderungen sicher.
- Zum Ende des Entwicklungsprozesses werden Prototypen, Vorserien- und erste Serieninstrumente typgeprüft, um die generelle Einhaltung der Genauigkeitsforderungen nachzuweisen.
- Die einzelnen Serieninstrumente werden während der Montage komponentenweise und im kompletten Zustand justiert, kalibriert, eingestellt (getunt) und evtl. auch selektiert. Hiermit gehen einher begleitende und Schluss-Prüfungen
- Auch ein Reparatur- oder Service-Instrument ist in diesem Sinne wie ein neu hergestelltes Instrument zu behandeln.

Die Prüfungen bestimmen z.T. iterativ

- *systematische Fehler* (Kollimationsfehler, mechanische Achsfehler, EDM-Additionskonstanten etc.) zur Justage bzw. Abspeicherung und danach
- *zufällige oder sich zufällig auswirkende Fehler* (mechanische Lose, Rauschen von Elektronikbausteinen, unscharfe Optiken etc.) zum Tuning oder zur Selektion.

Wichtig ist für den Anwender u.a. die Kenntnis, welches schlussendliche Prüfverfahren den herstellerseitigen Genauigkeitsangaben (Standardabweichungen) zugrunde liegt. Hier stellen Normen z.B. gemäß DIN und ISO die Vergleichbarkeit verschiedener Produkte und die Reproduzierbarkeit sicher.

2.2 Weitere Prüfungen während der Produktlebensdauer

2.2.1 Genauigkeitsfaktoren geodätischer Messergebnisse

a) *Langzeitstabilität von Mechanik, Optik und Elektronik*: Aufgrund von Abnutzung, Alterung oder Sturz verändern sich möglicherweise systematische Parameter (z.B. EDM-Maßstab wegen Frequenzdrift;

Kollimationsfehler) und Streuungsparameter (z.B. Richtungsmessgenauigkeit wegen unscharfer Teilkreisabbildung).

b) Für jeden neuen Job wirken sich aktuelle *Umgebungsbedingungen* sowohl systematisch als auch zufällig aus. Beispiele: Geräteerwärmung, Ausbreitungsbedingungen für EDM-Signale, verwendetes Zubehör.

c) *Grundsätzliche Einstellungen, Algorithmen und feste Parameter*: Sie bestimmen sich aus dem Gerätedesign und ändern sich nicht. Sie müssen allenfalls bei einem Abnahmestest nach Auslieferung, Reparatur oder Geräteservice betrachtet werden. Die Kenntnis über diese Zusammenhänge kann dennoch wichtig sein, um die Auswirkungen der Prüfergebnisse nach a) und b) interpretieren zu können. Beispiele: Funktion für entfernungsabhängige EDM-Additionskonstante, Korrekturfunktion wegen Stehachsschiefe und auch bekannte Software-Fehler. Die Klassifizierung eines Parameters als fest oder zeitlich veränderbar wird nicht immer von allen Seiten gleich vorgenommen. Beispiel: Kippachsfehler bei Tachymetern.

2.2.2 Labor- und erweiterte Feldprüfungen

Die langperiodischen Instrumentenänderungen gemäß a) unterliegen schon heute regelmäßigen Laborprüfungen (ohne Normung) und erweiterten Feldprüfungen (z.B. nach DIN 18723 oder ISO 12857). Dabei werden zunächst systematische Fehler kalibriert bzw. weggestellt und daraufhin ein zufälliges Streuungsmaß (Standardabweichung) bestimmt. Dies führen häufig speziell befähigte Institutionen (Universitäten, Bezirksregierungen usw.) aus. Die Kennzeichen sind:

- objektive, allgemein reproduzierbare Prüfung
- kein durchgreifender Systemtest
- besondere Infrastruktur (Testfeld, Messstrecke, Frequenzzähler usw.)
- bestimmte Kenntnisse des Prüfpersonals und spezielle Software-Werkzeuge
- signifikante Aufwände, Kosten und Geräteausfallzeiten (Tage)
- Prüffrequenz z.B. jährlich oder fallweise kürzer.

2.2.3 Vereinfachte Feldprüfungen

Die aktuellen Norm-Entwicklungen sollen mit zusätzlichen Feldprüfungen folgende ganzheitliche Frage beantworten [Becker et al. 2000]: Ist die geforderte

Genauigkeit für das anstehende Projekt mit der gegebenen Ausrüstung (und Mannschaft) erreichbar? Es soll gelten:

- aktuelle, projektbezogene Systemprüfung vor Ort
- Randbedingungen teilweise mit einbeziehen: Wetter, Bodenbedeckung, Bauwerke, Personal, Zeitrahmen etc.
- nicht nur zufällige, auch systematische Fehlereinflüsse abschätzen
- minimaler Bedarf an Zeit (max. 0.5 h?), Infrastruktur und Spezialkenntnissen
- möglichst hohe Akzeptanz durch den Anwender.

2.2.4 Vierphasige Prüfstrategie

Auf dem Kongress 1994 der Fédération International des Géomètres (FIG) wurde durch die Working Group 5.5. der FIG-Kommission 5 eine Empfehlung zur „routinemäßigen Prüfung von EDM-Instrumenten" veröffentlicht, die analog auch auf andere Vermessungssysteme anwendbar ist [FIG 1994]. Sie sieht ein vierphasiges Prüf- und Kalibriermodell vor, welches z.B. [Gottwald 1998] näher diskutiert:

- Phase 1 – Funktionsprüfung,
- Phase 2 – Leistungsprüfung,
- Phase 3 – Kalibrierung,
- Phase 4 – Abnahmeprüfung.

Die Leistungsprüfung (Phase 2), abgestuft in vereinfachte Feldprüfung oder umfangreichere Verfahren, beinhaltet die hier zu besprechenden Genauigkeitsprüfungen geodätischer Instrumente.

2.2.5 Zu prüfendes Instrumentarium

Für unsere Regionen gilt, dass der geodätische Schwerpunkt heute bei Totalstationen, Nivellieren/Digitalnivellieren und der Satellitenmesssung mit GPS liegt. In der Bauvermessung sind dies Theodolite, handgehaltene EDM, Totalstationen, Nivelliere, Laser bzw. Rotationslaser.

Bis auf die nicht-digitalen Nivelliere und einige Theodolite im Baubereich besitzen alle Instrumente eine Elektronik. Mechanische Messmittel (Maßbänder) seien hier nicht mehr betrachtet.

Als geodätische Messsysteme stehen heute im wesentlichen zur Verfügung:

Theodolite eigenständig mit Aufsatz-EDM	(V)	E
Elektrooptische Distanzmesser (EDM) eigenständig oder Aufsatzgerät reflektorlos oder mit speziellen Reflektoren messend Phasenvergleichs- oder Impulslaufzeitverfahren	(V)	E
Totalstationen, Elektronische Tachymeter manuelle oder motorische Bedienung visuelle oder automatische Anzielung (verschiedene Verf.)	(V)	(E)
Nivelliere quasi nur noch mit Kompensator visuell oder Digitalnivellier (4 verschiedene Codes im Markt)	(V)	E
Laser Laserlote Kanallaser, Richtlaser	V	
Rotationslaser mit/ohne voreinstellbarer Ebenenneigung	(V)	(E)
Laserscanner		
Satellitenmesssysteme (Global Navigation Satellite Systems, GNSS) GPS (Global Positioning System) oder GLONASS Navigations- oder differentieller Modus Codephasen- oder Trägerphasenmessung Echtzeit oder Postprocessing		
Weitere Spezialverfahren Kreisel Inertiale Messsysteme (Inertial Navigation System, INS)		E
Diverse Hybridlösungen Tachymetrie und GPS, INS mit GPS usw.		

E = Erweiterte, V = Vereinfachte Feldprüfung genormt. (E), (V) = Entwürfe.

2.2.6 Eigenschaften der aktuellen Instrumente

Die aktuellen Messsysteme sind charakterisiert durch

a) hohen Automatisierungsgrad,
b) mehr (Selbst-)Kalibrierung anstatt Justierung,
c) einen häufig hybriden Aufbau,
d) einen hohen Software-Anteil,
e) die teilweise Möglichkeit, kinematische Prozesse zu messen.

a) *Automatisierungen* bestehender Messmittel (Tachymeter, Digitalnivelliere) ändern an der grundsätzlichen Messkonfiguration kaum etwas. Deshalb ist es derzeit pragmatisch und sinnvoll, für alle Polarmessungen oder alle geometrischen Nivellements zunächst dieselben Genauigkeitsprüfungen durchzuführen. So lässt sich z.B. ein Tachymeter im ersten Schritt unabhängig davon untersuchen, ob Richtungssätze visuell oder mit Hilfe einer Bildverarbeitung beobachtet werden.

b) Auch die Frage, ob bestimmte *Instrumentenfehler* „weggestellt" werden (z.B. Justierung einer Strichplatte) oder durch *Kalibrierung* erfasst und rechnerisch korrigiert werden (z.B. der adäquate Kollimationsfehler) kann auf die Prüfung von Richtungs- oder Höhenmessgenauigkeiten ohne Einfluss bleiben. Allerdings ist ggf. zusätzlich auf die korrekte Abspeicherung und Verwendung der gültigen Kalibrierdaten zu achten. Insofern liegen den Genauigkeitsuntersuchungen bei elektronischen Instrumenten keine Rohmessdaten, sondern bereits vielstufig korrigierte Messgrößen zugrunde.

c) Das elektronische Tachymeter als eines der meistbenutzten geodätischen Instrumente ist bereits ein *hybrides System*, bestehend aus der Horizontalrichtungs-, der Vertikalwinkel-Messeineit und dem EDM plus Hilfskomponenten (wie Kompensator oder automatische Zielerfassung). Folglich ist sicherzustellen, dass alle Einzelmesswerte einen gemeinsamen geometrischen und zeitlichen Bezug haben.

Die Genauigkeiten dürften also nicht nur getrennt z.B. für Horizontal-, Vertikalrichtungen und Strecken betrachtet werden, sondern sollten sich auf Endergebnisse beziehen, die alle Messwerte einbeziehen (z.B. auf Punktkoordinaten)!

d) In den Messprozessen sind heute neben Mechanik/Optik/Elektronik auch die *Software* (meist onboard) zu betrachten, und zwar hinsichtlich

- Firmware,
- Anwendungssoftware
- Datenspeicherung.

Die Abgrenzung der Firmware ist dabei nicht immer eindeutig:

- Bei einer Totalstation lässt sich die Anbringung von Additions- und Maßstabswerten an EDM-Messungen als Firmware betrachten; die Koordinatenberechnung über freie Stationierung und polares Anhängen mit eben diesen EDM-Messungen ist dann eher Anwendungssoftware.
- Bei Echtzeit-GPS (Real Time Kinematic, RTK) ordnet man auch die Koordinatenberechnung (zumindest im GPS-Referenzsystem WGS 84) eher der Firmware zu; denn sie ist meist proprietär und der Algorithmus erschließt sich dem Anwender oft gar nicht.

Unabhängig von der Einordnung als *Firmware oder Anwendungssoftware* gilt:

- Erwartet wird eine „fehlerfreie", fehlertolerante und hinreichend dokumentierte Software.
- Es kann sinnvoll sein, sie in regelmäßige Instrumentenprüfungen einzubeziehen, um die Instrumententauglichkeit auch auf Gebrauchskoordinatenebene nachzuweisen (sprungfixe Fehler?).
- Die Ergebnisse von Instrumentenprüfungen bis hin zur Koordinate lassen sich im Zweifelsfalle erst interpretieren, wenn zugrunde liegende Algorithmen bekannt sind. Jedoch: Die Lieferanten zeigen sich hier aus verschiedenen Gründen meist verschlossen.

Ferner ist die zuverlässige *Datenspeicherung* zu beachten einschließlich eines fehlerfreien Zugriffs (Adressprobleme?) für

- Kalibrierdaten (z.B. Speicherung und rechnerische Korrektur eines Kippachsfehlers anstelle mechanischer Justierung der Kippachse)
- Messdaten einschließlich ihrer diversen Korrektionen
- Gebrauchskoordinaten (z.B. für Anschlusspunkte einer Stationierung).

e) Die neueren, automatischen Messsysteme (Roboter-Totalstationen, GPS) sind gut für *kinematische Anwendungen* geeignet – z.B. für die Baumaschinensteuerung. Dies führt zu folgenden Fragestellungen:

- Genauigkeitsverluste in den Rohmessdaten (z.B. aufgrund von Dopplereffekten oder von nicht-zentrischen Anzielungen),
- Datenalter und zeitliche Synchronisation der verschiedenen Messwerte,
- verwendetes kinematisches Modell und Datenmodell.

Wegen der noch geringen Nutzerzahl sind derzeit keine Normen zu erwarten.

3 Gegenwärtiger Stand der Normung

Von den in unserer Region in Frage kommenden Normungsorganisationen

- DIN: Deutsches Institut für Normung → Empfehlungen
- ISO: International Standard Organisation → Empfehlungen
- CEN: Comité Européen de Normalisation → Gesetzeskraft angestrebt

finden sich Verfahren zur Genauigkeitsbestimmung geodätischer Instrumente bei DIN und ISO.

Auch befasst sich damit die FIG-Kommission 5. Ausgehend von der Publikation „Recommended procedures for routine checks of electro-optical distance meters" zum FIG-Kongress 1994, beschloss sie 1998 in Brighton, bis 2002 auch Richtlinien für andere Instrumentarien (Nivelliere, Totalstationen, GPS) zu entwickeln. Die Ergebnisse werden in entsprechende Normungen einfließen.

Nachfolgend seien die wichtigsten Prüf-Standards kurz charakterisiert und kommentiert. Es finden sich Details in den entsprechend veröffentlichen Normenblättern bzw. die gängigen Verfahren etwa bei [Joeckel, Stober 1999].

Die *derzeitigen Normen*

- betrachten weitgehend nur die *Messgrößen Richtung, Strecke und Höhenunterschied.*
- gehen von zentrierten, instrumentell und atmosphärisch korrigierten Messgrößen aus – also möglichst *frei von systematischen Fehlern.* .
- bestimmen quasi nur *zufällige Streuungsmaße* (Standardabweichungen).
- sind weniger als schnelle, projektbezogene Prüfungen geeignet.

3.1 Stand bei ISO-Normen

Genauigkeitsprüfungen von Vermessungsinstrumenten sind parallel von den Sub Committees (SC) zweier Technical Commissions (TC) erarbeitet worden:

- TC172/SC6
  Optics and Optical Instruments – Geodetic and Surveying Instruments, eher aus Herstellersicht.
- TC59/SC4
  Building Construction – Limits and Fits in Building Construction, aus der Sicht des Bau-Anwenders.

Eine umfassende Darstellung geodätischer ISO-Standardisierungen und ISO-Strukturen findet sich bei [Zeiske 2001].

3.1.1 ISO 12857 Optics and optical instruments – Geodetic and surveying instruments – Field procedures for determining accuracy:

Die Norm beschreibt *erweiterte Feldverfahren* zur Genauigkeitsbestimmung geodätischer Instrumente und ist sowohl hersteller- als auch anwenderorientiert. Bearbeitet wurde sie von der TC172/SC6 und sie ist auch Grundlage zur Weiterentwicklung der geodätischen ISO-Normung.

Es wird nach anerkannten geodätischen Verfahren möglichst objektiv eine *empirische Standardabweichung* der jeweiligen Messgröße bestimmt. Die Norm dient damit eher der Verifizierung von „Prospektdaten". Hierzu sind auch *statistische Tests* formuliert, um Unterschiede zu Standardabweichungen anderer Instrumente oder früherer Bestimmungen auf Signifikanz zu prüfen.

ISO 12857 – Part 1: Levels (Nivelliere)

- stabile Aufstellung zweier Nivellierlatten in ca. 50m Abstand
- auf ca. 10% genaue mittige Aufstellung des Nivellierinstruments
- Ablesung von Rückblick und Vorblick
- vor jedem neuen Ablesungspaar Aufnehmen und leicht versetztes Aufstellen des Instrumentes
- 40fache Wiederholung von Instrumentenaufstellung und Ablesungen
- Lattenaustausch nach 20maliger Messung
- empirische Standardabweichung für 1 km Doppelnivellement berechnen

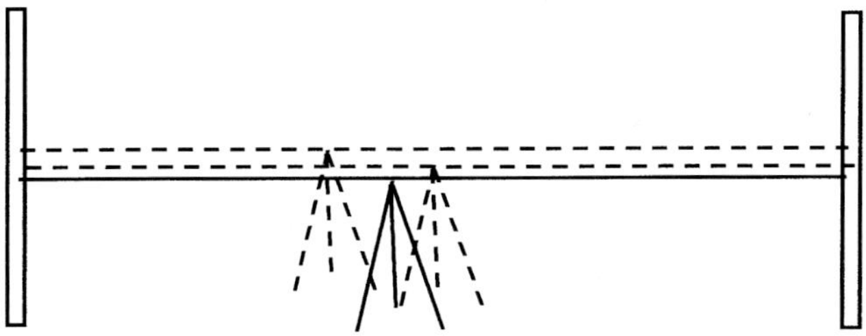

Abb. 1: ISO 12857-1 Nivellierprüfung

Voraussetzungsgemäß werden systematische Fehler (Kollimationsfehler) nicht detektiert und auch nicht angenommen.

Digitalnivelliere werden nicht besonders behandelt: Visuelle (Strichplatte) und elektronische (CCD-Zeile) Messungen sind ggf. getrennt zu untersuchen.

ISO 12857 – Part 2: Theodolites (Theodolite)

Horizontalrichtungen

- 5 Ziele gleichmäßig über den Horizont verteilt, in 100-250m Entfernung,
- Zieltafeln empfohlen für sichere Zielung
- 4 Messreihen bei leicht unterschiedlichem Wetter mit je 3 Sätzen in 2 Lagen
- Berechnung der Standardabweichung einer in 2 Lagen gemessenen Richtung

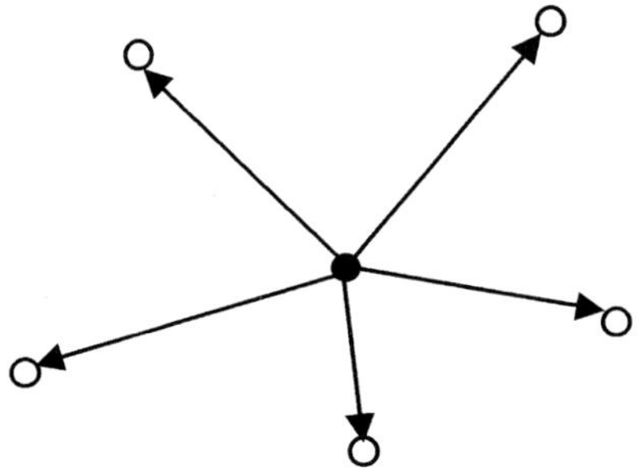

Abb. 2: ISO 12857-2 Theodolitprüfung (Hz)

Auch hier werden die systematischen (Achs-)Fehler absichtlich nicht betrachtet (Zwei-Lagen-Messung). Dies könnte für Beobachtungen in nur 1 Fernrohrlage kritisch sein, falls wider Erwarten kein sauber kalibriertes System gegeben ist.

Auf die Messung der Stehachsschiefe (wirksame Eichkurve(n) des Kompensators) wird nicht direkt eingegangen.

Dem Anwender ist überlassen, eine eventuelle automatische Zielerfassung (CCD-Array o.ä.) getrennt von einer visuellen Messung (Strichplatte) zu prüfen.

Vertikalwinkel

- Als Ziele dienen verschiedene Teilstriche einer Invar-Nivellierlatte, die in 2 Lagen beobachtet werden.
- Berechnet wird die Standardabweichung eines in 2 Lagen gemessenen Vertikalwinkels.

Absichtsgemäß erfolgt auch hier keine direkte Prüfung auf systematische Fehler (Kollimation, Index, Kompensatorspielpunkt), welche sich in der Praxis bei Ein-Lagen-Messungen jedoch auswirken.

Es ist ein relativ kompliziertes Mess- und Rechenverfahren, weshalb stattdessen eine einfachere Norm in ISO FDIS 17123 vorgeschlagen wird.

ISO 12857 – Part 3: EDM instruments (Elektrooptische Distanz-Messer)

- Streckenmessung in allen 21 Kombination auf Teststrecke ohne Sollstrecken
- Teststrecke 500m lang und wellenlängenabhängig in 6 Teile unterteilt
- Berechnung der empirischen Standardabweichung einer einzelnen Streckenmessung

Abb. 3: ISO 12857-3 EDM-Prüfung nach Schwendener

Es sind bedingt Aussagen zu systematischen Fehlern in Additionskonstante und zyklischem Phasenverhalten möglich, nicht jedoch zu einem Maßstabsfaktor.

Der Prüfaufwand richtet sich an möglichen zyklischen Fehleranteilen aus: Diese sind jedoch bei aktuellen Phasenmessern fast bedeutungslos und treten auch bei Impulsmessern quasi nicht auf.

Für reflektorlose Messungen ist die Prüfung zwar prinzipiell geeignet, jedoch sind viele Streckenlängen zu groß.

Bei einem *Tachymeter* lassen sich die Richtungs- und Streckenmessgenauigkeiten jeweils nach ISO 12857, Part 2 + Part 3, bestimmen.

3.1.2 ISO 8322 Building construction – Measuring instruments – Procedures for determining accuracy in use

Hier wurden von TC59/SC4 für den Baubereich ähnliche Standards erstellt wie von TC172/SC6, allerdings:

- mehr auf die Anwendung als auf Herstellerdaten orientiert
- eine größere Instrumentenvielfalt abdeckend
- es werden die aktuellen Randbedingungen, das Zubehör sowie das Messpersonal mit einbezogen.

Die entsprechende Norm ISO 8322 beschreibt Verfahren analog zur ISO 12857:

- Part 1: Theory
- Part 2: Measuring Tapes
- Part 3: Optical levelling instruments
- Part 4: Theodolites
- Part 5: Optical plumbing instruments
- Part 6: Laser instruments
- Part 7: Instruments when used for setting out
- Part 8: EDM instruments.

Trotz ihrer Projektbezogenheit hat sich die ISO-Norm 8322 aufgrund ihrer Komplexität nicht durchgesetzt und soll vereinfacht und aktualisiert werden – nun harmonisiert zwischen TC 172/SC6 („Optik“) und TC 59/SC4 („Bau“).

3.1.3 Weitere Normen für geodätische Instrumente

Ebenfalls von der TC172/SC6 stammen Standards, welche sich aus Herstellersicht mit dem Instrumenten-Design und nicht der -Prüfung befassen und auch nur Randgebiete abdecken:

ISO 9849 Optics and optical instruments – Geodetic and surveying instruments – Vocabulary

ISO 12858 Optics and optical instruments – Geodetic and surveying instruments – Ancilary devices for surveying instruments – **Part 1**: Invar levelling staffs (Invar-Nivellierlatten), **Part 2**: Tripods (Stative)

Allgemeine Konstruktions-Normen kommen hinzu, z.B. zum Fernrohrdesign.

Weitere Normen, zum Teil von der TC59/SC4 sprechen allgemein Vermessungsanwendungen im Baubereich an, z.B.:

ISO 4463 Measurement methods for building – Setting out and measurement – **Part 1:** Planning and organization, measuring procedures, acceptance criteria

ISO 7077 Measurement methods for building – General principles and procedures for the verification of dimensional compliance

ISO 7078 – Building construction – Procedures for setting out, measurement and surveying – Vocabulary and guidance notes

3.2 DIN-Normen

Die geodätisch in Frage kommenden Normen gehen DIN-intern zurück auf den

- Normenausschuss Feinmechanik Optik und den
- Normenausschuss Bauwesen.

Verschiedentlich hatten DIN-Normen eine Vorreiterfunktion für vergleichbare ISO-Normen. Heute ist die Normarbeit von DIN und ISO inhaltlich und personell verzahnt.

3.2.1 DIN 18723 – Feldverfahren zur Genauigkeitsuntersuchung geodätischer Instrumente

Partiell sind Inhalte dieser Norm in die knappere ISO-Norm 12857 eingeflossen. Auch hier werden (unter Annahme vernachlässigbarer systematischer Fehler) Standardabweichungen berechnet und auf Signifikanz getestet. Es gelten:

- Teil 1: Allgemeines
- Teil 2: Nivelliere
- Teil 3: Theodolite
- Teil 4: Optische Distanzmesser
- Teil 5: Lotinstrumente
- Teil 6: Elektrooptische Distanzmesser für den Nahbereich
- Teil 7: Vermessungskreisel,

wobei wieder die geodätisch wichtigsten Instrumente herausgegriffen seien:

DIN 18723 – Teil 2: Nivelliere

Im Vergleich zu ISO 12857 sind stern-, ring- oder linienförmige Prüffelder von beispielweise 5 Punkten zu vermarken – entweder für die Genauigkeitsschätzung eines Liniennivellements oder eines einzelnen Höhenunterschiedes.

Liniennivellement

- 4 Teilstrecken über ca. 250 m
- 5 Doppelnivellements ausführen
- gleiche Zielweiten in Rück- und Vorblick
- Standardabweichung über 1 km Doppelnivellement berechnen

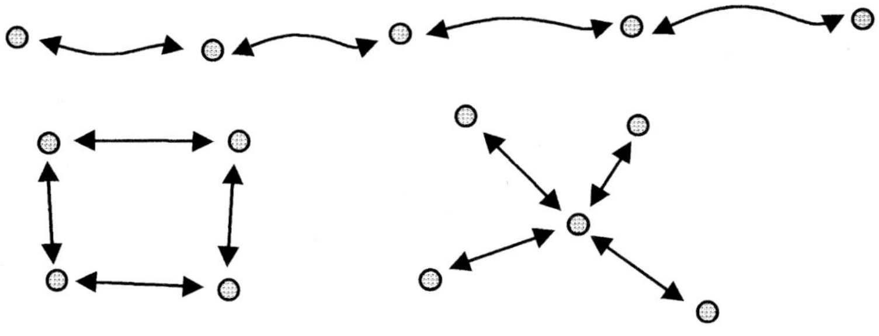

Abb. 4: DIN 18723-2 Liniennivellement

Höhenübertragung über einen einzelnen Instrumentenstandpunkt

- Prüffeld von mehreren (5) Punkten (also für 4 Höhenunterschiede)
- je nach Bedarf 20-40 m Zielweiten, für Rück- und Vorblick gleich groß
- zwischen 2 benachbarten Punkten je 10mal beobachten
- Instrumentenstandpunkt wechseln für jeden der 4 Höhenunterschiede
- Standardabweichung für einzelnen Höhenunterschied rechnen

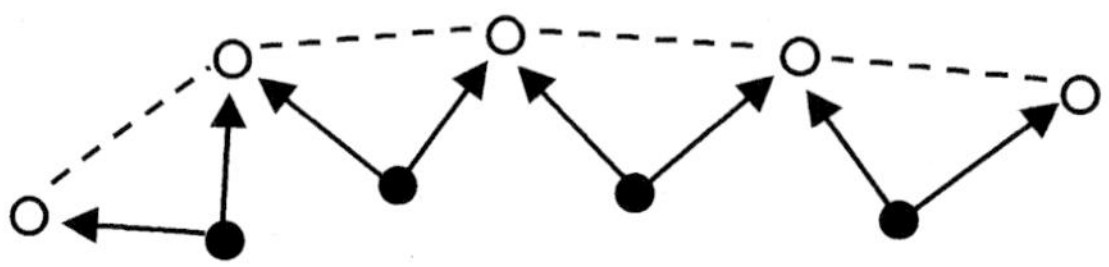

Abb. 5: DIN 18723-2 Beispiel für einfache Höhenübertragung

Die DIN-Norm ist differenzierter als die ISO-Norm. Der Aufwand für Vermarkung und Messung ist höher.

Auch hier werden mögliche Kollimationsfehler nicht erfasst.

DIN 18723 – Teil 3: Theodolite

Horizontalrichtungen

Das Verfahren entspricht der ISO 12857.

Vertikalwinkel

Die Messkonfiguration ist hier ähnlich wie für die Horizontalrichtungen, indem zu rundherum aufgebauten Zieltafeln und nicht wie bei ISO 12857 nur zu einer Invarlatte beobachtet wird. Dies ist realistischer, aber auch aufwändiger zu installieren.

- 4 Zieltafeln über den Horizont verteilt bei 100 m Zielweite einrichten
- sie sollen Vertikalwinkel gleichmäßig von 100 bis 50 gon abdecken
- 4 Messreihen bei leicht verschiedener Witterung, je 3 Sätze in 2 Lagen
- Berechnung der Standardabweichung einer Vertikalwinkelbeobachtung

Absichtsgemäß werden systematische Fehler, die sich bei Ein-Lagen-Messungen auswirken werden, nicht erfasst.

DIN 18723 – Teil 6: Elektrooptische Distanzmesser für den Nahbereich

Die Messung nach dem Schwendener-Verfahren entspricht prinzipiell der ISO-Norm 12857.

3.2.2 Weitere instrumentenbezogene DIN-Normen

Als Querverbindung zu den erweiterten Feldprüfungen der DIN 18723, ISO 12857 bzw. der neuen ISO 17123 kann dienen:

DIN 18724 – Geodätische Instrumente – Genauigkeitsbeurteilung von Nivellieren und Theodoliten aus technischen Daten

Ähnlich wie bei ISO werden auch Aspekte zum Instrumentendesign abgedeckt:

DIN 18700 – Ziffern zur visuellen Ablesung für geodätische Instrumente und Geräte
DIN 18720 – Verbindung zwischen Instrument und Stativ bei geodätischen Instrumenten
DIN 18721 – Visuell abzulesende Kreis-Skalen für geodätische Instrumente
DIN 18725 – Geodätische Instrumente – Fernrohr-Strichfiguren
DIN 18726 – Stative für geodätische Instrumente

3.2.3 Satellitenmesssysteme

Für die üblichen Genauigkeitsansprüche im Vermessungswesen müsste die Prüfung von *differentiell* und mit *Trägerphasen* arbeitenden Systemen beschrieben sein. Hierzu finden sich keine Normen. Die einzigen Standards für die reine *Navigation* sind:

DIN EN 61108 – Navigations- und Funkkommunikationsgeräte und -systeme für die Seeschifffahrt – Weltweite Navigations-Satellitensysteme (GNSS)

- **Teil 1**: Weltweites Ortungssystem (GPS); Empfangsanlagen; Funktionsanforderungen; Prüfverfahren und geforderte Prüfergebnisse

- **Teil 2**: Weltweites Navigations-Satellitensystem (GLONASS); Empfangsanlagen; Leistungsanforderungen; Prüfverfahren und geforderte Prüfergebnisse

4 Aktuelle Arbeiten

Das Vorgehen der Ausschüsse in DIN und ISO ist weitgehend abgestimmt und verfolgt für Instrumenten-Feldprüfungen nachstehende Ziele:

- kein besonderer Prüfmittelbedarf
- keine Spezialkenntnisse nötig
- minimierter Aufwand, möglichst unter ½ Stunde
- teilweise projektbezogene Systemprüfung
- teilweise Betrachtung nicht nur stochastischer, sondern auch systematischer Fehler
- Einbezug weiterer, moderner Instrumente (z.B. Totalstation, Rotationslaser)

4.1 ISO-Normen

Die Feldprüfungen von Vermessungsinstrumenten werden in Neufassungen der Normen ISO 8322 und ISO 12857 (geht in die neue Norm ISO 17123 ein) vereinfacht und harmonisiert. Es gibt hierzu aus TC172/SC6 („Optik") und TC59/SC4 („Bau") eine gemeinsame Arbeitsgruppe (Joint Working Group, JWG), angesiedelt bei der TC 172/SC6.

Als Normen-Status findet man derzeit den Entwurf (Draft International Standard, DIS) oder den endgültigen Entwurf (Final Draft International Standard, FDIS).

4.1.1 Neue Norm ISO 17123: Optics and optical instruments – Field procedures for testing geodetic and surveying instruments (Optik und optische Instrumente – Feldverfahren zur Untersuchung geodätischer Instrumente)

Die instrumentenbezogenen Teile sind *zweistufig* angelegt:

- Eine *vereinfachte Feldprüfung* des Systems Mensch-Maschine-Zubehör-Umgebung überwacht die Einhaltung bestimmter Fehlergrenzen bei geringstmöglichem Aufwand. Gegebenenfalls berechnete Standardabweichungen stützen sich auf einen nur geringen Stichprobenumfang. Diese Inhalte sind neu.

- Erst bei Überschreiten von Fehlergrenzen bzw. Grenzwerten erfolgt dann eine *erweiterte Feldprüfung*, welche das jeweilige Instrument eher frei von den jeweiligen Umgebungsbedingungen – und damit reproduzierbarer – untersucht und ggf. Signifikanztests durchführt. Sofern schon vorhanden (Nivelliere, Theodolite, EDM), werden hierfür die Regelungen der bestehenden ISO-Norm 12857 übernommen. Jene Norm wird damit quasi ersetzt.

ISO DIS 17123 – Part 1: Theory (Theorie)

Beinhaltet die algorithmischen Grundlagen für die Genauigkeitsschätzungen der anderen Teile dieser ISO-Norm.

ISO FDIS 17123 – Part 2: Levels (Nivelliere)

- Die *vereinfachte Feldprüfung* geht im Ansatz von der aktuell erreichbaren äußeren Genauigkeit aus, welche sich aus Messausrüstung (Kollimationsfehler), Beobachter und (Global-)Refraktion/Erdkrümmung ergibt.
- Durch Beobachtung aus der Mitte wird für zwei ca. 60m entfernte Lattenaufstellungen ein Soll-Höhenunterschied bestimmt.
- Derselbe Höhenunterschied wird dann mit signifikant unterschiedlichen Rückblick- und Vorblickzielweiten bestimmt.
- Die Differenz darf einen projektspezifischen Grenzwert nicht überschreiten. Ansonsten erfolgen eine erweiterte Feldprüfung oder weitere Maßnahmen.

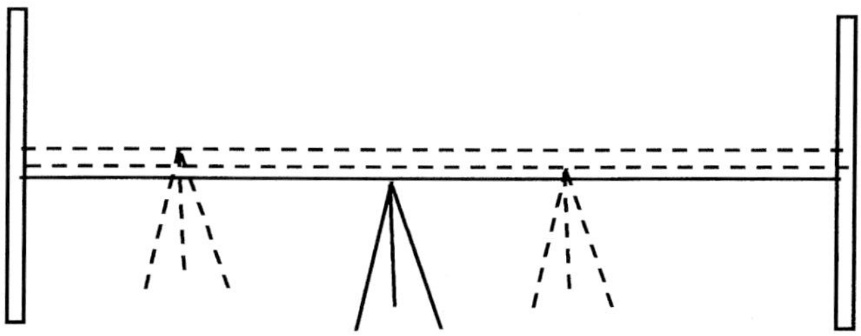

Abb. 6: ISO FDIS 17123-2: Vereinfachte Nivelierprüfung

Auch systematische Fehlereinflüsse (z.B. Kollimationsfehler) sind wegen der verschiedenen Zielweiten jetzt leichter erkennbar.

Beim Digitalnivellier ist durch den Benutzer zu überlegen, ob hier Softwarekorrektionen wegen Erdkrümmung/Refraktion anzubringen wären.

ISO FDIS 17123 – Part 3: Theodolites (Theodolite)

- Die Genauigkeit einer *Horizontalrichtung* wird auch im *vereinfachten Verfahren* ähnlich wie bisher (ISO 12857) bestimmt.
- Allerdings werden nur einmalig 3 Vollsätze zu 4 Zielen in 2 Lagen beobachtet.

- *Vertikalwinkel* werden in beiden Lagen zu 4 Zielen auf höheren Bauwerken mehrfach beobachtet, einen Vertikalwinkel-Bereich von 30° überdeckend.

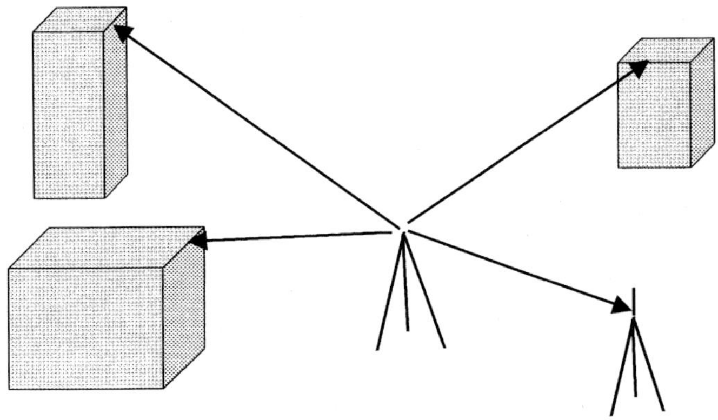

Abb. 7: ISO FDIS 17123-3: Vereinfachte Theodolitprüfung (V-Winkel)

Die Aufwandsminimierung stand hier im Vordergrund, ohne auf die Ein-Lagen-Messung einschließlich der dafür nötigen Korrektionen (Zielachsfehler, Kippachsfehler, Teilkreis-Exzentrizitäten, Indexfehler, Kompensatorspielpunkt), oder auf die Messung der Stehachsschiefe näher einzugehen.

ISO FDIS 17123 – Part 4: EDM instruments (Nahbereichsentfernungsmesser)

- Anstelle einer Streckenmessung in allen Kombinationen sieht die *vereinfachte Prüfung* Soll-Ist-Streckenvergleiche in einem Testfeld vor.
- Die Streckenlängen sollen typisch für die gegebene Messaufgabe(n) sein.
- Ihre *Sollwerte* werden entweder mit einem EDM höherer Genauigkeit oder mit dem Prüfling unmittelbar nach Auslieferung/Abnahme bestimmt.

- Werden anwendungsspezifische Fehlergrenzen nicht überschritten, sind keine weiteren Untersuchungen zu Maßstab, Additionskonstante oder zyklischem Phasenfehler (aktuell eher bedeutungslos) zu veranlassen.

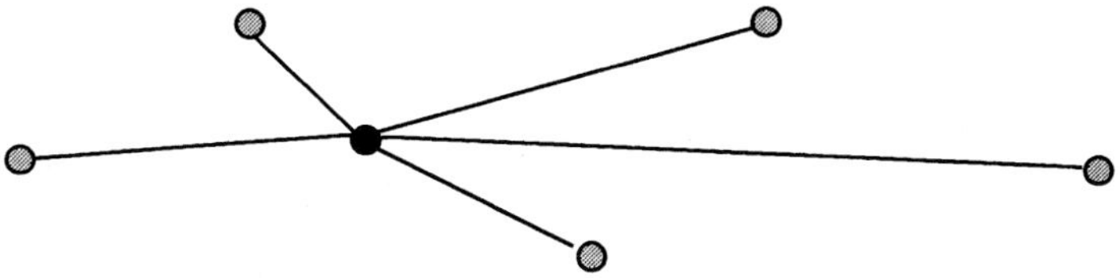

Abb. 8: ISO FDIS 17123-4: Vereinfachte EDM-Prüfung (Sollstrecken)

Anders als bei ISO 12857 wird eher eine „äußere Genauigkeit" betrachtet, mit der Chance, weitere systematische Fehlerffekte (Maßstabsfehler) aufzudecken.

Dem Anwender überlassen bleibt die unkritische Aufgabe, auch für die zunehmend angebotenen reflektorlos messenden EDM entsprechend typische Zielpunktsignalisierungen und –bestimmungen vorzunehmen.

ISO DIS 17123 – Part 5: Electronic tacheometers (Elektronische Tachymeter)

Dieser Teil ist komplett neu, da Totalstationen bislang weder bei DIN noch bei ISO abgedeckt sind. Die Genauigkeit der polaren Messelemente lässt sich natürlich gemäß der Teile 3 (Theodolite) und 4 (EDM) untersuchen, jedoch bislang nicht die darauf zurückgehenden Koordinaten(unterschiede) x, y, z!

Vereinfachte Feldprüfung

- 2 Punkte P_1 und P_2 mit ca. 100 m Abstand und möglichst großer Höhendifferenz mit Prismen signalisieren (Berg, Gebäude)
- in seitlichen Abständen von 20-100 m zur Strecke P_1-P_2 sind 10 verschiedene Tachymeter-Aufstellungen S_1 ... S_{10} vorzunehmen
- stationsweise Polaraufnahme von P_1 und P_2 in beiden Lagen
- Koordinatenbestimmung x,y,z der Streckenendpunkte P_1 und P_2 im jeweiligen Instrumenten-Koordinatensystem, Koordinatenmittelung aus beiden Lagen (Stationskoordinaten 0,0,0)

- 10malige Berechnung der Horizontalstrecken (Spannmaße) aus Koordinaten
- Standardabweichung der Horizontalstrecke aus Streckenmittelwert rechnen
- daraus Standardabweichung der Lage (x oder y) aus 2-Lagen-Messung

- 10malige Berechnung der Höhendifferenz aus z-Koordinaten
- Standardabweichung der Höhendifferenz anhand Mittelwert rechnen
- daraus Standardabweichung einer z-Koordinate aus 2 Lagen

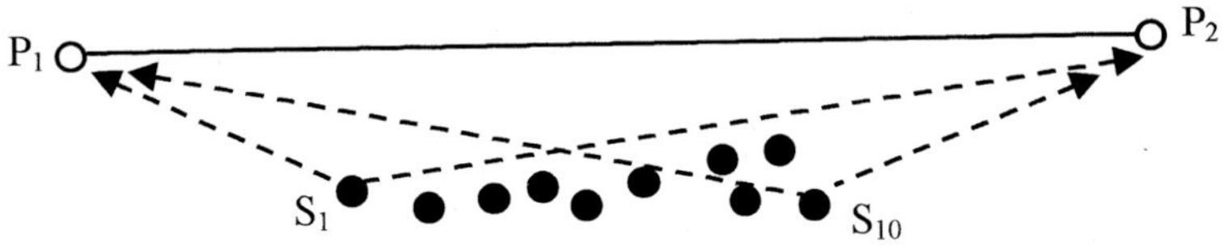

Abb. 9: ISO FDIS 17123-5: Vereinfachte Tachymeter-Prüfung (Spannmaß)

Erweiterte Feldprüfung

- zwangszentriertes Testfeld P_1, P_2, P_3 als gleichseitiges Dreieck einrichten
- Seitenlängen entsprechend dem aktuellen Messprojekt, z.B. 100 m
- möglichst große Höhenunterschiede im Testfeld
- von jedem Dreieckspunkt die anderen beiden Eckpunkte polar beobachten
- zyklische Wiederholung in 3 Messreihen
- Koordinatenbestimmung x,y,z der anderen beiden Dreieckspunkte jeweils im Instrumentenkoordinatensystem (Stationskoordinaten 0,0,0)

- Transformation aller Lagemessungen in das Ausgangskoordinatensystem (Translation nach und Rotation um P_1)
- aus insgesamt 36 Beobachtungen 12 Unbekannte (Koordinaten und Transformationsparameter) schätzen
- Standardabweichung einer in 2 Lagen gemessenen x- oder y-Koordinate mit 24 Freiheitsgraden schätzen

- Höhen z_2 und z_3 in bezug auf P_1 sowie (konstante) Differenz δ zwischen Kippachs- und Reflektorhöhe aus insgesamt 18 Beobachtungen schätzen
- Standardabweichung einer in 2 Lagen gemessenen z-Koordinate mit 15 Freiheitsgraden schätzen

- Es sind wieder Signifikanztests für verschiedene empirische oder empirische und theoretische Standardabweichungen angegeben.

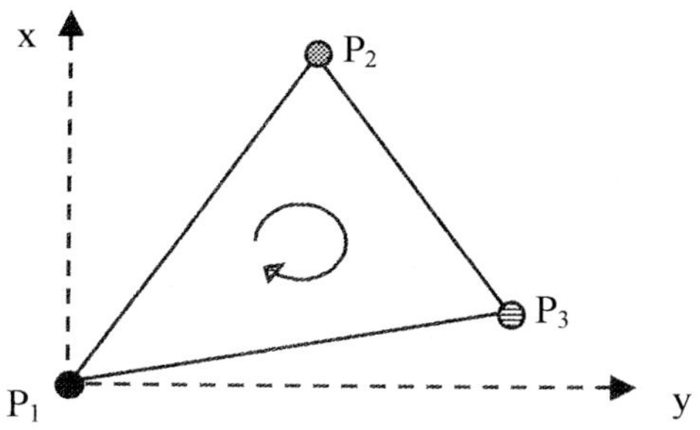

Abb. 10: ISO FDIS 17123-5: Erweiterte Tachymeter-Prüfung (Prüffeld)

Dies ist die erste geodätische Prüfnorm, welche kartesische Koordinaten betrachtet, die aus den Messgrößen Horizontalrichtung, Vertikalwinkel und Schrägstrecke abgeleitet sind. Gerechnet werden für die Koordinaten nur zufällige Streuungsmaße.

Wie bei der Theodolit-Prüfung wird weiterhin von justierten/kalibrierten Instrumenten ausgegangen und alles auf Zwei-Lagen-Messungen bezogen. Spätere Richtungsbeobachtungen in 1 Lage könnten also von systematischen Fehlern unbemerkt beeinträchtigt sein.

Systematische Fehler im Distanzmesser wirken sich teilweise auf die Prüfergebnisse aus, nicht jedoch ein Maßstabsfehler.

Messung und Auswertung beider Feldprüfungen ließen sich in der Onboard-Software der Tachymeter ideal unterstützen.

Zur aktuellen Diskussion der Tachymeter-Prüfung siehe auch [Fischer 1998] und [Gottwald, Rüeger 2000].

ISO DIS 17123 – Part 6: Rotating Lasers (Rotationslaser)

Dieser ebenfalls neue Normteil zeichnet sich dadurch aus, systematische Fehleranteile bewusst mit einzubeziehen, so dass auch er kurz dargestellt sei:

Vereinfachte Feldprüfung

- Testfeld von 6 Höhenpunkten 1-6 vermarken
- etwa in einer Horizontalebene und gleichmäßig über den Horizont verteilt
- Höhenpunkte vom Instrumentenstandpunkt S zwischen 10 und 60 m entfernt
- *externe* Bestimmung der *Soll-Höhendifferenzen* zwischen Nachbarpunkten mit einem optischen Nivelliergerät
- Ablesung der 6 Höhen mit dem Rotationslaser in 5 Messzyklen
- vor jedem Messzyklus Rotationslaser neu aufstellen und 10 min Pause
- für jeden Nachbar-Höhenunterschied werden pro Messzyklus Soll-Ist-Abweichungen gerechnet
- aus allen Abweichungen über alle Messzyklen ergibt sich eine Standardabweichung für einen einfach gemessenen Höhenunterschied zwischen zwei Punkten des Prüffeldes

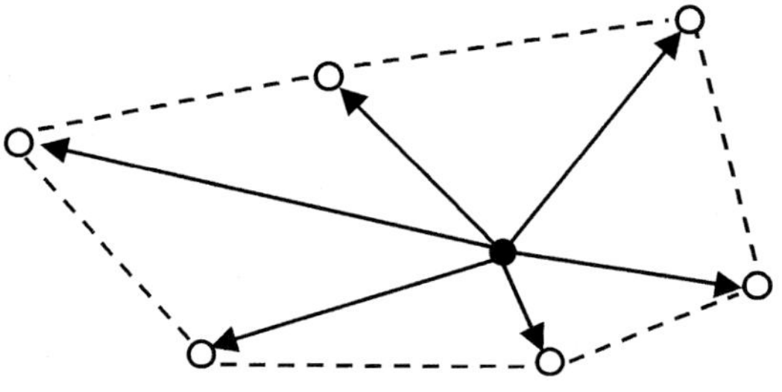

Abb. 11: ISO FDIS 17123-6: Vereinfachte Rotationslaser-Prüfung

Aufgrund der Prüffeld-Konfiguration mit unterschiedlichen Entfernungen zum Laser ist die gerechnete Standardabweichung durch *zufällige und systematische* Fehler beeinflusst (singuläres Qualitätskriterium für beide Effekte).

- zwei Höhenpunkte A und B werden in 40 m Abstand vermarkt und mit Laser-Nivellierlatten signalisiert
- der Rotationslaser steht nacheinander auf 3 Stationen S_1 (mittig zwischen den Latten), S_2 und S_3 (zu jeder Seite 14,6 m außerhalb der Latten)
- die beiden Latten werden pro Instrumentenstandpunkt 4mal abgelesen, wobei das Instrument jeweils um 90° um die Stehachse verdreht wird
- das gesamte Verfahren mit Aufstellung auf S_1, S_2 und S_3 erfolgt in 4 Messzyklen
- geschätzt werden als *systematische* Fehlerparameter die *Horizontschiefe* (Schiefstellung der mittleren Stehachse im Raum) und die *Ablenkabweichung* (Stehachse bewegt sich auf einem Kegel)
- sowie als *zufälliges* Streuungsmaß die *Standardabweichung* eines einzelnen Höhenunterschiedes

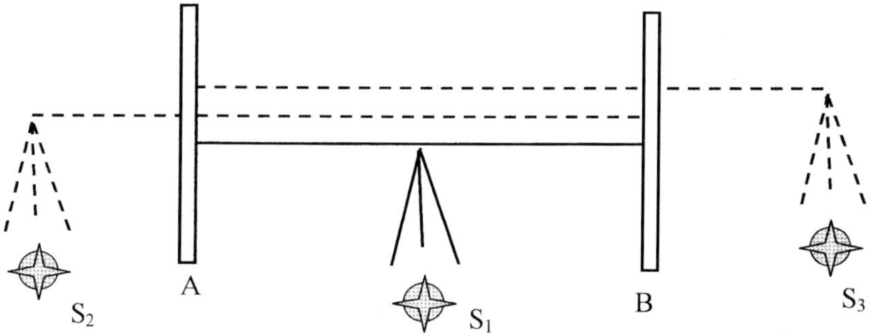

Abb. 12: ISO FDIS 17123-6: Erweiterte Rotationslaser-Prüfung

Man erhält also neben einem stochastischen Streuungsmaß auch explizit systematische Fehlergrößen.

Externe Sollwerte sind hier nicht erforderlich.

4.1.2 Anpassung der ISO-Norm 8322 („Baubetrieb“)

Sie kann über die erwähnte Joint Working Group im Anschluss an die ISO 17123 erfolgen.

4.1.3 Positionierung für Geographische Informations-Systeme (GIS)

Die Technical Commissions ISO/TC 211 und CEN/TC 287 erarbeiten aus GIS-Sicht unter anderem Normen zur Georeferenzierung. Neben Koordinatensystem-Fragen (Datum, Geoid, Projektionen, geodätische Netze) wird auch auf die direkte Positionierung mit GPS Bezug genommen [Becker et al. 2000].

4.2 DIN-Normen

4.2.1 Entwurf DIN 18723 – Feldverfahren zur Genauigkeitsuntersuchung geodätischer Instrumente – Teil 8: Rotationslaser

Entspricht der erweiterten Feldprüfung des Normentwurfs ISO DIS 17123-6.

4.2.2 Elektronische Tachymeter

Hier werden die Arbeiten zur ISO 17123-5 einfließen.

5 Bewertung und Ausblick

5.1 Die Normung stellt zunehmend die *pratikable Feldprüfung* (und Systemprüfung) und damit den Anwender in den Vordergrund. Laborprüfungen oder Kalibrierungen bleiben den Spezialisten überlassen.

5.2 Die neueren Entwürfe weisen zwei wichtige Schritte auf:

- Bewertung von *Koordinatengenauigkeiten* anstelle einzelner Messgrößen (Tachymeter)
- Betrachtung von *zufälligen und systematischen Fehlern* (Rotationslaser).

5.3 Gerade die Prüfungen der wichtigen Instrumentenfamilie Theodolit/ Tachymeter berücksichtigen viele systematische Fehlermöglichkeiten nicht bzw. setzen ein sauber kalibriertes/justiertes System voraus. Aussagen über *Ein-Lagen-Messungen* sind *kaum* möglich.

5.4 *Digitale bzw. automatische Zielerfassungen* für Nivelliere und Tachymeter werden nicht gesondert behandelt. Sieht man sie einfach als Alternative zur visuellen Anzielung, lassen sich die bestehenden Normen weiterhin anwenden. Verfeinerte Ansätze wären hier denkbar, z.B. mit Blick auf die nun linien- bzw. flächenhafte Zieldetektion und auf Driften.

5.5 Analoges gilt für die zunehmend in Tachymetern oder als Handgeräte zu findenden *reflektorlosen EDM* (Impuls und Phasenmesser).

5.6 *Satellitenmessverfahren* wie GPS sind unberücksichtigt und auch noch nicht in Angriff genommen. Dies entspricht nicht den Marktgegebenheiten und zeigt einen *schwerpunktmäßigen Handlungsbedarf*.

Aufgrund der Komplexität von Elektronik, Firmware und anderer Software stellt sich ein GPS-System dem Anwender als schlecht modellierbare „Black Box“ dar. Herstellerseitig werden auch nicht viele Informationen hierzu veröffentlicht. So sind weitere Forschungsaktivitäten nötig. Einige Aspekte sind:

- Messung in Prüffeldern mit/ohne Soll-Koordinaten
- Bestimmung einer geometrischen Regelfigur (Kreisversuch)
- Koordinatenberechnung parallel mit verschiedenen Softwares
- gesonderte Antennenprüfung.

Siehe hierzu auch [Ingensand 1997], [Landau 1998], [Stewart et al. 1998].

5.7 Es bleibt abzuwarten, inwieweit *kinematische Anwendungen* gerade im Baubereich an Bedeutung gewinnen, so dass hier Normungsaktivitäten sinnvoll würden. Diese bezögen dann sowohl die Tachymetrie als auch Satellitenmessverfahren ein.

6 Literaturhinweise

Becker, J.-M., H. Heister, V. Slaboch: New technical standards improving the quality in positioning and measurement. FIG Working Week, Prag 2000

FIG, Commission 5, Working Group 5.5: Recommended procedures for routine checks of electro-optical distance meters. FIG-Kongress, Melbourne 1994

Fischer, E.-N.: Prüfung elektronischer Sensorsysteme bei elektronischen Tachymetern. Allgemeine Vermessungs-Nachrichten, 1998

Gottwald, R.: Prüfung und Kalibrierung von Vermessungsinstrumenten. Vermessung, Photogrammetrie, Kulturtechnik, Heft 8, 1998

Gottwald, R., J.M. Rüeger: Feldprüfverfahren für elektronische Tachymeter – Wunsch oder Realität? Allgemeine Vermessungs-Nachrichten, Heft 11-12, 2000

Ingensand, H.: Neue Verfahren zur Zertifizierung geodätischer Messinstrumente. In: IX. Internationale Geodätische Woche Obergurgl, Institutsmitteilungen der Universität Innsbruck – Geodätisches Institut, Heft 17, 1997

Joeckel, R., M. Stober: Elektronische Entfernungs- und Richtungsmessung. Verlag Wittwer, Stuttgart 1999

Landau, H.: Zur Qualitätssicherung und Vernetzung von GPS-Referenzstationen. Vermessungswesen und Raumordnung, Heft 8, 1998

Stewart, M., M. Tsakiri, D. Martin, T. Forward: Traceability and Calibration of Satellite Positioning Systems. Survey Review, Vol. 34, 269, 1998

Zeiske, K.: Current status of the ISO standardization of accuracy determining procedures for surveying instruments. New Technology for a New Century, Technical conference during the FIG working week, Seoul, 8.-10. Mai 2001

Routine-Feldprüfverfahren für geodätische Sensoren - Grundsätzliche Überlegungen und Strategien

Reinhard Gottwald

FHBB Fachhochschule beider Basel
Abteilung Vermessung und Geoinformation
Gründenstrasse 40
CH - 4132 Muttenz
Email: r.gottwald@fhbb.ch

1 Motivation

Dem Vermessungs- bzw. Geomatik-Ingenieur steht heute eine breite Palette von modernen und extrem leistungsfähigen Sensorsystemen für die Arbeit im Feld zur Verfügung. Weitgehend ungelöst ist die Problematik, wie mit vertretbarem (minimalem) Aufwand möglichst direkt im Feld nachgeprüft werden kann, ob die Systeme gemäss ihren spezifizierten Produkteigenschaften korrekte Messresultate liefern. Die einwandfreie Erfassung der geometrischen Informationen (Koordinaten, Parameter von Raumvektoren, usw.) wird als selbstverständlich erachtet, während die Kalibrierung und Prüfung der Systeme etwas in den Hintergrund gedrängt wurde und wird.

2 Ausgangslage

Die Kalibrierung und Prüfung von EDM-Instrumenten (bzw. der EDM-Komponente eines Tachymeters) ist in der Fachliteratur umfassend behandelt und wird in der Praxis meist auch regelmässig ausgeführt. Für andere Sensorsysteme wie z.B. Totalstationen findet man in der Literatur diverse Abhandlungen zu den Themen 'Feldevaluation', Laborüberprüfung bzw. -kalibrierung und Genauigkeitsuntersuchung. Für eine vom Anwender regelmässig auszuführende Routineprüfung sind diese dort beschriebenen Verfahren aber viel zu aufwändig und daher nicht geeignet.

QMS nach ISO9000

In QMS nach ISO9000 sind u.a. die entsprechenden betriebsspezifischen Festlegungen zur Sicherstellung der Messmittelüberprüfung und deren Dokumentation vorzunehmen. Aufgrund des Fehlens geeigneter und praxistauglicher Prüfverfahren sind (nach Erfahrung des Autors) die hierfür in QM-Handbüchern implementierten Lösungen oftmals unvollständig (im Sinne einer gesamtheitlichen Überprüfung eines Messmittels) und daher aus fachlicher Sicht unbefriedigend, obwohl sie den formalen Forderungen der ISO-Norm genügen.

Normen nach DIN und ISO

Im Normenwerk der DIN und ISO findet man verschiedene Normen zu dieser Thematik:

DIN 18723	Feldverfahren zur Genauigkeitsuntersuchung geodätischer Instrumente (8 Teilnormen)
ISO 8322	Tolerances for Building-Measuring Instruments - Procedures for Determining Accuracy in Use (10 Teilnormen)
ISO12857	Optics and Optical Instruments - Geodetic Instruments : Field Procedures for Determining Accuracy (3 Teilnormen)
ISO17123	Optics an Optical Instruments - Field Procedures for Testing Geodetic and Surveying Instruments (6 Teilnormen im Entwurf)

Alle in diesen Normen beschriebenen Verfahren konzentrieren sich auf die Bestimmung der Messgenauigkeit und nicht auf den Nachweis der Richtigkeit der Messresultate. Die Ausführung der dort festgelegten Prüfungen ist zudem mit teilweise recht hohem Aufwand verbunden, für Routineüberprüfungen daher eher ungeeignet (weitere Details siehe: Huep 2001, Gottwald u. Rüeger 2000, Slaboch 1998) und in der Praxis zudem weitgehend nicht bekannt.

FIG

In der FIG Kommission 5 wurden zwischen 1990 und 1994 Empfehlungen zur Routine-Überprüfung von EDM-Instrumenten erarbeitet (FIG WG5.1 1994). Diese Empfehlungen basieren auf einer 4-Phasen-Prüfstrategie, die sich an den

grundsätzlichen Anforderungen der Praxis (Minimalisierung des Prüfaufwands bei bestmöglicher Sicherheit) orientiert (siehe Abschnitt 3).
Kurzbeschreibung (Gottwald u. Rüeger 2000): Nach einer Abnahmeprüfung (Phase 1) und einer Kalibrierung (Phase 2) erfolgt unmittelbar eine Referenzmessung auf einem kleinen, aus drei unterschiedlich langen Distanzen bestehenden, 'Testnetz'. Bei der Leistungsprüfung (Phase 3) werden dann periodisch oder fallbezogen Wiederholungsmessungen auf diesem Testnetz ausgeführt. Weichen die dann ermittelten Distanzwerte signifikant von der Referenzmessung ab, sind entsprechend weitere Massnahmen (Kontrolle des 'Testnetzes', Kalibrierung, Service) einzuleiten. Die wenig aufwendige Funktionsprüfung (Phase 4) kann z.B. wöchentlich ausgeführt werden. Sie beinhaltet eine Sichtkontrolle und eine Überprüfung der Betriebsbereitschaft des Instruments (Tastatur, Display, Kabel, Batterie, usw.).

Diese Empfehlungen der FIG WG5.1 bilden die Grundlage für die folgenden Überlegungen, die im Detail in FIG 1994, Gottwald (1998), Gottwald (1999), Gottwald u. Rüeger (2000) und Rüeger u. Gottwald (2001) dokumentiert sind.

3 Eine allgemeine Feldprüf-Strategie - Grundsätzliche Überlegungen

Verfahren für die Routine-Prüfung von geodätischen Messmitteln müssen verschiedene Anforderungen erfüllen, damit sie vom Anwender akzeptiert und ausgeführt werden. Sie müssen unter anderem

- relativ einfach auszuführen und leicht verständlich sein,
- flexibel bezüglich des Ausführungszeitpunkts/-intervalls sein,
- technisch-wissenschaftlich korrekt sein,
- ein optimales Kosten-Nutzen-Verhältnis aufweisen,
- den Anforderungen an ein QMS hinsichtlich Prüfung und Dokumentation genügen.

Das FIG-4-Phasen-Modell kann für eine grundsätzliche, sensorunabhängige Feldprüfstrategie verwendet werden.

Phase 1 - Abnahmeprüfung: Es wird empfohlen, ein QS-taugliches Prüfzertifikat des Systemherstellers zu verlangen, da i.d.R. alle interessierenden Parameter inkl. der ersten Kalibrierung im Rahmen der Fertigungsprüfungen des Herstellers ausgeführt und von diesem auch umfassend dokumentiert sind. Die dafür anfallenden Kosten sind meist wesentlich geringer als die einer selbst durchgeführten Abnahmeprüfung. Zudem ist sichergestellt, dass die Resultate mittels technisch-wissenschaftlich fundierten Prüfverfahren ermittelt wurden.

Phase 2 – Kalibrierung: Sollte eine Neukalibrierung des Sensors erforderlich werden (siehe Phase 3), so sollte diese – falls man nicht selbst über entsprechende Einrichtungen verfügt – bei einer Servicestelle des Herstellers oder einem anerkannten Kalibrierdienst ausgeführt werden.

Phase 3 – Leistungsprüfung: Die Leistungsprüfung ist das eigentliche ‚Kernstück' der gesamten Prüfstrategie. Hierzu ist messtechnologiespezifisch ein lokal geeignetes Prüf- bzw. Testnetz anzulegen (Problem: Wie sieht ein solches Test- oder Prüfnetz aus ?), auf dem nach einer Kalibrierung eine Referenzmessung auszuführen ist. Nach einem individuell (z.B. im QS-Handbuch) festzulegenden Prüfplan sind die Messungen zu wiederholen und bei Vorliegen signifikanter Abweichungen (Grenzwert = MAX) entsprechende Massnahmen einzuleiten. Dazu sind noch verschiedene ‚Regeln' einzuhalten :

- Es handelt sich bei dieser Prüfung um eine Prüfung und keine Kalibrierung !! Es ist verboten, aufgrund von Resultaten dieser Prüfung Parameter, die aus einer Kalibrierung stammen (also z.B. eine Additionskorrektur), abzuändern.
- Das Mess-Instrument ist eine ‚Black-Box'! Die genaue Funktionsweise des Sensors interessiert für die Ausführung dieser Prüfung nicht (wohl aber für die Grundsatzüberlegungen zur Anlage eines Testnetzes).
- Es sind stets die aktuellen Korrekturparameter der letzten Systemkalibrierung zu verwenden Vor Ausführung der Leistungsprüfung sind gemäss Bedienungshandbuch des Herstellers alle zusätzlichen Korrekturparameter zu bestimmen und im Sensor zu speichern.

- Es werden nur die relevanten Ausgabedaten des Sensors (also z.B. HVD oder XYZ) kontrolliert und Abweichungen zu den Referenz-Werten auf Signifikanz überprüft.

  (Δ<MAX : Instrument ok; wird mit den bekannten Korrektur-Parametern weiter verwendet)

  (Δ>MAX : Prüfmessungen kontrollieren; Testnetz kontrollieren; ggf. Prüfmessungen wiederholen. Falls Messungen und Testnetz ok: Instrument nicht ok -> Massnahmenplan)

Phase 4 – Funktionsprüfung: Sichtprüfung und Kontrolle der Betriebsbereitschaft nach festgelegten Kriterien.

Die Resultate von Kalibrierungen und Prüfungen sind in einem QS-konformen Instrumenten-Logbuch zu dokumentieren. Durch diese Vorgehensweise lässt sich der Aufwand für die Messmittelüberwachung bei einer bestmöglichen Prüfsicherheit optimieren (minimieren).

4 Beispiel: Total-Stationen

Auf Basis der in Abschnitt 3 aufgeführten grundsätzlichen Überlegungen konnte ein Prüfkonzept für Total-Stationen erstellt und erprobt werden. In einer Studie (Gottwald 1999) wurden 6 verschiedene Ansätze für ein Testfeld für die Leistungsprüfung (Phase 3) auf ihre technische Realisierbarkeit, die Aussagekraft der Testresultate und ihren Aufwand hin untersucht. Dabei zeigte sich, dass eine erweiterte Variante des '3-Linien-Testfeldes' nach FIG WG5.1 (FIG 1994) und ein dreidimensional angelegtes 'Dreiecks-Testfeld' (Gottwald 1998) den vorgegebenen Anforderungen am besten gerecht werden (Eugster u. Kleiner 2000, Ganz u. Perrinjaquet, P. 2000, Gottwald u. Rüeger 2000).

3-Linien-Testfeld (in Anlehnung an die FIG-EDM-Empfehlungen)

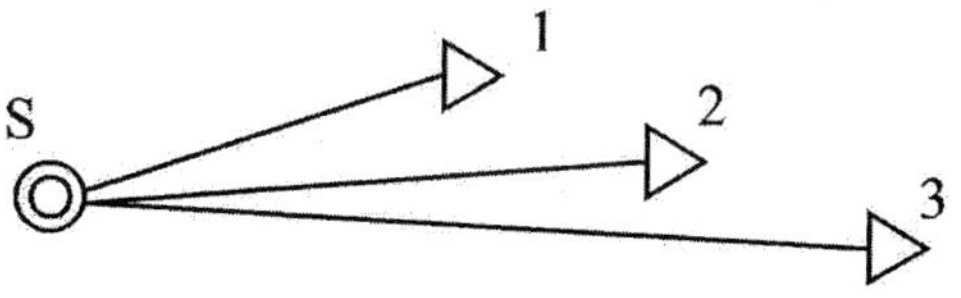

Abb. 1: Anordnung des 3-Linien-Testfeldes

Anlage:	optimal	S - Betonpfeiler, 1-3 - fest montierte Reflektoren
	gut	S - Bodenpunkt oder Konsole, 1-3 fest montierte Reflektoren
	möglich	S, 1-3 gut versicherte Bodenpunkte
Konfiguration :	Distanzen	abhängig vom Einsatzbereich des Instruments
	Höhen	eine Distanz mit möglichst grosser Höhendifferenz zu S

Messungen :	Instr.-/Refl.-Höhen[1]		S, 1, 2, 3
	Winkel/Richtungen	HZ	S1, S2, S3
		V	S1, S2, S3
	Distanzen		S1, S2, S3
	Koordinaten (lokal)		1, 2, 3

[1] abhängig von der 'Testnetzinstallation

Bewertung: ***
+ - relativ schnelle Installation
  - relativ schnelle Messungen
  - ausreichende innere Kontrolle von Messungen und Testnetz
- - keine bzw. nur eingeschränkte Genauigkeitsaussage

Dreiecks-Testfeld

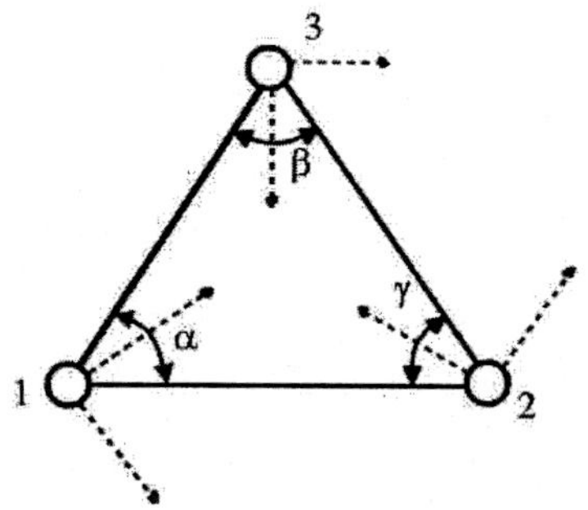

Abb. 2: Anordnung des Dreiecks-Testfeldes

Anlage:	optimal	1-3 - Betonpfeiler
	gut	1-3 gut versicherte Bodenpunkte oder Kombination mit Pfeiler
Konfiguration :	Seitenlänge	abhängig vom Einsatzbereich des Instruments (z.B. 300 - 500 m)
	Höhen	eine Dreieckspunkt auf signifikant anderem Höhenniveau
	Visuren	möglichst ungestört durch äussere Einflüsse

Messungen :	Instr.-/Refl.-Höhen		1, 2, 3
	Winkel/Richtungen	HZ	α, β, γ
		V	12, 13, 21, 23, 31, 32
	Distanzen		12, 13, 21, 23, 31, 32
	Koordinaten (lokal)		1, 2, 3

Bewertung: ***

\+
- überstimmt
- Genauigkeitsüberprüfung möglich
- Testnetz und Messungen in sich kontrollierbar

\-
- schwierig, eine brauchbare Örtlichkeit zu finden
- Zeitaufwand (Installation, Messungen, Auswertung)

Testnetz FHBB

Zur Verifizierung der vorgeschlagenen Prüfstrategie wurde an der Fachhochschule beider Basel unter relativ idealen Bedingungen ein lokales Testfeld mit den zwei vorgängig beschriebenen Varianten (Abbildung 3) angelegt und im Rahmen von Studienarbeiten (Eugster u. Kleiner 2000, Ganz u. Perrinjaquet 2000) simulativ erprobt.

'3-Linien-Testnetz' FHBB (Abb. 3 - weiss):
- Standpunkt 67604_O (Betonpfeiler auf der Dachterrasse des FHBB-Gebäudes (10. Etage))
- Linie 1 67604_W (Betonpfeiler, Linienlänge ca. 22 m)
- Linie 2 R_92 (fest montierter Reflektor, Linienlänge ca. 182 m)
- Linie 3 R_93 (fest montierter Reflektor, Linienlänge ca. 384 m)

'Dreiecks-Testnetz' FHBB (Abb. 3 - hellgrau):

- Dreieckspunkt D1: 67604_O (Betonpfeiler auf der Dachterrasse des FHBB-Gebäudes)
- Dreieckspunkte D2, D3 (Bodenpunkte)
- Seitenlänge: ca. 130 m
- Höhendifferenz ca. 40 m

Abb. 3: Testnetz FHBB

Dabei konnten die grundsätzliche Praktikabilität beider Prüfverfahren und die unter 'Bewertung' aufgeführten '+ / -' nachgewiesen werden.

5 Ausblick

Es sind noch verschiedene Arbeiten zur Verbesserung der Handhabung (Datenfluss, verbesserte Auswertung/Dokumentation, ...) in Planung. Die Implementation von Feldprüfverfahren in die On-Board-Software von Messinstrumenten wird im Grundsatz mit Systemherstellern diskutiert. Ebenfalls sind z.Zt. Arbeiten für die Routineprüfung anderer Sensorsysteme - auf der Basis der hier vorgestellten Strategie - in Vorbereitung.

6 Literatur

DIN 18723 (div.): Feldverfahren zur Genauigkeitsuntersuchung geodätischer Instrumente (Teil 1 - 8)

Eugster, H., Kleiner, M. (2000): Prüfstrategien für Tachymeter – 3-Linien Testfeld. Semesterarbeit an der Fachhochschule beider Basel (unveröffentlicht)

FIG WG5.1 (1994): Recommended Procedures for Routine Checks of Electro-Optical Distance Meters (EDM). FIG Technical Monograph No. 9, 1994

Flicke, H. (1996): Qualitätsmanagement nach DIN ISO 9000 und der Vermessungsberuf. II. Internationaler Kurs für Ingenieurvermessung. Themenkreis C. Graz 1996. (Manuskript).

Ganz, B., Perrinjaquet, P. (2000): Prüfstrategien für Tachymeter – Testfeld Dreieck. Semesterarbeit an der Fachhochschule beider Basel (unveröffentlicht)

Gottwald, R. (1998): Prüfung und Kalibrierung von Vermessungsinstrumenten – Grundsätzliche Überlegungen und Konzepte. Vermessung Photogrammetrie Kulturtechnik (VPK), S. 409 - 413

Gottwald, R. (1999): Field Test Procedures for Modern Surveying Instruments - A Question of Philosophy. Institutsseminar an der School of Geomatic Engineering, UNSW Sydney, Dezember 1999. Manuskript (unveröffentlicht).

Gottwald, R., Rüeger, J.M. (2000): Feldprüfverfahren für elektronische Tachymeter - Wunsch oder Realität ? Allgemeine Vermessungsnachrichten (107), S. 386 - 390

Huep, W. (2001): Normen zur Überprüfung der Genauigkeit geodätischer Instrumente - Stand und Ausblick. Proceedings zum 54. DVW-Fortbildungsseminar

ISO 17123 (div.): Field Procedures for Testing Geodetic and Surveying Instruments – Part 2 – 4. Draft 07/1999

Kasser, M. (1998): Access to Raw Data in Topographic Instruments: A Note from the WG 5.5 of FIG. FIG Commission 5 - Proceedings, Brighton 1998

Rüeger, J.M., Gottwald, R. (2001): Field Tests and Checks for Electronic Tacheometer. Acc. for publication in: The Australian Surveyor

Slaboch, V. (1998): ISO and the Surveyor. FIG Commission 5 - Proceedings, Brighton 1998

Staiger, R. (1998): Measuring Device Checks and Advanced Surveying Equipment: A Contribution to Quality Control. FIG Commission 5 - Proceedings, Brighton 1998

Staiger, R. (2000): Calibration Methods for Modern Survey Equipment. Presented paper at 'The Mediterranean Surveyors in the New Millenium' Conference, 18. - 21.9.2000, Malta

Leistungsmerkmale von zielverfolgenden Tachymetern bei dynamischen Applikationen

Werner Stempfhuber u. Wolfgang Maurer
Lehrstuhl für Geodäsie
Technische Universität München
Arcisstraße 21
D – 80290 München
Email: W.Stempfhuber@bv.tum.de

1 Einleitung und Problemdarstellung

In den verschiedenen Aufgabenbereichen der Geodäsie werden immer häufiger Messverfahren eingesetzt, die eine automatische Positionsbestimmung bewegter Objektmarken ohne Einwirkung eines optischen Beobachters ausführen. Hierbei werden stets die räumliche Position, notwendige Zusatzparameter sowie der Messzeitpunkt registriert. Dem zeitlichen Verhalten des Messsensors ist dabei eine wesentliche Bedeutung zuzuordnen.

Benötigt man die Bewegungsspur innerhalb einer Positionsgenauigkeit von einigen Zentimetern, so wird bei ausreichenden Vertikalsichten in der Regel ein „*Real Time Kinematic Differential Global Positioning System, (RTKDGPS)*" verwendet. Die relative Positionsgenauigkeit der RTKDGPS-Beobachtung bezogen auf kurze Zeitabschnitte liegt meist sogar im Millimeterbereich. Je nach Empfängertyp können somit bis zu 10 unabhängig Positionen pro Sekunde gemessen und registriert werden. Die Verarbeitung der GPS-Rohmessungen, die Transformation und die Ausgabe der Positions- bzw. Zusatzinformationen an eine Schnittstelle verursachen jedoch unterschiedliche Verzögerungs- bzw. Totzeiten, die je nach Empfänger sowie Messkonfiguration bis zu mehreren 100 Millisekunden ansteigen können. Dies führt hauptsächlich bei schnellen Bewegungen zu großen Ablagen und somit zu systematischen Fehlern.

Bei Positionsbestimmungen eines bewegten Reflektors mit einem zielverfolgenden Tachymeter errechnen sich die Koordinaten aus den Richtungs-, den Zenitwinkel-, den Distanzmessungen sowie der Einbeziehung von Zusatzinformationen. Gemäß der Genauigkeitsbereiche der Einzelsensoren kann eine Trajektorie unterhalb des Zentimeterbereichs beobachtet werden. Die drei unabhängig arbeitenden Subsysteme der Winkelmessung (Zielerkennung, Zielverfolgung, Bildauswertung und der jeweilige Abgriff am Horizontal- und Vertikalteilkreis), der elektronischen Distanzmessung (EDM) und der Rechen- bzw. Steuereinheit (Rohdatenerfassung, Positionsberechnung unter Berücksichtigung der Zusatzparameter, Datenspeicherung und Sensoransteuerung) beinhalten jedoch eine Vielzahl von möglichen Fehlerquellen. Durch eine Definition von entsprechenden Prüfkriterien sowie Korrekturalgorithmen für die Datenberechung dynamischer Messungen können solche Genauigkeitsschranken schließlich auch eingehalten werden. Diese Eichgrößen müssen jedoch für jedes Instrument (ggf. auch für einzelne Projekte) separat bestimmt werden. Eine Echtzeitkorrektur ist u.U. ebenfalls möglich.

Um nach dem automatischen Auslösen einer Messepoche ε_i eine Position zu erhalten, werden jeweils die drei Phasen

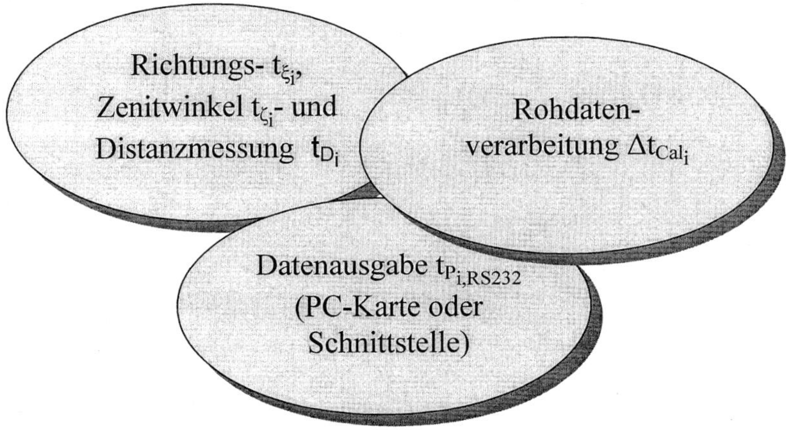

Abb. 1: Zeitliche Abfolge einer Messepoche

im zielverfolgenden Tachymeter sequentiell abgearbeitet. Bei statischen Messungen ist die Dauer der Beobachtung sowie die Verarbeitung bzw. Ausgabe unwesentlich, da sich in diesem Zeitraum das Ziel nicht verändert. Bei dynamischen Messungen müssen hingegen alle Zeitmarken der Einzelsensoren genauer betrachtet werden. Da die zielverfolgenden Tachymeter hauptsächlich für Absteckarbeiten d.h. „*Stop and Go-Verfahren*" konzipiert wurden, existieren bei den drei Subsystemen sowohl Synchronisationsfehler als auch unterschiedliche Berechnungs- und Totzeiten. Bei kontinuierlichen Echtzeitmessungen zur Bestimmung einer Trajektorie führen diese Einflussgrößen zu systematischen Positionsfehlern.

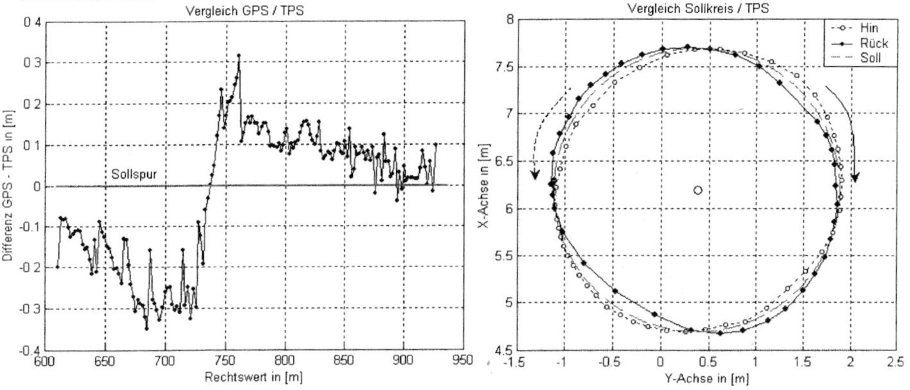

Abb. 2: Vergleich Referenz – kine. Beobachtung (TCA2003 Leica)

In der Regel hat man bei praktischen Feldmessungen keine Möglichkeit, eine Aussage bzgl. der Messgenauigkeit zu formulieren. Durch den Einsatz eines redundanten Messsystems oder durch präzise Vorkenntnisse der Sollgeometrie können jedoch *„unkorrigierte"* Tachymetermessungen genauer betrachtet werden. Ein Vergleich ist nur durch einen orthogonalen Abstand zur Bewegungsspur oder durch den radialen Abstand zu einem Sollkreis möglich. Es besteht vorerst noch keine Möglichkeit, eine genaue Sollposition für ε_i zu bestimmen. Der systematische Positionsfehler kann jedoch in diesen beiden Abbildungen deutlich erkannt werden.

2 Einflußparameter kinematischer Tachymeterbeobachtungen

2.1 Winkelmessung

Der vom Tachymeter ausgesendete Infrarotmessstrahl wird an einem Prisma reflektiert und mit einer CCD-Kamera aufgezeichnet. Nach der Initialisierung der Kamera mit unterschiedlichen Blenden- und Belichtungseinstellungen wird mittels dem Bildverarbeitungsalgorithmus und dem entsprechenden Abgriff am Teilkreis ein entsprechender Richtungs- ξ_i und Zenitwinkelwert ζ_i berechnet. Diesen Messwerten kann jeweils ein exakter Zeitpunkt zugeordnet werden (siehe Abb.1). Es besteht zur Zeit keine Möglichkeit, diesen Zeitpunkt physikalisch im Millisekundenbereich zu bestimmen, da die Uhr im zielverfolgenden Tachymeter sowie die Mess- bzw. Berechnungssoftware hierfür nicht konzipiert wurden.

Zunächst ist es sinnvoll, die Winkelmessungen separat zu betrachten. Hierfür wurde ein statisches Ziel im „*Tracking-Mode*“ (Messmodus zur Beobachtung bewegter Ziele) beobachtet. Nach einer kurzen Initialisierungsphase müssen die aufgezeichneten Winkelwerte jeder Epoche homogene Ergebnisse liefern. Am Beispiel einer Messung (Messanordnung unter Laborbedingungen) mit einem TCA2003 der Firma Leica-Geosystems zeigt sich jedoch, dass ein systematisches Rauschen auftritt. Durch Fehler im Bildverarbeitungsalgorithmus entstehen falsche Horizontal- und Vertikalwinkelwerte. Die vom Hersteller angegebene Winkelmessgenauigkeit von 0.5“ ist bei dynamischen Messungen um den Faktor 10 schlechter. Außerdem zeigt der Differenzplot, dass das Messrauschen systematisch verteilt ist. Dieser Effekt tritt sowohl bei der Horizontal- als auch bei der Vertikalwinkelmessung auf.

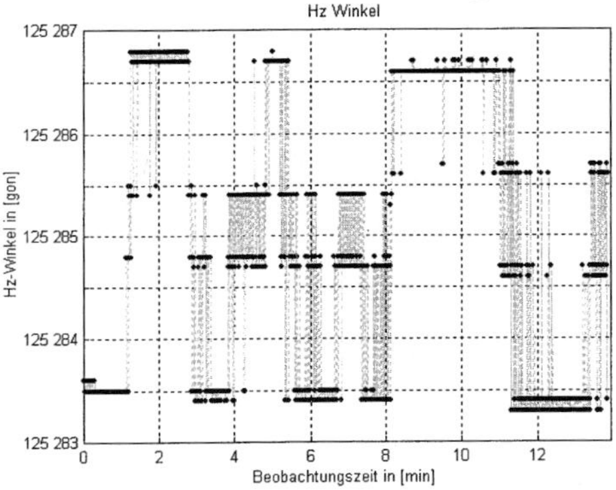

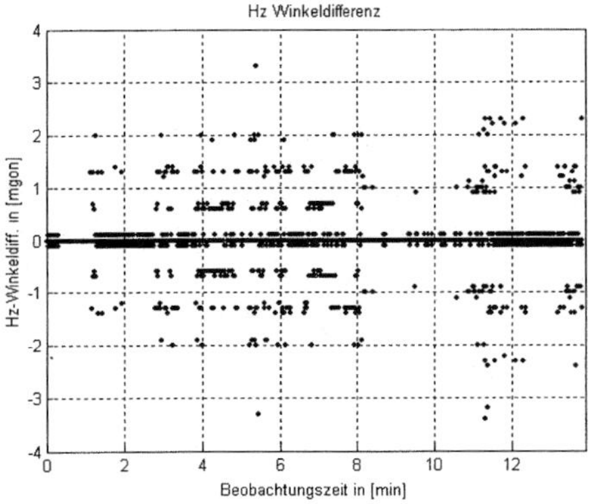

Abb. 3: Hz-Winkelmessung ξ_i und Differenzplot ξ_i - ξ_{i-1} (TCA2003 Leica)

Ein fehlerfreier, synchronisierter Abgriff an den beiden Teilkreisen muss durch eine entsprechende Sensorkalibrierung gewährleistet werden. Weitere Störfaktoren ergeben sich gelegentlich durch Reflexionen bei ungünstigen Sonneneinstrahlungen. Hier weisen Aktivsysteme erhebliche Vorteile gegenüber Passivsystemen auf. Da kinematische Tachymeterbeobachtungen nie zeitgleich in zwei Lagen durchgeführt werden können, müssen evtl. auftretende Achs- und Exzentrizitätsfehler weitgehend eliminiert werden.

2.2 Distanzmessung

Die Distanzmessung zur kinematischen Positionsbestimmung erfolgt im Grunde nach dem selben Prinzip wie bei statischen Messungen. Bei Beobachtungen auf ein ruhendes Ziel definiert sich die Messdauer durch die Vorgabe der erforderlichen Standardabweichung (abhängig von dem eingestellten Messmodus). Die Messdauer der Distanzmessung auf bewegte Ziele ist hingegen nicht variabel (STEMPFHUBER, 1999). Sie repräsentiert den Mittelwert der ausgegebenen Raumstrecke in Abhängigkeit der Frequenz, des EDM's und der Messdauer. Bei nicht linearen Zielbewegungen zwischen $t_{D_{i,Beg}} - t_{D_{i,End}}$ werden falsche Entfernungen ausgegeben. Dies wirkt sich besonders negativ bei schnellen Bewegungsänderungen sowie bei langen Messzeiträumen einer Distanzmessepoche $D\varepsilon_i$ aus.

Bei der Betrachtung der Distanzmessung auf ein statisches Prisma im „*Tracking-Mode*“ kann wiederum die Güte des Einzelsensors untersucht werden. Nachdem der EDM eine stabile Messtemperatur erreicht hat (beim TCA2003 etwa 3-5 Minuten) bewegt sich das Genauigkeitsband im Millimeterbereich. Es existiert lediglich ein homogener Versatz zur Sollstrecke (Fehler der Additionskonstante ist zeitabhängig). Ansonsten wird bei diesem Gerät die Herstellergenauigkeit mit dem EDM-Messmodus „*Tracking*“ von 5mm + 2ppm deutlich unterschritten. Anzumerken ist bei diesem Beispiel außerdem das sägezahnartige Verhalten bei Messbeginn.

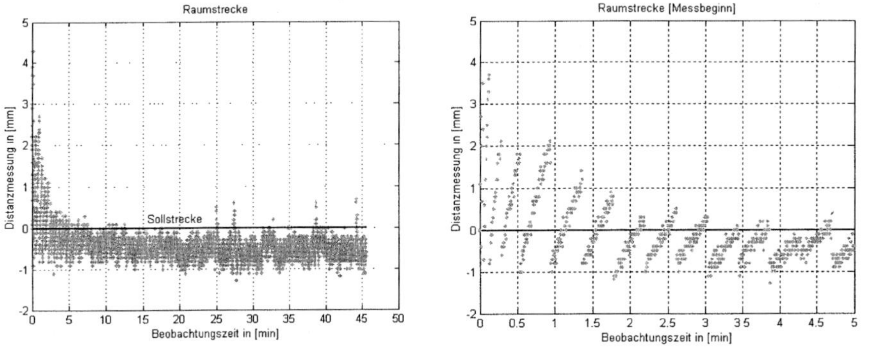

Abb. 4: Dynamische Distanzmessungen im „*Tracking-Mode*“

2.3 Reflektoren

Damit bei Messungen unter Laborbedingungen keine zusätzlichen Abweichungen durch den Reflektor auftreten, wurden die Untersuchungen stets mit einem präzisen Rundprisma durchgeführt (Genauigkeit << 1mm). Bei fast allen praktischen Feldmessungen muss jedoch ein 360°-Reflektor eingesetzt werden. Die Positionsbestimmung mit zielverfolgenden Tachymetern kann hierbei nie präziser sein als die aus der Prismenanordnung resultierende Genauigkeit. Die Beobachtung einer kompletten 360° Drehung des Rundumprismas im „*Tracking-Mode*" veranschaulicht dies. Bei einem Abstand von etwa 15 m verursacht das Rundumprisma einen Positionsfehler von 5 mm.

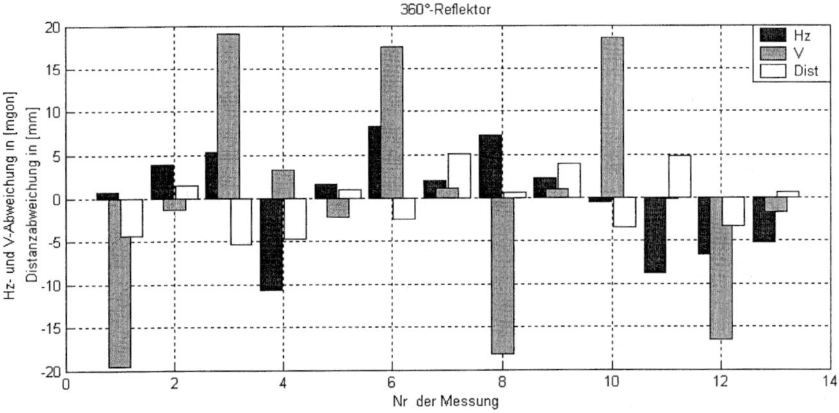

Abb 5: Genauigkeit eines 360°-Prismas (GRZ4-Leica)

2.4 Synchronisationsfehler

Die Schwierigkeit bei kinematischen Tachymetermessungen besteht darin, alle Rohmesswerte der Einzelsensoren, Sensoransteuerungen, Datenverwaltung, -ausgabe sowie Koordinatenberechnungen zeitlich zu vereinen. In der Regel werden bei zielverfolgenden Tachymetern diese unterschiedlichen Zeitpunkte bzw. -räume nicht berücksichtigt. Der auf eine Epoche ε_i bezogene Koordinatentripel beschreibt daher eine fehlerhafte Position zu einem fiktiven Zeitpunkt.

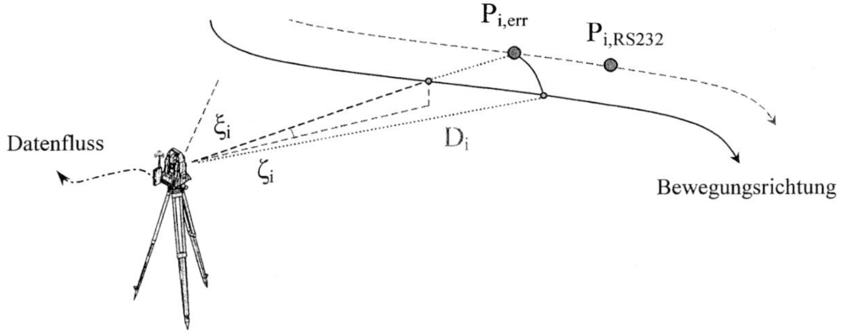

Abb 6: Synchronisationsfehler zwischen Winkel- und Distanzmessung

Hieraus ergibt sich eine zeitliche Zuordnung für den Punkt $t_{P_{i,RS232}}$ mit

$$t_{P_{i,RS232}} = f(t_{\xi_i}, t_{\zeta_i}, t_{D_i}, t_{Cal_i}), \qquad (1)$$

wobei sich t_{Cal_i} aus den einzelnen Tot-, Steuer- und Berechnungszeiten zusammensetzt.

Je nach Größe dieser Zeitverzögerungen und Bewegungsgeschwindigkeit kann die daraus resultierende Koordinatenablage bis in den Meterbereich ansteigen.

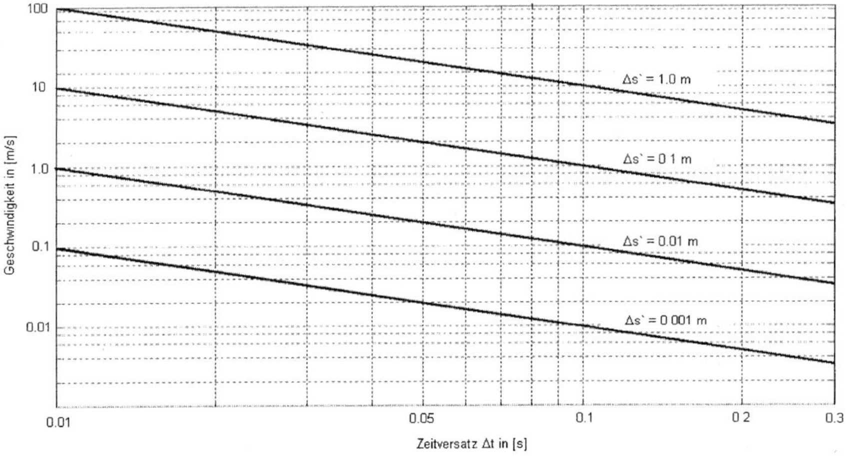

Abb 7: Positionsfehler in Abhängigkeit der Zeitverzögerung, der Totzeit sowie der Bewegungsgeschwindigkeit

Am Lehrstuhl für Geodäsie der TU München wurden mit einer Methode zur Bestimmung eines mittleren Zeitunterschieds zwischen der Winkel- und der Distanzmessung Δt (STEMPFHUBER, 2000) folgende Werte für die aufgelisteten Instrumente mit der jeweiligen Messeinstellung bestimmt:

Instrument	EDM-Modus, Kompensator, Registrierungssoftware	Δt und rms [ms]
Leica TCA 2003	Tracking, Komp. ein, Auto-Record	+ 285 ± 0.6
	Tracking, Komp. aus, Auto-Record	+ 243 ± 1.1
	FastTracking, Komp. ein, Auto-Record	- 116 ± 1.4
	FastTracking, Komp. aus, Auto-Record	- 103 ± 0.9
Leica TCAR 1101	Tracking, Komp. ein, Fast-Record	+ 230 ± 0.5
	Tracking, Komp. aus, Fast -Record	+ 112 ± 0.7
	FastTracking, Komp. ein, Fast -Record	+ 200 ± 0.9
	FastTracking, Komp. aus, Fast -Record	+ 91 ± 2.0
Leica TCAR 1103 (plus-Version)	FastTracking, Komp. ein, Fast -Record	+ 155 ± 1.2
	FastTracking, Komp. aus, Fast -Record	+ 80 ± 1.2
Geodimeter ATS-PT	Tracking, Komp. ein,	+ 232 ±1.3

Tab 1: Zeitverzögerung zwischen Winkel- und Distanzmessung
(pos. Δt Distanzmessung vor Richtungsmessung)

3 Kalibrierung und Korrektur kinematischer Tachymetermessungen

3.1 Referenzposition und -zeit

Zur Eliminierung des Synchronisationsfehlers zwischen der Winkel- und Distanzmessung und zur gleichzeitigen Bestimmung der Ausgabezeit $t_{Pi,RS232}$ müssen alle in der Gleichung (1) aufgeführten Zeitmarke innerhalb weniger Millisekunden exakt bestimmt werden. Hierzu ist eine homogene und hochpräzise Zeitbasis erforderlich. In Deutschland ist nach dem Zeitgesetz von 1978 die Physikalisch-Technische Bundesanstalt (PTB) in Braunschweig für die Darstellung und Verbreitung der gesetzlichen Zeit beauftragt. Da sowohl der durch die PTB angebotene Service einer Zeitübertragung via Internet (Übertragung im Sekundentakt , Abweichung ca. ± 10 ms) als auch der Aussendung des DCF77-Signals (D = Deutscher; C = Langwellensender; F = Frankfurt; 77 = Frequenz) solchen Anforderungen nicht entsprechen, können diese kostenlosen Dienste hierfür nicht verwendet werden. Das Problem des DCF77-Signals ist einerseits die Überlagerung von Boden- und die hauptsächlich durch die Topographie verursachten Raumwellen. Hierbei können die Flanken des digitalen Signals nicht mehr eindeutig aufgelöst werden (siehe Abb. 8). Andererseits führen meteorologische Einflüsse zu Störungen. Diese beiden Einflussgrößen verursachen zusammen mit der Qualität des DCF77-Empfängers ein Rauschen, das in einer Entfernung von ca. 350 Kilometern zum Sender (Mainflingen – Freising) mehrere 100 Millisekunden betragen kann.

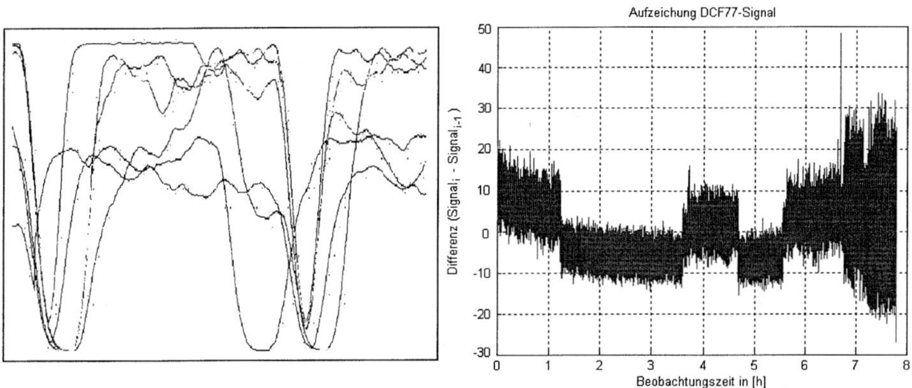

Abb. 8: Digitale Flanken des DCF77-Signals / Signalhomogenität bei Gewitter

Eine preiswerte und sehr präzise Möglichkeit einer genauen Zeitbasis bietet die Option des PPS-Event „*puls per second*" bei bestimmten GPS-Empfängern. Durch die berechnete Navigationsposition im Empfänger sowie der Laufzeitmessung kann die UTC-Zeit (Coordinated Universal Time) in einem Genauigkeitsbereich von etwa 10^{-8} bis 10^{-9} Sekunden bereit gestellt werden.

Um die Sollpositionen mit exakten Zeitmarken für eine Tachymeterkalibrierung zu bestimmen, bietet es sich an, ein RTKDGPS mit „*PPS-Event*" einzusetzen. Zwar ergeben die GPS-Positionen nur eine absolute Genauigkeit von einigen Zentimetern. Untersuchungen am Lehrstuhl für Geodäsie ergaben jedoch, dass das relative Positionsrauschen bezogen auf eine Sollspur im Bereich von wenigen Millimeter liegt. Voraussetzungen sind jedoch abschattungsfreie Messungen mit entsprechender Satellitenkonstellation. Um die in der Einleitung erwähnte „*Latency*" bei GPS-Empfänger zu bestimmen, wurden verschiedene Kalibrierungsmessungen durchgeführt. Ein Registrierungssystem bestehend aus einem Rechner, NMEA- und PPS-Events-Schnittstellen sowie einer entsprechenden Echtzeitregistrierungs- bzw. Auswertesoftware wurde erstellt, um die von Empfängertyp, -konfiguration und Satellitenanzahl abhängige „*Latency*" zu bestimmen. Als Mittelwert mehrerer Messungen in unterschiedlichen Beobachtungszeiträumen ergaben sich folgende Totzeiten:

Satellitenanzahl	Latency (Mittelwert in [ms])	Standardabweichung in [ms]
4	41.1	± 5.1
5	43.5	± 4.5
6	46.0	± 4.7
7	49.0	± 5.1
8	51.3	± 3.4
9	54.6	± 4.3

Tab 2: Verzögerungszeit (Leica GPS System 530)

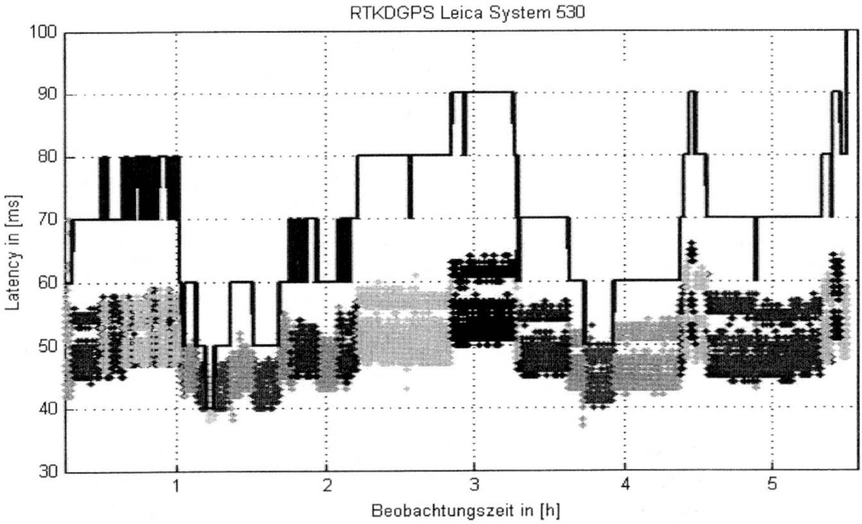

Abb. 9: Latency (Leica GPS-System 530) im Vergleich zur Satellitenanzahl

Abbildung 9 zeigt eindeutig den Zusammenhang zwischen der *„Latency-Funktion"* und dem Graph der Satellitenanzahl. Wird ein neuer Satellit getrackt oder verschwindet er aus dem Sichtbereich, verändert sich zeitgleich der Zeitraum für die Positionsberechnung. Untersuchungen an verschiedenen geodätischen GPS-Empfänger zeigten, dass diese hauptsächlich von der Satellitenanzahl abhängige „*Latency*" u.U. bis zu 200 ms betragen kann.

Aus der Vorgabe der „*GPS-Latency*" und der Kenntnis der Relativgenauigkeit von wenigen Millimetern kann nun für einen kurzen Wegabschnitt die relative Sollposition jeder Epoche exakt definiert werden. Außerdem kann dieser Sollposition eine exakte UTC-Zeitmarke zugewiesen werden.

3.2 Geometrische Bestimmung der einzelnen Tachymetermesszeiten

Aus den beschriebenen Messgrößen des zielverfolgenden Tachymeters ξ_i, ζ_i sowie D_i und den Referenzinformationen können nun alle erforderlichen Parameter geometrisch abgeleitet werden. Mittels dem Standpunkt $P_{TPS}(y_{TPS}, x_{TPS}, z_{TPS})$ und der Orientierung t_0 kann durch den in der Grundrissebene vereinfachten Ansatz

$$\xi_i \cap Track_{k,GPS} \text{ aus } [P_{k,G}(y_{k,G}, x_{k,G}, z_{k,G}) \; und \; P_{k+n,G}(y_{k+n,G}, x_{k+n,G}, z_{k+n,G})] \tag{2}$$

mit

$$f_1(y'_{1,k}): \quad x'_{k,R} = \left(\frac{x_{k,G} - x_{k+n,G}}{y_{k,G} - y_{k+n,G}}\right) \cdot y'_{k,R} + x_{k,G} - \left(\frac{x_{k,G} - x_{k+n,G}}{y_{k,G} - y_{k+n,G}}\right) . y_{k,G} \tag{3}$$

$$f_2(y'_{2,i}): \quad x'_{i,R} = \left(\frac{x_{i,\xi} - x_0}{y_{i,\xi} - y_0}\right) \cdot y'_{i,R} + x_{i,\xi} - \left(\frac{x_{i,\xi} - x_0}{y_{i,\xi} - y_0}\right) . y_{i,\xi} \tag{4}$$

die Zeitmarke t_{ξ_i} bestimmt werden. Die Position von $P_{i,err}$ muss zwingend zwischen den Positionen $P_{k,GPS}$ und $P_{k+n,GPS}$ liegen. t_{ξ_i} rechnet sich aus den

$$x'_{k,Hz} = x'_{i,Hz} \, ; \, y_{k,Hz} = y'_{i,Hz} \tag{5}$$

über

$$x'_{i,R} = \frac{\left[x_{i,\xi} - \left(\frac{x_{i,\xi} - x_0}{y_{i,\xi} - y_0}\right) . y_{i,\xi} - x_{k,G} - \left(\frac{x_{k,G} - x_{k+n,G}}{y_{k,G} - y_{k+n,G}}\right) . y_{k,G} \right]}{\left[\left(\frac{x_{k,G} - x_{k+n,G}}{y_{k,G} - y_{k+n,G}}\right) - \left(\frac{x_{i,\xi} - x_0}{y_{i,\xi} - y_0}\right) \right]} \tag{6}$$

$$y'_{i,R} = \left(\frac{x_{k,G} - x_{k+n,G}}{y_{k,G} - y_{k+n,G}}\right) \cdot x'_{i,R} + x_{k,G} - \left(\frac{x_{k,G} - x_{k+n,G}}{y_{k,G} - y_{k+n,G}}\right) . y_{k,G} \tag{7}$$

Somit ergibt sich durch lineare Interpolation $t_{UTC,i,\xi}$ aus t_{UTC,G_k} und $t_{UTC,G_{k+n}}$. Durch Abspeicherung der Registrierzeit $t_{i,RS232}$ kann zusätzlich $\Delta t_{UTC,Cal,i,\xi}$ bestimmt werden. Analog errechnet sich $t_{UTC,i,\zeta}$ und $\Delta t_{UTC,Cal,i,\zeta}$.

Die Zeitmarke t_{D_i} kann aus der Überlegung

$$D_i \cap \text{Track}_{k,GPS} \text{ (ebenfalls auf den Grundriss beschränkt)} \tag{8}$$

mit

$$(x'_{i,D}-x_0)^2-(y'_{i,D}-y_0)^2-D_i^2=0 \tag{9}$$

$$f_3(y'_{3,k}):\quad x'_{k,D}=\left(\frac{x_{k,G}-x_{k+n,G}}{y_{k,G}-y_{k+n,G}}\right)\cdot y'_{k,D}+x_{k,G}-\left(\frac{x_{k,G}-x_{k+n,G}}{y_{k,G}-y_{k+n,G}}\right).y_{k,G} \tag{10}$$

und $x'_{k,D}=x'_{i,D}$; $y_{k,D}=y'_{i,D}$,

$$x_{i,D}^2-2\cdot x_{i,D}\cdot x_0+x_0^2\cdot\left(\frac{x_{k,G}-x_{k+n,G}}{y_{k,G}-y_{k+n,G}}\right)^2\cdot x_{i,D}^2+2\cdot\left(\frac{x_{k,G}-x_{k+n,G}}{y_{k,G}-y_{k+n,G}}\right)\cdot \tag{11}$$

$$\left[x_{k,G}-\left(\frac{x_{k,G}-x_{k+n,G}}{y_{k,G}-y_{k+n,G}}\right).y_{k,G}\right]^2-2\cdot\left(\frac{x_{k,G}-x_{k+n,G}}{y_{k,G}-y_{k+n,G}}\right)\cdot y_0-2\cdot \tag{12}$$

$$\left[x_{k,G}-\left(\frac{x_{k,G}-x_{k+n,G}}{y_{k,G}-y_{k+n,G}}\right).y_{k,G}\right]\cdot y_0+y_0-D_i^2=0 \quad \text{errechnet werden.} \tag{13}$$

Durch Auflösen der quadratischen Gleichung

$$x_{i,D}=-b_i\pm\sqrt{\frac{b_i^2-4\cdot a_i\cdot c_i}{2\cdot a_i}} \quad \text{mit} \tag{14}$$

$$a_i=\left[1-\left(\frac{x_{k,G}-x_{k+n,G}}{y_{k,G}-y_{k+n,G}}\right)\right]^2; \tag{15}$$

$$b_i=-2x_0+2\cdot\left(\frac{x_{k,G}-x_{k+n,G}}{y_{k,G}-y_{k+n,G}}\right)\left[x_{k,G}-\left(\frac{x_{k,G}-x_{k+n,G}}{y_{k,G}-y_{k+n,G}}\right).y_{k,G}\right] -2\cdot\left(\frac{x_{k,G}-x_{k+n,G}}{y_{k,G}-y_{k+n,G}}\right)y_0; \tag{16}$$

und

$$
c_i = x_0^{\,2} + \left[x_{k,G} - \left(\frac{x_{k,G} - x_{k+n,G}}{y_{k,G} - y_{k+n,G}} \right) . y_{k,G} \right]^2 - 2 \cdot
\left[x_{k,G} - \left(\frac{x_{k,G} - x_{k+n,G}}{y_{k,G} - y_{k+n,G}} \right) . y_{k,G} \right] \cdot y_0 + y_0^{\,2} - D_i \qquad (17)
$$

ergibt sich der $P_i(y_{i,D}, x_{i,D})$. Der Zeitpunkt $t_{UTC,i,D}$ sowie $\Delta t_{UTC,Cal,i,D}$ folgt ebenfalls durch lineare Interpolation. Zu beachten ist lediglich, dass bei den beiden Berechungen $t_{UTC,i,D}$ und $t_{UTC,i,r}$ der Index i durch einen Filter auf den entsprechenden Index k bzw. k+n angepasst wird.

Anhand dieser Gleichungssysteme ist man in der Lage, die einzelnen Zeitmarken der Rohmesswerte ξ_i, ζ_i und D_i sowie der Totzeiten zu bestimmen. Die graphische Auflösung am Beispiel einer Messreihe des TCA2003 veranschaulicht, dass die Abstände zwischen den jeweiligen Messepochen bestimmte Regelmäßigkeiten aufweisen. Unter Beachtung der deterministischen und der stochastischen Fehleranteile sowie den Beobachtungsfehlern lassen sich die Zeitabstände auf verschiedene Niveaus zusammenfassen. Abbildung 10 zeigt dies am Beispiel einer Richtungswinkel- und einer Distanzbeobachtung.

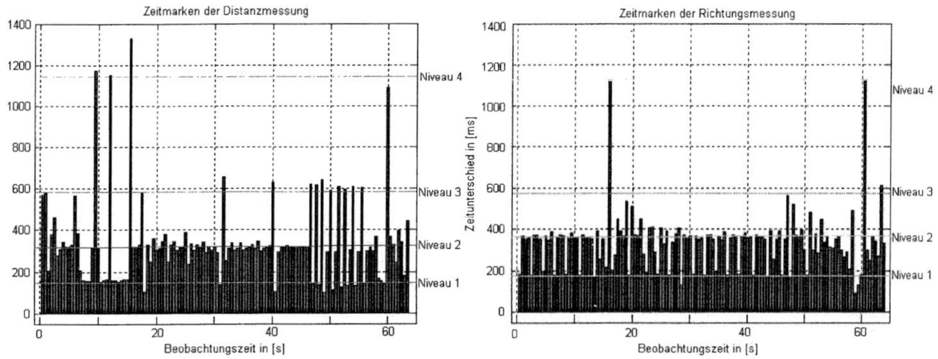

Abb 10: Zeitliches Verhalten von ξ_i und D_i

Abhängig von der Geräteart, -konfiguration, der Erfassungs- sowie der Verarbeitungssoftware ergeben sich unterschiedliche Δt zwischen der Richtungs-, Zenitwinkel- und Distanzmessung. Um die Rohmessungen bei gewöhnlichen Feldmessungen ohne Referenzinformationen zu bearbeiten, benötigt man zum einen die aus der Kalibrierung für den dynamischen Einsatz resultierenden Werte Δt_n. Zum anderen bedarf es einer Zuordnungsfunktion dieser Zeitverzögerungen. Betrachtet man die Differenzplots der Winkel- und Distanzmessung, so kann hier schnell ein Kriterium für die Zuordnung der jeweiligen Δt_1, Δt_2, Δt_3 ... gefunden werden. Verändert sich das Niveau, so zeigt sich dies eindeutig in der Differenzbetrachtung der jeweiligen Rohmessungen. Voraussetzung ist jedoch wiederum ein relativ homogener Bewegungsablauf. Mittels dynamischer Filter können jedoch auch rasche Bewegungsänderungen bis zu einem gewissen Grad berücksichtigt werden.

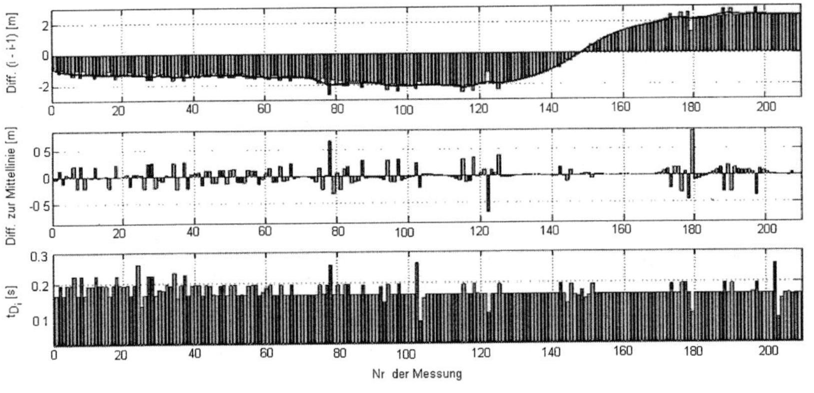

Abb 11: Kriterium zu Unterscheidung von Δt_n

Durch das Anbringen von $\Delta t_{Cal_{i,\xi}}$, $\Delta t_{Cal_{i,\zeta}}$ und $\Delta t_{Cal_{i,D}}$ können mittels Prädiktion (z.B. auf die Messaufgabe individuell angepasste Kalmanfilterung) auch Echtzeitaufgaben unabhängig von der Bewegungsgeschwindigkeit des Objekts zentimetergenau berechnet werden.

3.3 Korrektur

Die in (STEMPFHUBER, 2000) abgeleiteten funktionalen Beziehungen ergeben aus dem geometrischen Ansatz

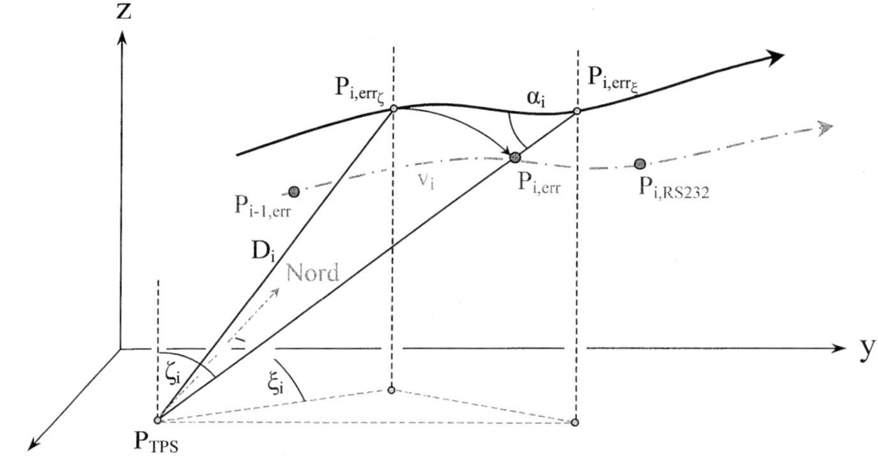

Abb. 12: Geometrischer Zusammenhang

folgende auf diesen Sachverhalt angepassten Korrekturformeln

$$y_{korr} = (y_{TPS} + D_i \cdot \sin\zeta_i \cdot \sin\xi_i) \cdot v_i \cdot \Delta t_n \cdot (\cos\alpha_i - \frac{1}{2} \cdot \frac{v_i \cdot \Delta t_n}{D_i} \cdot (1 - \cos^2\alpha_i)) \cdot \sin\zeta_i \cdot \sin\xi_i \tag{18}$$

$$x_{korr} = (x_{TPS} + D_i \cdot \sin\zeta_i \cdot \cos\xi_i) \cdot v_i \cdot \Delta t_n \cdot (\cos\alpha_i - \frac{1}{2} \cdot \frac{v_i \cdot \Delta t_n}{D_i} \cdot (1 - \cos^2\alpha_i)) \cdot \sin\zeta_i \cdot \cos\xi_i \tag{19}$$

$$z_{korr} = (z_{TPS} + D_i \cdot \cos\zeta_i) \cdot v_i \cdot \Delta t_n \cdot (\cos\alpha_i - \frac{1}{2} \cdot \frac{v_i \cdot \Delta t_n}{D_i} \cdot (1 - \cos^2\alpha_i)) \cdot \cos\zeta_i \quad . \tag{20}$$

Betrachtet man noch einmal die dargestellte Messreihe der Abb. 2, so kann mit den Korrekturformeln und einem Δt_1 der Fehler 1. Ordnung eliminiert werden. D.h. der systematische Fehler wird hierbei mit einem Mittelwert aus der Zeitverzögerung zwischen Winkel- und Distanzmessung vollständig korrigiert. Durch gezielte Rohdatenfilterung und geeignete Zuordnung der Δt_n kann die mit dem zielverfolgenden Tachymeter beobachtete Bewegungsspur sogar unter einem Zentimeter absolut positioniert werden. Zusätzlich lässt sich durch die Bestimmung der einzelnen Totzeiten ähnlich wie bei GPS der genaue Messzeitpunkt definieren. Dies ist hauptsächlich bei Navigationsaufgaben schnell bewegter Ziele interessant.

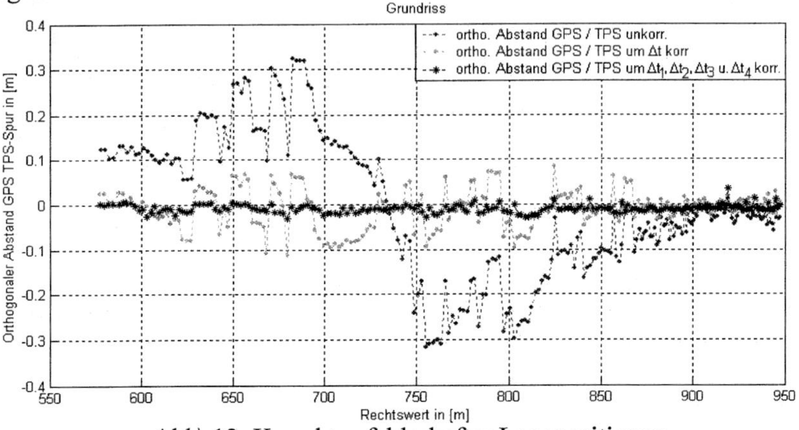

Abb. 13: Korrektur fehlerhafter Lagepositionen

Viele Anwendungen im Bereich der Maschinenleitsysteme erfordern präzise Höheninformationen. Genauigkeitsanforderungen der Höhenkomponente von ± 2 mm sind z.B. beim Straßendeckenfertiger Standard. Auch die relativ schnell fahrenden Grader benötigen bei den Planierungsarbeiten eine sehr hohe Zuverlässigkeit der zu bearbeitenden Oberfläche. Abbildung 14 veranschaulicht, dass sich der Fehler auch bei solchen Bewegungen mit kleinen $\Delta\zeta_i$ auswirkt.

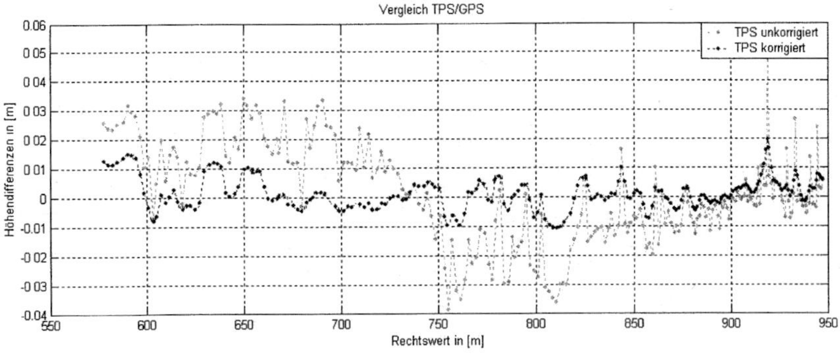

Abb. 14: Höhenvergleich korrigiert / unkorrigiert

4 Schlussbetrachtung

Am Lehrstuhl für Geodäsie wurden bereits mehrere zielverfolgende Tachymeter unterschiedlicher Hersteller hinsichtlich ihrer kinematischen Eigenschaften untersucht. Bei allen Geräten zeigte sich ein inhomogenes Zeitverhalten von mehreren 100 ms. Da zielverfolgende Tachymeter z.Z. jedoch hauptsächlich für einige Sonderanwendungen schnell bewegter Ziele eingesetzt werden, zeichnet sich in absehbarer Zeit keine Hardwaremodifikation von Seiten der Gerätehersteller ab. Durch die beschriebene Methode der Tachymeterkalibrierung sowie des echtzeitfähigen Korrekturalgorithmus kann jedoch eine Trajektorie hoch präzise bestimmt werden. Dadurch erfolgt eine erhebliche Leistungssteigerung des zielverfolgenden Tachymeters für dynamische Applikationen, indem das vorhandene Potential der einzelnen Sensoren effizienter ausgeschöpft wird. Werden zusätzlich „*intelligente*“ Filter (z.B. Kalmanfilterung) eingesetzt, bedarf es grundsätzlicher Überlegungen bzgl. der Modellkomponenten sowie dem Modellrauschen und dem Systemrauschen (HUEP, 1986).

5 Literaturverzeichnis

SCHNÄDELBACH, K., (1981): Erfahrungen mit einer räumlichen Triangulation hoher Genauigkeit. In Proceedings XVI. International Congress of Surveyors, Montroux, Commission 5. Bericht 503.6.

STEMPFHUBER, W., (1999): Kinematische Vermessung mit zielverfolgenden Tachymetern. In: Bill/Grenzdörffer und Schmid (Hrsg.), Interner Bericht, Heft 12. Institut für Geodäsie und Geoinformation/Fachbereich Landeskultur und Umweltschutz, Universität Rostock, S. 121-132.

STEMPFHUBER, W., SCHNÄDELBACH, K., MAURER, W., (2000): Genaue Positionierung von bewegten Objekten mit zielverfolgenden Tachymetern. Schnädelbach/Schilcher: XIII International Course on Engineering Surveying, München, Wittwer Verlag, Stuttgart, S. 144 – 154.

HUEP, W. (1986): Zur Positionierung im gestörten KALMAN-Filter am Beispiel eines manövrierenden Wasserfahrzeuges, Wiss. Arbeiten der Fachrichtung Vermessungswesen der Universität Hannover, Nr. 143

Zur Kalibrierung von GPS-Antennen

Barbara Görres
Geodätisches Institut der Universität Bonn
Nussallee 17
53115 Bonn
email: goerres@uni-bonn.de

Aufgabe der Antennenkalibrierung ist die Bestimmung des Bezugspunktes der GPS-Trägerphasenmessung an der Antenne, der den Bezugspunkt eines jeden Koordinatenergebnisses darstellt. Es wird das sogenannte mittlere Antennenphasenzentrums und seine richtungsabhängigen Variationen ermittelt. Zur Problematik der Antennenkalibrierung werden jährliche Workshops veranstaltet (Bonn 1999, Hannover 2000, Bonn 2001).

1 Definition des Antennenphasenzentrum und der Phase Center Variations (PCV)

1.1 Definition einer idealen Antenne

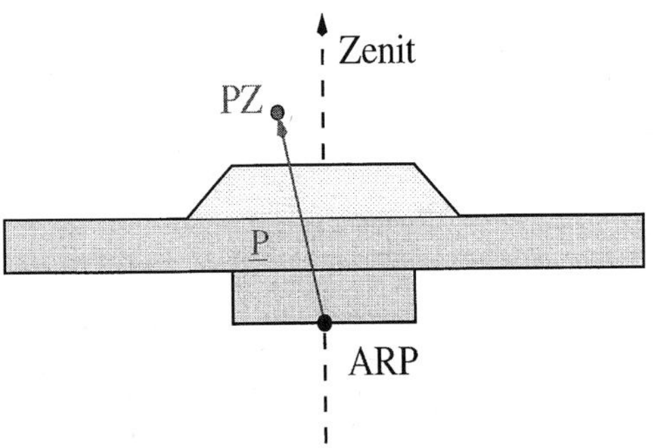

Abb. 1: geometrische Definition des Antennenphasenzentrums einer GPS-Antenne

Zur Definition des Phasenzentrums wird im Idealfall davon ausgegangen, daß sich alle mit einem Empfänger gemessenen „Phasen“ in einem Punkt der Antenne, dem **Antennenphasenzentrum (PZ)**, treffen (Abb. 1). Da an der Antenne jedoch nur ein **mechanischer Referenzpunkt (ARP = Antenna Reference Point)** festgelegt werden kann, werden alle äußeren Zentrierelemente, vor allem die Antennenhöhe, auf diesen ARP bezogen. Nach der Definition des International GPS Service (IGS) befindet sich der ARP immer an der Unterseite der Antenne, in der Mitte der Zentrierachse. Als Antennenoffset bezeichnet man dann denjenigen Vektor im antennenfesten System, dessen Ursprung der ARP bildet, der die Koordinaten des Phasenzentrums PZ relativ zum Referenzpunkt (ARP) angibt. Die drei Komponenten x (Nordrichtung) und y für die horizontale Lage sowie h für die Höhenkomponente werden in der Kalibrierung getrennt für die beiden Trägerfrequenzen L_1 und L_2 bestimmt.

1.2 Definition für eine reale Antenne

Durch die elektromagnetischen Eigenschaften der Bauteile der Antenne (Dipol, Microstrip, ...) entstehen jedoch Phasenfehler, die zu einer Verbiegung der im Idealfall sphärischen Phasenfront führen. Die Position des Phasenzentrums variiert dann in Abhängigkeit von der Satellitenkonstellation, d.h. in Abhängigkeit von der Einstrahlrichtung des Satellitensignals. Hier wird nach Elevations- (Abb. 2a) und Azimutabhängigkeit (Abb. 2b) unterschieden. Als **mittleres Phasenzentrum PZ** bezeichnet man dann den Mittelpunkt eines ausgleichenden Kugelsegments über alle empfangenen Richtungen.

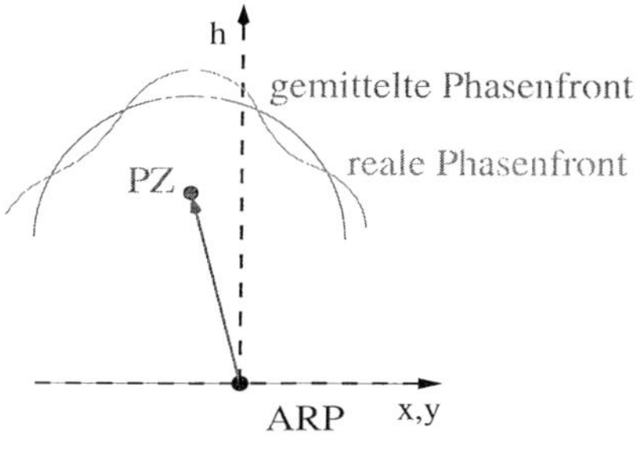

Abb. 2a: elevationsabhängige Phasenfehler (Aufriß der Antenne)

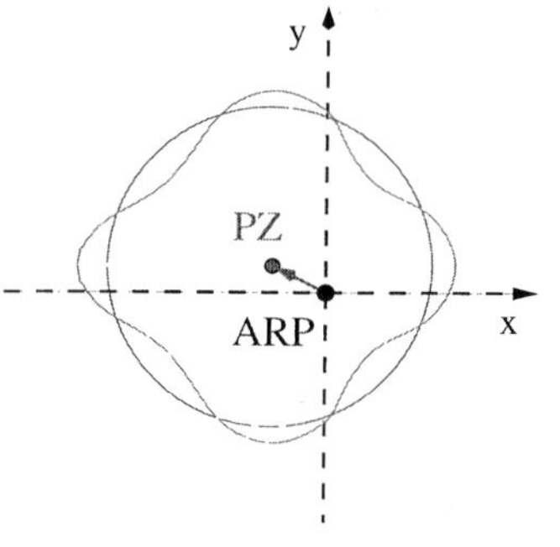

Abb. 2b: azimutabhängige Phasenfehler (Grundriß)

Die Bestimmung von PZ ist vom gewählten Himmelssegment, über das die Mittelbildung erfolgt, also von der gewählten Elevationsmaske abhängig. Wird sie verändert, ändert sich insbesondere die Höhenkomponente des Vektors PZ.

In zwei Auswerteschritten werden zunächst die Koordinaten des mittleren Phasenzentrums PZ bestimmt und anschließend der richtungsabhängige Korrekturterm durch ein Polynom, Polygon oder durch die Entwicklung einer Kugelflächenfunktion modelliert. Die Azimutvariationen sind je nach Antennentyp mehr oder minder stark ausgeprägt und fallen im Regelfall mindestens eine Größenordnung kleiner aus als die Elevationsvariationen.

2 Verwendung von Antennenkorrekturen in der Praxis

Die Ergebnisse der Antennenkalibrierung werden je nach Genauigkeitsanforderung an das Meßergebnis in vier Stufen in einer Auswertung berücksichtigt:

- Höhenkomponente des konstanten Offsets
- Höhen- und Lagekomponenten des konstanten Offsets
- konstanter Offset mit elevationsabhängigen Korrekturen
- konstanter Offset mit elevations- und azimutabhängigen Korrekturen

2.1 Verwendung von Antennenkorrekturen auf kurzen Basislinie

Da sich bei der Relativmessung, die für alle geodätischen Anwendungen üblich ist, nur Unterschiede im Antennenverhalten im Koordinatenergebnis auswirken, ist der in einem Meßverfahren eingesetzte Antennentyp und die Ausrichtung der Antenne entscheidend. Folgende Konstellationen können unterschieden werden:

- gleicher Antennentyp - gleiche Ausrichtung

  Alle Antennenfehler werden durch die Bildung der Einfachdifferenzen eliminiert, so daß keine Korrekturen erforderlich sind.

- gleicher Antennentyp - unterschiedliche Ausrichtung (z.B. RTK)

  Die Korrektur von Lageoffsets ist zwar prinzipiell erforderlich, wäre aber nur möglich, wenn die Antennenausrichtung bekannt ist. Der durch Vernachlässigung der Lagekorrektur resultierende Fehler kann anhand der bisher in Bonn kalibrierten Antennentypen (Abb. 3) mit kleiner als 2 x 5 mm abgeschätzt werden. Zur Vermeidung dieses Fehlers sollten daher alle Antennen nach Nord ausgerichtet werden.

- verschiedene Antennentypen - definierte Ausrichtung

  Die durch Vernachlässigung einzelner Korrekturanteile im Ergebnis verursachten Fehler können folgende Größenordnung erreichen:

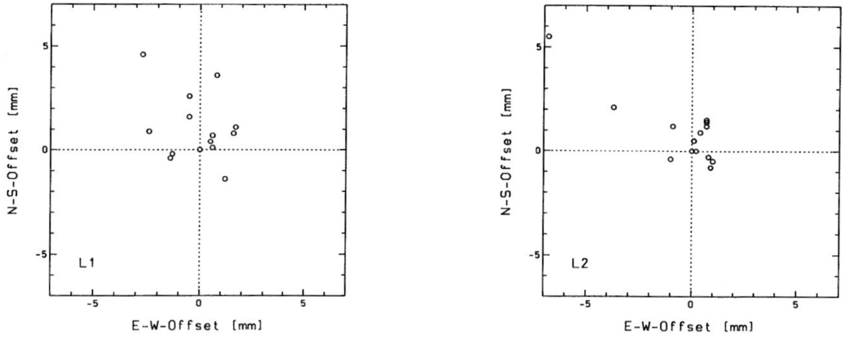

Abb. 3: Lageoffsets aller in Bonn kalibrierten Antennentypen

• Lageoffset:	< 1cm in der horizontalen Lage
• Höhenoffset:	mehrere cm in der Höhe
• Elevationsabhängige PCVs:	bis zu 10 cm in der Höhe
• Azimutabhängige PCVs:	für Spezialanwendungen

Bei Vernachlässigung der elevationsabhängigen PCVs in der Auswertung werden das Antennenverhalten, die Modellierung der Troposphäre und die Höhenbestimmung nicht mehr sauber getrennt. Ist also die Bestimmung der Höhenkomponente von Interesse, müssen in jedem Fall neben dem konstanten Höhenoffset auch die elevationsabhängigen Korrekturen angebracht werden.

2.2 Verwendung von Antennenkorrekturen auf langen Basislinien

Bei der Auswertung eines Punktnetzes großer Ausdehnung von mehreren 100 km kann die Ausrichtung der Zenitachsen der Antennen nicht mehr als parallel angesehen werden. Ein Satellit wird von verschiedenen Meßstationen unter verschiedenen Winkeln gesehen. Befinden sich die Stationen außerdem auf unterschiedlichen geographischen Längen, ist auch die Nordrichtung an beiden Standpunkten nicht mehr parallel. Es kann deshalb nicht mehr von einer Elimination gleicher Fehleranteile der beteiligten Antennen ausgegangen werden. Sowohl kostante Offsets in allen drei Komponenten als auch richtungsabhängige Korrekturen, insbesondere natürlich wegen ihrer Größenordnung die elevationsabhängigen, müssen berücksichtig werden.

3 Verfahren zur Antennenkalibrierung

Grundsätzlich werden **Feldverfahren** zur relativen und absoluten Bestimmung von Antennenparametern sowie **Laborverfahren** zur absoluten Bestimmung unterschieden (Tab. 1).

	Vorteile	Nachteile
Labor-kalibrierung	Absolutkalibrierung gleichmäßige Verteilung der Meßwerte	Messung aufwendig
Feld-verfahren	Kalibrierung in Gebrauchslage	Relativkalibrierung (Referenzantenne nötig)

Tab. 1: Vor- und Nachteile der Feld- und Laborkalibrierung von GPS-Antennen

Vom Geodätischen Institut der Universität Bonn werden GPS-Antennen zum einen in der echolosen Kammer des Max Planck Instituts für Radioastronomie kalibriert [Breuer et al. 1995]. Absolutwerte einer Einzelantenne einschließlich Elevations- und Azimutvariationen werden durch Drehung der Antenne vor einem fest montierten Sender mit der GPS-Nominalfrequenz bestimmt. Diese Messungen sind sehr aufwendig und reagieren empfindlich gegenüber Störungen im Nahfeld.

Andererseits werden auf den Pfeilern des Meßdachs des Geodätischen Instituts Antennen in Gebrauchslage kalibriert. Die Antennenparameter werden relativ zu einer definierten Referenzantenne aus den GPS-Beobachtungsdaten geschätzt. Freie Sicht bis nahe zum Horizont und eine Umgebung möglichst ohne Mehrwegeeinflüsse müssen gewährleistet sein.

Im Labor werden alle zu bestimmenden Komponenten absolut erhalten (Tab. 2). Unter den Feldverfahren ermöglicht nur der Einsatz eines Meßroboters [Böder 1999] den Zugang zu den absoluten Größen. Im klassischen Feldverfahren werden die Antennenparameter relativ zu einer Referenzantenne erhalten, deren Verhalten entweder aus einem Absolutverfahren bekannt oder auch definiert wurde. Wird die Antenne zwischen den einzelnen Sessionen gedreht, können die beiden Lageoffsets auch absolut erhalten werden. Eine höhere Genauigkeit bietet jedoch der Vergleich mit Sollkoordinaten, die sich mit terrestrischen Methoden mit übergeordneter

Genauigkeit bestimmen lassen. Auch die Auflösung azimutabhängiger Variationen ist wegen des „Nordlochs“, aus dem keine Satellitensignale empfangen werden, erst bei einer Messung mit mindestens zwei Ausrichtungen der Antenne sinnvoll.

	Lageoffset	Höhenoffset	PCV
Feldmessung „in einer Lage“	relativ	relativ	relativ, nur Elevationsabhängigkeit
Feldmessung mit Antennendrehung	absolut	relativ	relative
Meßroboter	absolut	absolut	absolut
Labor	absolut	absolut	absolut

Tab. 2: mit unterschiedlichen Kalibriermethoden bestimmbare Parameter

4 Darstellung der Antennenkalibrierung im IGS-Standard

Vom IGS wurde im Jahre 1996 eine Kombination der Kalibrierergebnisse verschiedener Auswertegruppen durchgeführt und zum verbindlichen Standard für alle Auswertungen erklärt (Tab. 3). Dies gewährleistet eine durchgängige Kompatibilität und Datenintegrität bei der Auswertung innerhalb der Netze und über verschiedene Hierarchiestufen (IGS, EUREF, DREF, ..) hinweg.

Nur Ergebnisse aus Relativkalibrierungen wurden kombiniert, da die Verwendung der absoluten Werte aus Kammermessungen im globalen Netz zu einem signifikanten Maßstabsfehler führte [Rothacher et al. 1995] Die Dorne Margolin chokering-Antenne wurde als Referenzantenne festgelegt.

Die aktuell gültige Tabelle (igs_01.pcv) wird zusammen mit der Liste der IGS-Namenskonvention (rcvr_ant.tab) und Skizzen der Antennen (antenna.gra), die Aufschluß über die zu verwendenden Antennenreferenzpunkte geben, im Internet zur Verfügung gestellt. Ein Auszug der Tabelle ist in Tab. 4 gegeben.

IGS-Standard

Definition der Referenzantenne:

- Bezugspunkt an der Antenne: ARP (Unterkante)
- Dorne Margolin chokering - Antenne

  Lageoffset: 0.000 m

  Höhenoffsets: 0.1100 m (L1)

  0.1280 m (L2)
- keine Variationen, d.h. alle PCV=0

Antennenreferenzpunkte (ARP)

- jeweils an der Unterkante der Antenne

Definitionen zur Auswertung:

- Schätzung der Konstanten bei einer Elevationmaske von 15°
- Schätzung der elevationsabhängigen Variationen bis zu einer Elevationsmaske von 10°

Ergebnisse:

- Kombination der Ergebnisse aus Feldmessungen verschiedener Auswertegruppen

Erweiterungsmöglichkeiten:

- Azimutabhängige Variationen
- Umrechnung auf Absolutwerte jederzeit möglich

Dokumentation:

- ftp://igscb.jpl.nasa.gov/igscb/station/general/igs_01.pcv
- ftp://igscb.jpl.nasa.gov/igscb/station/general/rcvr_ant.tab
- ftp://igscb.jpl.nasa.gov/igscb/station/general/antenna.gra

Bonner Erweiterung des IGS-Standards

- Schätzung von elevations- und azimutabhängigen PCVs bis 0° Elevation

Tab. 3: Definitionen und Dokumentation des IGS-Standards

Im ersten Datenblock befinden sich die Werte der Referenzantenne, anschließend sind die Werte der bisher kalibrierten Antennen tabelliert, wobei unterschieden werden muß, ob eine Antenne mit oder ohne Grundplatte bzw. mit einem Radom verwendet wurde, da sich durch jede Veränderung der Antenne auch ihre Eichdaten ändern. Die ursprüngliche Tabelle kann jederzeit um weitere Antennentypen ergänzt werden. Die Definition läßt ebenfalls azimutabhängige Variationen zu, auch wenn diese in den heute gültigen Tabellen nicht berücksichtigt sind. Prinzipiell ist auch die Umstellung des gesamten Standards auf absolute Werte jederzeit möglich.

```
VENDOR          MODEL #                       DESCRIPTION                (AVE) YR/MO/DY
                                                                        |AVE = # in average
  [north]  [ east]  [  up ]                                             | L1 Offset (mm)
  [90]  [85]  [80]  [75]  [70]  [65]  [60]  [55]  [50]  [45]            | L1 Phase at
  [40]  [35]  [30]  [25]  [20]  [15]  [10]  [ 5]  [ 0]                  | Elevation (mm)
  [north]  [ east]  [  up ]                                             | L2 Offset (mm)
  [90]  [85]  [80]  [75]  [70]  [65]  [60]  [55]  [50]  [45]            | L2 Phase at
  [40]  [35]  [30]  [25]  [20]  [15]  [10]  [ 5]  [ 0]                  | Elevation (mm)

TURBOROGUE      DORNE MARGOLIN T            OLD NAME                     (  0) 96/06/30
        0.0       0.0      110.0
    0.0   0.0   0.0   0.0   0.0   0.0   0.0   0.0   0.0   0.0
    0.0   0.0   0.0   0.0   0.0   0.0   0.0   0.0   0.0
        0.0       0.0      128.0
    0.0   0.0   0.0   0.0   0.0   0.0   0.0   0.0   0.0   0.0
    0.0   0.0   0.0   0.0   0.0   0.0   0.0   0.0   0.0
...

TRIMBLE         TRM22020.00+GP            Mod. 22020                     ( 13) 96/06/30
        1.5      -1.2       75.1
    0.0   1.8   4.6   8.1  11.7  14.5  16.1  16.9  16.9  16.2
   14.9  13.4  11.9  10.4   9.0   7.9   8.2   0.0   0.0
       -1.1       1.7       69.2
    0.0   0.3   0.9   1.8   3.0   4.1   4.9   5.4   5.6   5.6
    5.3   4.5   3.6   2.8   2.1   1.2   0.1   0.0   0.0

TRIMBLE         TR GEOD L1/L2 W/O GP        OLD NAME Mod. 22020 w/o gp (  4) 96/06/30
        3.1       0.9       86.6
    0.0   0.2   0.4   1.2   2.5   3.6   4.5   5.1   5.6   5.8
    5.5   5.0   4.2   2.7   0.6  -1.5  -2.6   0.0   0.0
       81.7       1.2       -0.1
    0.0   0.0   0.5   1.2   2.0   2.9   3.5   3.9   4.3   4.7
    4.9   4.5   3.5   2.2   1.0  -1.1  -4.8   0.0   0.0
...
```

Tab. 4: Auszug aus der IGS-Tabelle für Antennenphasenzentren (ftp://igscb.jpl.nasa.gov/igscb/station/general/igs_01.pcv)

5 Ergebnisse der Bonner Feldkalibrierungen

Am Geodätischen Institut der Universität Bonn werden seit 1992 Antennenkalibrierungen durchgeführt [Breuer et al. 1995]. Die Auswertung wird mit der Bernese GPS Software durchgeführt und alle Ergebnisse im IGS-Standard dokumentiert. Dazu wird die IGS-Definition vollständig realisiert und neben den elevations- auch azimutabhängige Variationen standardmäßig bestimmt, sowie alle PCVs über den gesamten Elevationsbereich bis herunter zu 0° berechnet.

5.1 Bestimmung der konstanten Offsets

Der Vektor vom Antennenreferenzpunkt zum mittleren Phasenzentrum wird mit einer Genauigkeit von 1 bis 1.5 mm erhalten. Normalerweise werden bei der Bonner Kalibrierung für den weiteren Verlauf nicht die Offsets der einzelnen Antenne verwendet sondern typenspezifische Mittelwerte gebildet. Die Untersuchung einzelner Antennen bleibt trotzdem sinnvoll, da in der Praxis auch Ausreißer innerhalb einer Baureihe gefunden werden.

5.2 Schätzung elevationsabhängiger PCVs

Im Anschluß an die Bestimmung der mittleren Offsets werden wahlweise nur elevationsabhängige oder auch elevations- und azimutabhängige (vgl. Kap. 5.3) Korrekturen berechnet. Ausführliche Untersuchungen zur Genauigkeit der Bestimmung der elevationsabhängigen Korrekturen und zur Auswahl der Kugelflächenfunktion 10. Grades sind in Görres et al. 1999 zu finden. Die mittlere Genauigkeit der Übereinstimmung für Antennen desselben Typs ist besser als 1 mm für einen Bereich von 0° bis 80° Zenitwinkel, so daß auch hier die Verwendung typenspezifischer Werte vorgeschlagen wird.

Der **Vergleich der Phasenkurven von GIUB mit IGS- und NGS-Daten** (Abb. 4) zeigt eine mittlere Übereinstimmung zwischen den jeweiligen Datensätzen von besser als 1 mm für Werte zwischen dem Horizont und 15° Elevation. Die beiden Vergleichsdatensätze enthalten unter 10° Elevation keine Werte. Beim Vergleich ist zu beachten, daß zunächst eine Umrechnung der elevationsabhängigen Korrekturwerte derart vorgenommen werden muß, daß die konstanten Offsets beider Datensätze dieselben Werte annehmen.

5.3 Schätzung von elevations- und azimutabhängigen PCVs

Sollen die Korrekturwerte über die gesamte obere Hemisphäre bestimmt, also neben der Elevations- auch die Azimutabhängigkeit der Variationen (Koeffizienten der Kugelflächenfunktion hier Grad 10, Ordnung 5) berücksichtigt werden, ist eine Messung von mindestens 2 Sessionen erforderlich, wobei zwischen den Sessionen Referenz- und Testantenne um 180° gedreht werden müssen. Wird nur in einer Lage beobachtet, können für den Bereich des sogenannten „Nordlochs" keine sinnvollen Werte bestimmt werden.

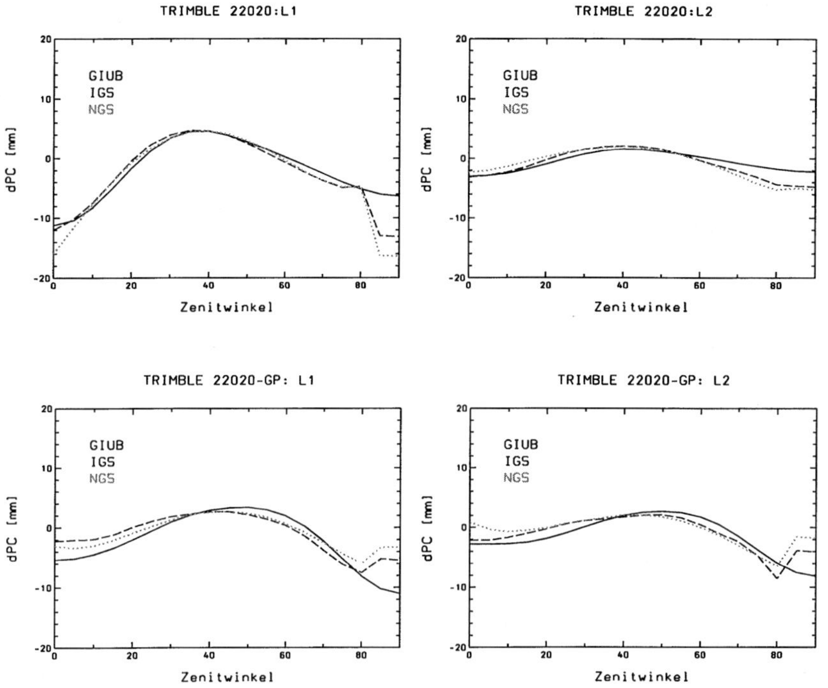

Abb. 4: Vergleich der Bonner Ergebnisse für die elevationsabhängigen PCVs mit IGS- und NGS-Werten für die Trimble compact-Antenne mit bzw. ohne Grundplatte

Abb. 5 zeigt die richtungsabhängigen Variationen für die Trimble compact-Antenne mit oder ohne Verwendung der Grundplatte, sowie den Einfluß des des Radoms der chokering-Antenne (Def: alle PCV = 0) auf den Verlauf der Korrekturwerte.

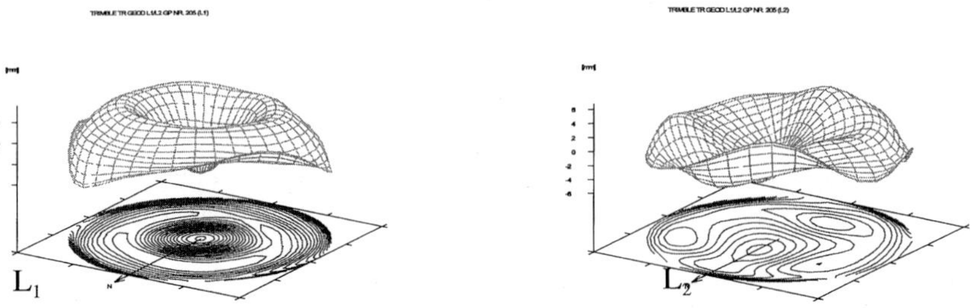

TRIMBLE compact (22020) mit Grundplatte

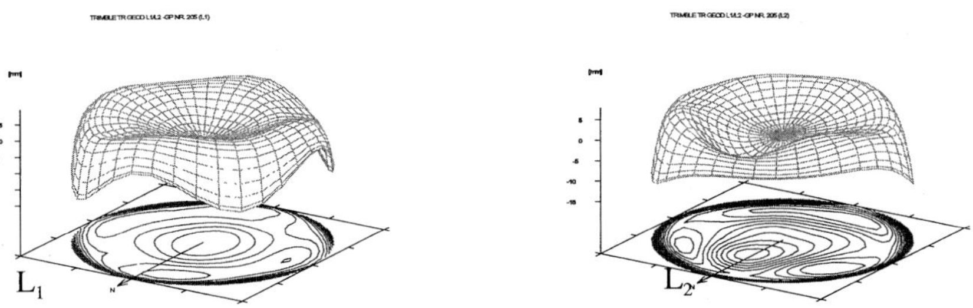

TRIMBLE compact (22020) ohne Grundplatte

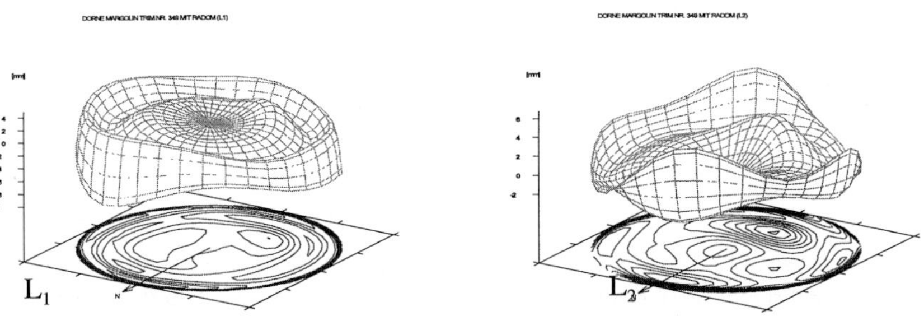

TRIMBLE chokering mit Radom

Abb. 5: elevations- und azimutabhängige PCVs für Trimble compact-Antennen mit bzw. ohne Grundplatte sowie verschiedene chokering Antennen mit Radom, jeweils für L_1 und L_2

6 Vergleich absoluter Kalibrierdaten

Die gute Übereinstimmung der Ergebnissen der Absolutkalibrierungen verschiedener Auswertegruppen wurde beim Antennenworkshop 2001 [Rothacher 2001] vorgestellt. Werden die Absolutwerte allerdings in einer Auswertung verwendet, ergibt sich ein Maßstabsunterschied relativ zu den Ergebnissen bei Verwendung relativer Kalibrierdaten von bis zu 13 ppb in der Basislinienlänge (Abb. 6). Der Vergleich mit den Ergebnissen aus anderen Weltraumverfahren (VLBI, SLR, ...) bestätigt die Richtigkeit der Ergebnisse bei Verwendung der

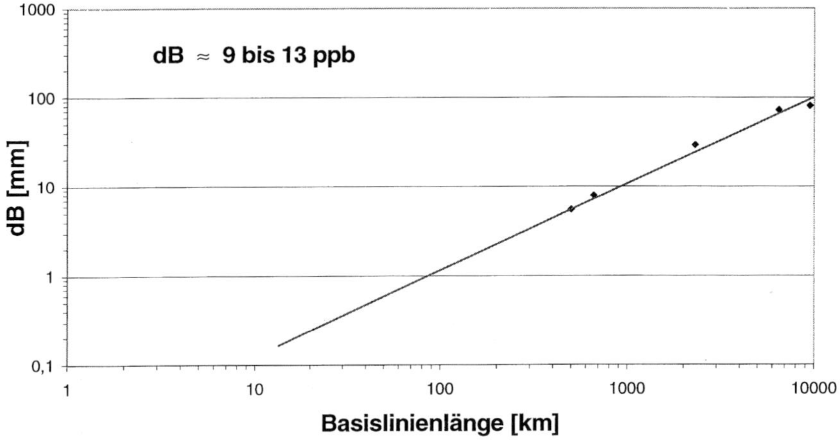

Abb. 6: Differenzen in der Basislinienlänge bei Verwendung relativer oder absoluter Antennenkalibrierdaten

relativen Werte. Aus diesem Grund ist die Umstellung des IGS-Standards auf Absolutwerte bis heute nicht durchgeführt. Sobald allerdings der Nachweis gelingt, daß ein Satz absoluter Korrekturdaten zu plausiblen Ergebnissen führt, kann der IGS-Standard auf einen absoluten Standard umgerechnet werden, wozu grundsätzlich die absolute Kalibrierung einer einzigen Antenne genügen würde. Letztlich wird die Einführung eines absoluten Standards in kleinen bis regionalen Netzen aber nicht zu Unterschieden im Koordinatenergebnis führen.

7 Ausstellung eines Kalibrierzeugnisses

In Anbetracht der Tatsache, daß eine Zertifizierung der Antennenkalibrierung, in der Angaben zum Verfahren bei Messung und Auswertung sowie dem verwendeten Standard gemacht werden müßten, zwar denkbar, aber heute für den GPS-Bereich noch nicht nach einer definierten Norm verfügbar sind, können gleichwohl Aussagen über den Mindestinhalt eines Kalibrierzeugnisses gemacht werden (Abb. 7). Nach bisherigen Untersuchungen [Brockmann 1999] ist von einer Langzeitstabilität der Antennenparameter auszugehen, so daß, außer nach einer Beschädigung oder Veränderung der Antenne keine Wiederholung der Kalibrierung erforderlich ist.

8 Fazit

Das Vorgehen bei der Berücksichtigung von Antennenparametern nach dem IGS-Standard in einer Auswertung gestaltet sich sehr einfach: Die GPS-Daten aus eigener Messung oder andere Quelle (wie beispielsweise Permanentstationsdaten) müssen die korrekte Antennenbezeichnung nach der IGS-Namenskonvention enthalten. Wenn in der Software das entsprechende IGS-Phasenfile enthalten ist, und dies ist mittlerweile auch bei vielen kommerziellen Programmen der Fall, muß die Korrektur lediglich aktiviert sein, um einwandfreien Ergebnisse zu erhalten. Eventuell können auch verschiedene Korrekturstufen (nur Höhenkomponente, nur konstante Offsets, ...) als Optionen des Programms gewählt werden. Sind die verwendeten Antennentypen in den offiziellen IGS-Listen nicht enthalten, können die Ergebnisse des NGS oder eigene Kalibrierdaten ergänzend in die Liste eingefügt werden. Dies gilt immer unter der Voraussetzung, daß letztere zum IGS-Standard konsistent sind.

Der IGS-Standard ist inzwischen international akzeptiert und für globale Lösungen im IGS-Netz und den Folgenetzen wie EUREF vorgeschrieben. Er garantiert Kompatibilität und Datenintegrität der Netze. Eine Herausforderung für die Zukunft bleibt die Einführung der absoluten Kalibrierdaten.

Die Antennenkalibrierung selbst kann heute als standardisiert betrachtet werden und hat sich soweit etabliert, daß die Verwendung der aus den verschiedenen Verfahren resultierenden Kalibrierdaten als Voraussetzung zur Gewährleistung qualitativ hochwertiger GPS-Ergebnisse angesehen wird.

GEODÄTISCHES INSTITUT
der Rheinischen Friedrich-Wilhelms-Universität Bonn

KALIBRIERZEUGNIS

Antennen-Phasenzentrum der GPS-Antenne Trimble microcentered Typen-Nr. 33429-00, Serien-Nr. 0220170445

Messung:

Verfahren:	Feldmessung auf kurzer Basislinie
Ort:	Meßdach GIUB
Datum:	1. - 3. Dezember 1999
Beobachtungsdauer:	2 x 24h
Antennenausrichtung:	N, S

Referenzpunkt:

```
                    ----+----
                 /      +      \
++-----------+-----------------+--------------++
++----------+-------------------+-------------++
            |                   |
             |                 |
              |               |
               +------x------+          <-  ARP
```

Das mechanische Zentrum (ARP) befindet sich im Schnitt von Symmetrieachse und Grundebene der Antenne.

Kalibrierergebnis:
alle Werte im **IGS-Standard**: IGS_01.PCV (Stand: Januar 2000)

1) mittlere Ablage des elektrischen Phasenzentrums vom mechanischen Zentrum im lokalen antennenfesten Bezugssystem;
optimiert für Arbeiten mit einer Elevationsmaske von 15°; Angaben in Metern

	x (Nord)	y (Ost)	z (Hoch)
L1	0.0011	0.0017	0.0741
L2	0.0009	0.0004	0.0687

2) elevationsabhängige Korrektur; geschätzt als Kugelflächenfunktion (Grad 10); Angaben in Millimetern

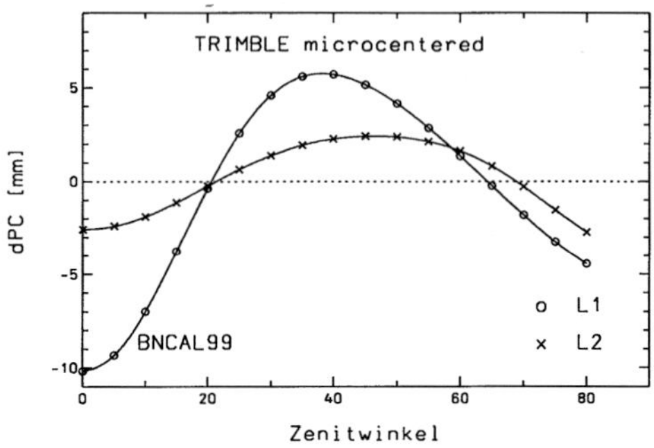

E:	0	5	10	15	20	25	30	35	40	...
L1:	-10.2	-9.3	-7.0	-3.8	-.4	2.6	4.6	5.6	5.7	...
L2:	-2.6	-2.4	-1.9	-1.1	-.2	.6	1.4	1.9	2.3	...

3) elevations- und azimutabhängige Phasenkorrekturen; geschätzt als Kugelflächenfunktion (Grad 10, Ordnung 5); Angaben in Millimetern

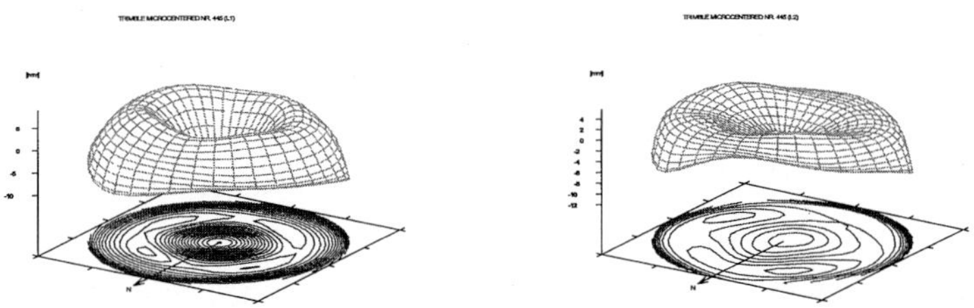

Datum
Unterschrift

Abb. 7: Mindestinhalt eines Kalibrierzeugnisses für GPS-Antennen

9 Literatur

Böder, V.: Kalibrierung von GPS-Referenzstationen, Vorträge des 2. SAPOS-Symposiums, Berlin, 9.-11. Mai 1999

Breuer, B., J. Campbell, B. Görres, J. Hawig, R. Wohlleben: Kalibrierung von GPS-Antennen für hochgenaue geodätische Anwendungen, SPN, 49-59, 1995

Brockmann, E.: Antennenkalibrierung am Bundesamt für Landestopographie (Schweiz): Stabilität der Kalibrierung über längere Zeiträume, in: J. Campbell, B. Görres, (eds.): Workshop zur Festlegung des Phasenzentrums von GPS-Antennen, Geodätisches Institut der Universität Bonn, 28.4.1999

Görres, B., J. Campbell: Definition von Antennenphasenzentren und Signifikanz der Ergebnisse aus Kammer- und Feldverfahren, Teil 2: Feldverfahren, in: J. Campbell, B. Görres, (eds.): Workshop zur Festlegung des Phasenzentrums von GPS-Antennen, Geodätisches Institut der Universität Bonn, 28.4.1999

Görres, B., J. Campbell: Zur Verwendung der Kalibrierdaten von GPS-Antennen in der Praxis, in: J. Campbell, B. Görres, (eds.): 3. GPS-Antennen-Workshop 2001, Geodätisches Institut der Universität Bonn, 11.5.2001

Rothacher, M., S. Schaer, L. Mervart, G. Beutler (1995): Determination of Antenna Phase Center Variations Using GPS Data, In: Proc.. IGS Workshop on Special Topics and New Directions: 205-220, GeoForschungsZentrum Potsdam

Rothacher, M.: Kombination absoluter und relativer Kalibrierdaten von GPS-Antennen in der Praxis, in: J. Campbell, B. Görres, (eds.): 3. GPS-Antennen-Workshop 2001, Geodätisches Institut der Universität Bonn, 11.5.2001

Notizen

Notizen

Notizen